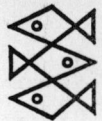

Über dieses Buch Namhafte Vertreter der Psychosomatik erörtern an historischen und aktuellen Beispielen, wie die Medizin zu jeder Zeit Gefahr läuft, sich durch politischen, ideologischen oder kommerziellen Druck korrumpieren zu lassen. Sie berichten, wie die Psychosomatik selbst durch Unterdrückung, Vertreibung oder unterwürfige Anpassung gelähmt wurde. Nach dem Motto »Erinnern, Helfen, Vorbeugen« formulieren sie, als Lehre aus der Vergangenheit, unverrückbare Prinzipien für eine engagierte humanistische Medizin der Zukunft. Als Beispiele für neue vielversprechende Ansätze werden eine Reihe von psychosomatischen Projekten vorgestellt, die sich u. a. mit den Problemen älterer Frauen, mit den Benachteiligungen und Leiden von Migranten sowie mit den psychosozialen Aspekten von Aids beschäftigen. Einführungen von Bundestagspräsidentin Rita Süssmuth und Prof. H.-E. Richter.

Die Herausgeber Prof. Dr. Dr. H.-E. Richter, Geschäftsführender Direktor des Zentrums für Psychosomatische Medizin an der Universität Gießen. Zahlreiche Publikationen aus den Bereichen Psychosomatik, Psychoanalyse, Sozialpsychologie und Sozialphilosophie.

Prof. Dr. med. Michael Wirsching, Ärztlicher Direktor der Abteilung Psychotherapie und Psychosomatische Medizin an der Universität Freiburg. Arbeiten zur Psychosomatischen Medizin (vor allem Krebs) sowie zur Psychotherapie, vor allem zur Familientherapie.

Horst-Eberhard Richter /
Michael Wirsching (Hg.)

Neues Denken in der Psychosomatik

Fischer
Taschenbuch
Verlag

Geist und Psyche
Begründet von Nina Kindler 1964

Originalausgabe
Veröffentlicht im Fischer Taschenbuch Verlag GmbH,
Frankfurt am Main, Juni 1991

© 1991 Fischer Taschenbuch Verlag GmbH, Frankfurt am Main
Umschlaggestaltung: Buchholz / Hinsch / Hensinger
Gesamtherstellung: Clausen & Bosse, Leck
Printed in Germany
ISBN 3-596-10771-7

Inhalt

Geleitwort

»Neues Denken in der Psychosomatik« – das halte ich für ein wirklich spannendes Thema. Beim ersten Nachdenken über dieses Thema fällt einem unweigerlich zunächst der Begriff »Modeerscheinung« ein. Überall wird neues Denken propagiert: in den Ländern Ost- und Mitteleuropas, in der ehemaligen DDR und angesichts der globalen Herausforderungen, vor die sich die Menschheit gestellt sieht, zunehmend auch in der westlichen Hemisphäre. Hängt sich nun auch die psychosomatische Medizin mit dem Begriff vom neuen Denken an einen Trend an?

Beim zweiten Nachdenken kommt man, meine ich, sehr schnell darauf, daß dies sicher eine verkürzte Sichtweise wäre. Sie haben vielmehr, und dies ist nach meiner Auffassung Aufgabe der Wissenschaft, nach den Ursachen gefragt, die hinter den gesellschaftlichen Entwicklungen stehen, und, darauf aufbauend, nach den Folgerungen gefragt, die dies für unser bisheriges Denken hat.

Wie wichtig dies ist, hat Horst-Eberhard Richter formuliert. Wir konstatieren rasante Veränderungen in unserer gesellschaftlichen Wirklichkeit, die sich in einem Tempo vollziehen, das bisher so nicht bekannt war. Gleichzeitig diagnostizieren wir globale Herausforderungen für die Menschheit, auf die auch die Politik keine fertigen Antworten zu geben vermag. Gleichzeitig beobachten wir, daß es mehr und mehr Menschen gibt, die mit diesen Entwicklungen nicht mehr Schritt halten können. Zukunftsängste, drastisches Ansteigen der Erkrankungen, Rückzug vom Politischen insgesamt oder Abdriften in politische Extrempositionen sind nur einige Symptome.

Wenn mit diesem Buch die vielschichtigen Herausforderungen der medizinischen und insbesondere der psychosomatischen Medizin aufgegriffen werden, so ist dies von besonderer Wichtigkeit und kann über ihr Fachgebiet hinaus auch Anstöße für die Politik geben.

Psychosomatik ist ein faszinierendes Wort, das in seinen wenigen Silben beinahe das Ganze der menschlichen Existenz umfaßt, und dies nicht nur im medizinischen Zusammenhang.

Ich sage beinahe, weil erst mit der weiteren Beifügung »sozial« eine auch mich befriedigende Vollständigkeit erreicht wäre. Psychosomatik ist, als Wort betrachtet, eine für die Medizin typische Übersetzung ins Fremdwort, was deutsche Psychologen und Philosophen mit der Formel von der leib-seelischen Einheit gemeint haben. Man könnte an dieser Stelle abschweifen zu der philosophisch immer aufs neue attraktiven Frage von Idealismus oder Materialismus, ob erst die Henne oder erst das Ei da war. Weit unterhalb dieser Ebene herrschen wohl die Meinung und das gesunde Empfinden vor, daß beides aufs engste zusammengehört, beides nur unterschiedliche Äußerungsformen, Betrachtungsweisen und Dimensionen des einheitlichen Wesens Mensch sind.

Überspitzt gesagt, hat die Medizin das Kunststück fertiggebracht, sich im Rahmen ihrer Entwicklung so stark auf das Somatische zu konzentrieren, daß die psychische Seite nur noch in den Randbemerkungen zu finden war. Geradezu charakteristisch dafür ist die Verlagerung der Psychiatrie hinaus aufs Land, und dies zu einer Zeit, in der die Medizin ihre übrigen Disziplinen zunehmend an der Universität zusammengeführt hat. Psychiatrie an der Universität hat eine vergleichsweise kurze Anamnese, die Folgen dessen sind durchaus noch nicht überwunden.

Die Folge dieser zu einseitigen Entwicklung der Medizin war, daß sich die Psychologie aus guter fachlicher Position heraus und mit einer gewissen inneren Logik auch den heilkundlichen Sektor erschloß. Dies führte zur heutigen klinischen Psychologie. Damit war trotz aller Bekenntnisse zur Zusammengehörigkeit die Trennung des Menschen in Körper und Seele auch in den Fachdisziplinen beschlossene Sache. Die jetzt wieder aktualisierte Diskussion um ein Gesetz für nicht-ärztliche Psychotherapie führt immer wieder dieses Ereignis nicht ohne ein gewisses Bedauern an. Nun liegt es mir an dieser Stelle fern, den Stab über die somatisch orientierte Medizin zu brechen. Im Gegenteil verdanken ihr Millionen von Menschen heute ein längeres Leben, und dies auch unter dem anspruchsvollen Maßstab der WHO: Life to the Years. Transplantationen z. B. von Niere, Herz, Leber und Bauchspeicheldrüse sind heute etwa auch in dieser Reihenfolge beinahe schon zur Routine geworden und helfen auf der ganzen Welt Tausenden von Menschen, ein erträgliches Leben zu führen und nicht früh sterben zu müssen. Der von Arthrose Geplagte kann eine neue, künstliche Hüfte erhalten, durch die das Leben für ihn wieder lebenswert wird. Doch trotz des Siegeszuges stark somatisch orientierter Medizin macht sich die Vernachlässigung der psychischen Aspekte bemerkbar. Dies wäre vermeidbar, wenn man nur den Menschen als das annähme, was er ist: nämlich ein soziales Wesen mit Leib und Seele. In diesem Zusammenhang bedarf es kein Weniger an somatischer Medizin, es fehlt nur die in vielen Bereichen unbedingt notwendige Ergänzung.

Psychosomatik ist für mich die verbindende Weltanschauung und das verbindende Fach genau an der Schnittstelle der beiden Dimensionen, zu der ich gern die soziale als dritte hinzufügen möchte.

Für manche ist Psychosomatik nur ein kleines Fach neben den großen und traditionellen Fächern in der Medizin wie Innere Medizin, Chirurgie, Psychiatrie.

Als in der Psychiatrie-Enquete ziemlich spät der Auftrag hinzukam, die psychosomatische Problematik mit einzubeziehen, mochte manch einer denken, daß es nun zukünftig auch ein Netz – flächendeckend, wie wir es gern bezeichnen – von psychosomatischen Stationen, Ambulanzen u. ä. geben werde. Gleichwohl ist das Fach bis zur Stunde klein geblieben und findet sich in Universitäten sowie in einzelnen Spezialkliniken draußen. Der Laie, aber auch der befragte Arzt verbindet mit dem Begriff sogleich ein paar ausgewählte Erkrankungen, gewissermaßen die Klassiker psychosomatischen Zugangs: etwa Asthma, Magengeschwür, die Colitis oder die Anorexie. Also ein bisher kleines Fach für wenige Krankheiten mit ein paar besonders spezialisierten Ärzten. Ich vermag heute keine Prognose darüber abzugeben, ob sich der institutionelle Charakter des Fachs wesentlich ändern wird, wann dies geschieht, in welcher Weise, und ob hier von den beteiligten Fachleuten eine massive Expansion angestrebt wird.

Für mich ist psychosomatische Medizin weitaus mehr als nur ein Fach: es ist die psychomedizinische Ausgestaltung einer Weltanschauung, und damit die Einführung der leib-seelischen Einheit des Menschen auch in Heilkunde und Heilkunst. Es gilt, den Zusammenhang zwischen seelischen Ereignissen und körperlichen Veränderungen zu beschreiben, um daraus auch therapeutische Zugänge zu entwickeln. Ich bin davon überzeugt, daß sich weitaus mehr Krankheiten als nur die Colitis in Entstehung und Werdegang zumindest teilweise psychisch erklären und beeinflussen lassen. Damit will ich nicht als Politikerin – und insoweit inkompetent – den wissenschaftlichen Streit über Krebs- und Rheumaerkrankungen gewissermaßen politisch schlichten oder entscheiden. Psychotherapie ist ein entscheidendes Instrument psychosomatischer Arbeit. Dabei ist der ursprüngliche Ansatz analytischer und tiefenpsychologischer Herkunft inzwischen zu eng. Das ganze Spektrum psychologischer Interventionsmöglichkeiten ist hier gefragt und je nach Fallgegebenheiten einzusetzen. Horst-Eberhard Richter hat dies in seinem vielbeachteten Buch »Die Chance des Gewissens« eindrucksvoll belegt.

Ein solches Verständnis vom Kranksein zwingt geradewegs dazu, Psychosomatik nicht als ein isoliertes Vorhaben weniger Spezialisten zu betreiben. Es gehört letztendlich ins Repertoire ärztlichen und psychotherapeutischen Handelns vom Grunde her. So gehe ich davon aus, daß schon der Allgemeinarzt als erste medizinale Anlaufstelle neben dem herkömmlichen somatischen in Zukunft nicht ohne psychosomatisches Verständnis auskommt. Das anwachsende psychotherapeutische Repertoire, vor allem im Sinne der kleinen Psychotherapie, steht ihm dabei zu Gebot. Umgekehrt muß auch gesehen werden, daß der zukünftige nichtärztliche Psychotherapeut, wenn er in diesem Schnittpunkt somatischer und psychischer Vorgänge tätig sein will, mehr über das Somatische wissen muß als bis zur Stunde. Er soll kein Arzt werden, muß aber mehr über Krankheiten wissen, die mit seinem Instrumentarium beeinflußt werden sollen und können. Ebenso muß der Arzt nicht unbedingt Psychotherapeut sein, sollte aber nicht zuletzt im Hinblick auf Indikation mehr über die psychotherapeutischen Möglichkeiten und Wege wissen als bisher. So lassen Sie mich noch einmal sagen, daß psychosomatische Medizin für mich weitaus mehr als nur ein Fach ist. Sie stellt vielmehr ein mich sehr überzeugendes Konzept zum Verständnis des Menschen mit seiner Krankheitsanfälligkeit und seinen Krankheiten dar, dessen Handlungsinstrumente nicht auf ein kleines Fach beschränkt bleiben dürfen. Der Spezialist für den Sonderfall, aber ansonsten Psychosomatik in jeder Therapeutenhand.

Damit möchte ich einen Bogen schlagen zur besonderen Thematik des vorliegenden Buchs. Es ist von einem neuen Denken die Rede. Die Autoren holen vom geistigen Ansatz her weit aus und erheben damit einen weitreichenden Anspruch. Sie sehen und beschreiben den Menschen unserer Zeit, verweisen auf seine allgemeine Verunsicherung. Diese tut sich uns in vielfältigsten Ängsten kund. Sie äußert sich in der immer wieder zu beobachtenden Panikbereitschaft: sei es berechtigt bei erschütternden Ereignissen wie Tschernobyl, sei es bei Zeitungsenten wie der HIV-Übertragung durch Mückenstich. Parallel dazu und sicher nicht ohne innere Beziehung artikuliert sich ein Mißtrauen bis hin zu Abneigung und Haß, gar Militanz gegenüber dem, was jahrhundertelang ohne Rückfrage als Fortschritt bezeichnet wurde. Die Sorge um die Umwelt, die neue Sehnsucht nach der Natur, der Boom der Blumenläden und der Blumentöpfe im Zimmer, fast als wäre die

Zeit für eine neue »Gartenlaube« reif, das alles zeugt von grundsätzlicher Störung. In der Sprache der psychosomatischen Medizin könnte man abgestuft von Befindlichkeitsstörungen, von Gesundheitsstörungen und auch Krankheiten der Gesellschaft schlechthin sprechen. Diese Feststellungen sind für mich auch die Stelle, wo ich mit Engagement von der Naturheilkunde sprechen muß. Für mich ist es fast ein Wunder, daß in einer Zeit höchster technischer Möglichkeiten der Bürger sich gleichwohl zurückwendet und das Einfache, das Natürliche und Altbewährte auch in der Medizin sucht.

Natürlich schimmert dabei immer ein wenig zu stark die Idealisierung der guten alten Zeit durch. Wir wissen sehr genau, daß früher wie heute Naturheilmittel nur begrenzte Indikation und begrenzte Wirksamkeiten haben. Zum Glück haben wir heute auch über die Naturheilkunde hinaus wirksame Eingriffsmöglichkeiten, auf die keiner verzichten möchte. Aber ebensowenig möchte der Bürger auf das Altbewährte verzichten. Der Bundestag und die Bundesregierung haben nachdrücklich ihre Absicht betont, den Erhalt der Naturheilkunde zu sichern, so schwer und rechtlich verzwickt dies auch sein mag.

Nun aber zurück zum neuen Denken. Ich verstehe Überlegungen der Autoren so, daß sie in diesen gesellschaftlichen Phänomenen nicht die einzigen, aber dennoch nicht zu vernachlässigenden Wurzeln heutigen Krankseins sehen. Gleichwohl räumen sie ein, daß ihr kleines Fach wohl zu schwach sein dürfte, der Gesellschaft insgesamt eine neue Richtung zu verpassen. Ich fühle mich bei dieser Denkweise ein wenig an die alten Arzthygieniker erinnert. Diese hatten es mit ganz individuellen Krankheitserscheinungen zu tun: mit der Ruhr, mit Diphtherie und Tuberkulose und vielem anderen. Sie sind aber bei ihren Studien und Bemühungen um Hilfe nicht auf der Ebene des betroffenen Menschen stehengeblieben, sondern haben auch sein soziales Umfeld durchleuchtet. Wie Revolutionäre haben sie dann in den Städten Kanalisation gefordert und sich damit zunächst unbeliebt gemacht. Sie haben um Ernährungshilfen für gefährdete Kinder gekämpft, haben sich für trockene Wohnräume eingesetzt und vieles andere mehr. Ihnen war klar, daß sie mit der Ruhr beim Patienten nicht fertig werden konnten, ohne dessen Lebenswelt zu seinem Heil zu verbessern.

Als Außenstehende vermag ich schwer einzuschätzen, wie sehr das gesellschaftliche Unwohlsein sich konkret in den Ambulanzen und Stationen niederschlägt und ob die Erkrankungen nun an Zahl wirklich zugenommen haben oder ob wir nur penibler zählen und empfindlicher diagnostizieren. Die Autoren wissen und beklagen mit mir, auf welch schwachen Beinen bei uns verläßliche Epidemiologie steht. Mit ihnen bin ich mir auch im klaren, daß wir nicht alle Unbilden unserer Welt allein dem Fortschritt in die Schuhe schieben können. Mich hat kürzlich ein Kritiker gefragt, wie ich mir denn wohl die Eiszeit erkläre, da es doch damals noch keine Industrie gegeben habe.

Unsere Glaubwürdigkeit hängt von der Wahrhaftigkeit dessen ab, was wir sagen. Ihren Ansatz aber, in den säkularen Ängsten und Unsicherheiten unserer Bevölkerung auch Ursache ganz konkreter Krankheiten zu sehen, halte ich für sehr eindrucksvoll und auch erfolgversprechend. Und wenn die Autoren mit der Vorstellung antreten, wie Horst-Eberhard Richter geschrieben hat, aufgrund ihrer Erfahrungen zur Verbesserung der Welt beizutragen, dann möchte ich ihnen eigentlich nur versichern, daß sie da als kleines Fach nicht allein stehen. Die Bürger sind wohl im Durchschnitt nicht so apathisch und geduldig Leiden tragend, wie es jene Bürger sein mögen, die schließlich als Patient bei den Ärzten auftreten. Die Wirkung vieler Bürgerinitiativen und der politisch recht starke Druck in Richtung auf eine Verbesserung unserer Welt im technischen und sozialen Bereich ist so groß, daß auch die Mediziner in ihrem Bemühen nicht nachlassen sollten.

Auffallend für mich ist, daß nur wenige Disziplinen der Medizin mit Nachdruck dabei sind, so etwas wie eine neue Philosophie der Heilkunst und Heilkunde zu entwickeln. Vielleicht ist für derartiges die Spezialisierung abträglich. Früher waren es oft die Internisten, die »den Ton« angaben. Nun ist es ja nicht von ungefähr, daß sich gerade aus der Inneren Medizin und nicht aus den psychiatrischen Fächern heraus die psychosomatische Medizin entwickelt hat, wenn ich an Alexander oder Joris denke. Es bleibt somit in der Familie, wenn die Psychosomatik jetzt gewissermaßen das Philosophikum der medizinischen Fakultät wird. Vom Fach her bietet sich dieses geradezu an, hat es doch den Leib und die Seele des Menschen im Berufswappen. Mit guten Gedanken kann man selbst als kleines Fach zu den Großen gehören.

Prof. Dr. Rita Süssmuth,
Präsidentin des Deutschen Bundestages

Vorwort

Überall wird das Gesicht der offiziellen Medizin von den in einer Gesellschaft herrschenden Kräften geprägt. Unter autoritären Regimen nimmt die Medizin autoritäre Züge an. In liberalen kapitalistischen Demokratien geht der sichtbare Eingriff von Staat und Parteiapparaten auf weniger sichtbare Einflüsse anderer Mächte über: Chemische und Apparateindustrie lenken Trends in Forschung und Praxis, betreiben gezielte akademische Nachwuchsförderung. Grobe Disziplinierung bleibt hier aus. Scheinbar zwanglos setzen ökonomische Interessen eine Dominanz von Pharmakochemie und Technik im Medizinbetrieb durch.

Im Rahmen der psychosomatischen Arbeitstagung, auf der die in diesem Band gesammelten Vorträge gehalten wurden, bemerkte Prof. Michael Geyer aus Leipzig: Die Medizin passe sich an jegliche, auch totalitäre Verhältnisse an und perpetuiere sie. Sie sei die Hure eines jeden Systems.

Die Journalistin Rosemarie Stein übernahm diese provokative Formulierung für die Überschrift ihres Tagungsberichtes in der »Frankfurter Allgemeinen Zeitung«. Erwartungsgemäß flammte in der Zunft kurzfristig Empörung über diese Vokabel auf, für die sich der Autor auch umgehend entschuldigte. Aber man ist von Psychoanalytikern und Psychosomatikern seit je Opposition gewöhnt gegen ein Überwuchern staatlicher oder wirtschaftlicher Interessen in der Medizin wie gegen die Übertechnisierung von Diagnostik und Therapie, gegen die Mißachtung von krankmachenden inneren und sozialen Konflikten, gegen die zunehmende Sprachlosigkeit in Klinik und Praxis.

Als sich in Deutschland nach 1945 einzelne Psychoanalytiker und psychosomatische Ärzte – die Mehrzahl war unter Hitler emigriert – wieder zu Wort meldeten, wurden sie von den tonangebenden internistischen und psychiatrischen Kreisen verachtungsvoll ignoriert oder offen diskriminiert. Als Paul Kühne 1949 das damals maßgebliche Standardwerk »Psychosomatic Medicine« des nach Chikago emigrierten Franz Alexander ins Deutsche übersetzte, war er sicher, wie er im Vorwort bekannte, daß er die einhellige Ablehnung durch Internisten, Gynäkologen, Physiologen und durch die meisten Psychiater ernten würde. Jede Parteinahme für die Forschungsrichtung Psychosomatik bedeute, sich Vorwürfen auszusetzen.

Viktor von Weizsäcker, der von seinem Heidelberger Lehrstuhl aus die psychosomatische Richtung vertrat, lag in ständigem Streit mit der Elite der akademischen Kollegen. Unter anderem verübelte man ihm seine kritische Analyse der medizinischen Verbrechen unter Hitler. Erklärte er doch die Gefühllosigkeit gegenüber den Leiden der Opfer der Menschenversuche und der »Euthanasie« unverhüllt »durch die Denkweise einer Medizin, welche die Menschen betrachtet wie ein chemisches Molekül oder einen Frosch oder ein Versuchskaninchen«. Daß er vollständiger Ächtung entging, verdankte Weizsäcker allein seiner engen persönlichen Freundschaft mit dem einflußreichen Internisten Siebeck, in dessen Klinik er im Parterre eine kleine Station betreiben konnte. Seinem späteren Nachfolger Alexander Mitscherlich verzieh man niemals, daß er mit seinem Buch »Wissenschaft ohne Menschlichkeit«, später umgetauft in »Medizin ohne Menschlichkeit«, als angeblicher Nestbeschmutzer dem Ärztestand geschadet habe. Je mehr er für seine psychoanalytischen kritischen Sozialanalysen öffentliche Aufmerksamkeit erntete, um so entschiedener betrieb man seine Ausgrenzung, bis er schließlich, des Streites müde, seinen Heidelberger medizinischen Lehrstuhl resigniert aufgab und sich in das Frankfurter Sigmund-Freud-Institut zurückzog. Als man mich als seinen Nachfolger berufen wollte, vernahm ich aus der Berufungskommission zuallererst den dringenden Wunsch, ich möge um Himmels willen doch keine ähnlichen Schwierigkeiten wie der Ausgeschiedene bereiten. Daß ich späterhin ähnlichen Konflikten nicht entgehen konnte, lag gewiß weniger an meiner Natur als an der unumgänglichen Aufgabe einer kritischen Psychosomatik, die vor der zunehmenden Mißachtung der seelischen und sozialen Krankheitsfaktoren durch das vergegenständlichende Denken einer reinen Labor- und Apparatemedizin beharrlich warnen muß. In diesem Sinne schrieb Viktor von Weizsäcker 1949: »Die recht verstandene Psychosomatische Medizin hat einen umstürzenden Charakter.«

Allerdings hat sie diese kritische Position gegen eine noch immer übermächtige Gegnerschaft zu verteidigen. Noch immer teilt ein erheblicher Teil des Publikums mit dominierenden Kräften der Ärzteschaft den heimlichen oder offenen Irrglauben an eine irgendwann perfekte chemisch-technische Beherrschbarkeit der Krankheiten und der Alterungsvorgänge und nimmt dafür in Kauf, daß in Klinik und Praxis zugunsten der »fortschrittlichen« Technisierung die menschliche Zuwendung immer mehr zu kurz kommt.

Daß die Psychosomatik dennoch für eine Weile einen erstaunlichen Aufschwung erleben konnte, verdankte sie weniger der Durchsetzungskraft ihrer Vertreter als einer plötzlichen dramatischen Veränderung des gesellschaftspolitischen Klimas Ende der sechziger Jahre. Damals gerieten die Machtbastionen des Gesundheitswesens in die Schußlinie einer radikalen antiautoritären Bewegung. In dieser Stimmung gelangten plötzlich die Zusammenhänge zwischen gesellschaftlichem Druck und Krankheit in das Zentrum des Interesses. Zahlreiche medizinsoziologische Untersuchungen beschäftigten sich mit dem Phänomen der Repression im Medizinsystem und ihren Folgen. Psychoanalytische und psychoanalytisch gefärbte Ansätze eines Herbert Marcuse und eines Wilhelm Reich wurden aufgegriffen, um die krankmachende Wirkung gesellschaftlicher Faktoren im einzelnen aufzuspüren. Bedrängt von den rebellierenden Medizinstudenten, die ihnen ihre Profite und ihre nicht selten herrscherlichen Allüren ankreideten, sah sich die akademische Machtelite der klinischen und der theoretischen Medizin genötigt, Medizinische Psychologie, Medizinische Soziologie und Psychosomatische Medizin 1970 als Pflichtfächer in das ärztliche Studium aufzunehmen. Deshalb mußten alle westdeutschen Medizinischen Fakultäten psychosomatische Lehrstühle einrichten. Psychoanalytische Ausbildungsinstitute erlebten einen enormen Zulauf. Auf Psychosomatik- und Psychotherapie-Lehrstühle wurden fast ausschließlich Psychoanalytiker berufen – entsprechend einem Postulat von Weizsäckers: »Die psychosomatische Medizin muß eine tiefenpsychologische sein, oder sie wird nicht sein.«

Aber die Reformstimmung klang nach einigen Jahren ab. Und mit der politischen Wende festigten sich bald wieder die alten Strukturen auch in der Medizin. Zwar waren die Psychosomatik und die anderen psychosozialen Fächer durch die veränderte ärztliche Approbationsordnung definitiv etabliert. Man konnte sie nicht mehr loswerden. Allerdings bekamen ja auch die Vertreter dieser Disziplinen den Geist der Wende als massiven Gegenwind zu spüren. Von der erlahmenden Basisbewegung im Stich gelassen, gab manch einer eingeschüchtert der Versuchung nach, seine kritische Position zugunsten konfliktvermeidender Anpassung aufzugeben.

Vieles, was inzwischen als Psychosomatik reibungslos in das moderne Medizinsystem integriert erscheint, ist deshalb nur noch teilweise dasselbe, was einst Weizsäcker und Mitscherlich unter diesem Begriff verstanden. Da begegnet man einer »biologischen Psychosomatik«, die gänzlich in Psychophysiologie und in vergegenständlichender Verhaltensmedizin aufgeht. Dann gibt es eine Entwicklung, daß Psychologen in immer größeren Zahlen benützt werden, nur um die psychische Überforderung von Menschen durch ungeheuer strapazierende Verfahren u. a. der modernen Chirurgie, durch die Reproduktionsmedizin und durch die gefährlichen neuen Möglichkeiten der gentechnischen Diagnostik zu mildern. Sie werden dafür vereinnahmt, die mit diesen belastenden Techniken verbundenen Ängste und Bedrücktheiten gewissermaßen zu entsorgen und damit kritischen Reflexionen über die Zumutbarkeit solcher Methoden entgegenzuwirken. In ähnlicher Erfüllungsgehilfenrolle erleben sich Psychosomatiker vielfach, wenn sie lediglich Befürchtungen, Schocks, Verbitterungen beheben sollen, die andere Ärzte allein infolge mangelnder geduldiger Gesprächsbereitschaft hinterlassen haben.

Es kann geschehen, daß Psychotherapeuten sich am Ende in einem solchen Servicebereich konfliktfrei einrichten und gar nicht mehr begreifen, wie man der Psychosomatik einmal einen subversiven Charakter zusprechen konnte.

In unserer Gesellschaft, deren quasi offizielle Selbstzufriedenheit durch wirtschaftliche Erfolge und eine hohe Attraktivität für Flüchtlinge und Übersiedler gestützt wird, hat es momentan in der Tat den Anschein, als sei für sozialkritische Psychoanalyse und Psychosomatik nicht mehr viel Bedarf vorhanden. Dagegen liest man mit Interesse, daß etwa der Hallenser Psychotherapeut Hans-Joachim Maaz auf den Druck des SED-Regimes zurückführt, wenn er bei vielen seiner DDR-Patienten Angst, blockierte Gefühle, Unfähigkeit zu Lebensfreude im Zusammenhang mit Herz-, Magen-, Muskelbeschwerden und Schlafstörungen gefunden hat. Was unser westlicher hektischer Rivalitätsbetrieb an psychosomatischen Schäden erzeugt, wird weniger den Verhältnissen als den einzelnen zur Last gelegt. Wer bei uns nicht mehr mitkommt, entmutigt wird und dadurch erkrankt, nimmt die Schuld eher auf sich und akzeptiert eine Medizin, die seine Funktionsfähigkeit rasch wieder mit Chemie, technischen Maßnahmen und mechanischen Trainingsmethoden zu reparieren versucht.

Aber nicht alle Psychosomatiker haben die Wende mitvollzogen.

Wenn auch von Weizsäckers Feststellung nicht mehr als Regel gilt, daß »besonders auch religiös erregte, politisch bewegte und moralisch erschütterte Naturen« sich der Psychosomatik beruflich zuwenden, so gibt es in dieser immer noch kritische Geister, die sich entgegenstemmen, wo sich ökonomische Interessen gegen gesundheitliche Bedürfnisse durchsetzen und wo die Umgangsweisen in der Medizin selbst sich erschreckend entpersönlichen. Sie prangern an, daß immer noch eine Masse psychosomatisch Kranker jahrelang mit körperlichen Methoden fehlbehandelt und damit an der Genesung gehindert wird. Sie wehren sich gegen die Bagatellisierung des Befundes, daß eine wachsende Zahl von Kindern und Jugendlichen vor allem unter dem Eindruck der Umweltgefahren und -schäden durch massive Zukunftsängste belastet wird.

Es ist auch vorwiegend diese Fraktion psychosomatischer Mediziner, die es immer noch wichtig findet, das Verhalten der Ärzteschaft unter Hitler kritisch zu analysieren. Wie konnte sich damals die Ideologie vom lebensunwerten Leben so weit durchsetzen, daß sie in der Medizin Fuß fassen konnte? Werden wir in Zukunft der Versuchung standhalten können, mit den Fortschritten der Gentechnik die gefährliche Züchtungsidee wieder aufleben zu lassen? Wichtig ist, wie es einst auch Mitscherlich und Mielke vorschwebte, durch Erinnern einen Beitrag zum Vorbeugen zu leisten. Dieser Psychosomatiker-Kreis will darüber hinaus für die Medizin einen Weg zu finden helfen, der um der psychosozialen Gesundheit der Menschen willen von dem traditionellen Kult der Stärke wegführt, hin zu einer sanfteren und ökologischeren Gesellschaft.

Dieses kritische Selbstverständnis hat zu dem Rahmenthema »Neues Denken in der Psychosomatik« geführt, zu dem das Gießener Zentrum für Psychosomatische Medizin die 31. Arbeitstagung des Deutschen Kollegiums für Psychosomatische Medizin veranstaltet hat. Ich danke den in diesem Band zu Worte kommenden Rednern aus Deutschland West und Ost sehr herzlich für den beeindruckenden Ertrag ihres kritischen und selbstkritischen Nachdenkens zu diesem stets aktuellen Thema.

Prof. Dr. Dr. Horst-Eberhard Richter

I. Ein sozialer und ökologischer Ansatz

Jürg Willi
Über die Entwicklung des eigenen Denkens in der Kooperation mit der somatischen Medizin

Ich möchte über einige Erlebnisse bei unseren Bemühungen, die psychosomatische Medizin in Zürich zu realisieren, berichten und meine Ausführungen mit einigen allgemeinen Überlegungen verbinden. Um diese Ausführungen in den subjektiven Kontext zu stellen, muß ich zuvor kurz über unsere lokale Situation informieren: In der Schweiz hat der Begriff »Psychosoziale Medizin« weitgehend jenen der »Psychosomatischen Medizin« ersetzt. Wir beziehen uns dabei auf das bio-psycho-soziale Modell von George Engel (1977), gemäß dem alle Krankheiten und deren Behandlung eine biologische, psychologische und soziale Dimension haben. In Zürich habe ich gemeinsam mit Claus Buddeberg und Jakob Bösch die Psychosoziale Medizin aufgebaut: Es wurden dafür eine personell gut dotierte Abteilung und ein etatmäßiger Lehrstuhl geschaffen. 1983 wurde in der Schweiz das Examen »Grundlagen der Psychosozialen Medizin« im 1. Teil der Ärztlichen Schlußprüfung mit einer eigenen Fachnote eingeführt; wir haben 1986 ein Lehrbuch »Psychosoziale Medizin« herausgegeben und waren mit unseren Bemühungen eigentlich auf der ganzen Linie erfolgreich.

Die Abteilung für Psychosoziale Medizin war von Anfang an der Psychiatrischen Poliklinik unterstellt. Dabei bestand eine Arbeitsteilung: Die Psychiatrische Poliklinik ist zuständig für den psychiatrischen Konsiliar- und Notfalldienst im Universitätsspital Zürich, während die Abteilung für Psychosoziale Medizin in verschiedenen Kliniken einen psychosomatischen Liaisondienst einführte. Die formelle Unterstellung unter die Direktion der Psychiatrischen Poliklinik war unproblematisch. Auf das Wintersemester 1987 / 88 sollte die Direktion der Psychiatrischen Poliklinik und damit der Lehrstuhl für Ambulante Psychiatrie und Psychotherapie neu besetzt werden. Ich hatte an sich nicht die Absicht, mich dafür zu bewerben. Doch dann wurden wir überrumpelt von den Bestrebungen der Fakultät, diesen Lehrstuhl für Psychotherapie mit einem biologischen Psychiater zu besetzen. Beunruhigend war insbesondere, daß auch die Absicht spürbar war, uns manches, was wir im psychosomatischen Liaisondienst erreicht hatten, zu entziehen und insbesondere auch unseren Stellenetat zu kürzen. Plötzlich mußten wir um unser Überleben kämpfen, es gab ein langes Gerangel, bis ich schließlich nach zwei Jahren interimistischer Leitung der Psychiatrischen Poliklinik nun auf August 1989 doch zum Direktor und Lehrstuhlinhaber der Psychiatrischen Poliklinik gewählt wurde. Soweit die lokalen Hintergründe meines Erfahrungsberichtes.

Einige Lektionen, die uns die Somatiker erteilten

Als wir vor zehn bis 15 Jahren mit dem Aufbau einer Psychosozialen Medizin begannen, waren wir angetreten, um einer patientenzentrierten, ganzheitlichen Sicht der Medizin mehr Gewicht zu verleihen gegen ein vorherrschendes, einseitig biologisches Krankheitsverständnis. Unsere Gegenspieler waren die eingefleischten Somatiker, welche die Wirksamkeit psychologischer Faktoren bei Krankheitsentstehung und Krankheitsbehandlung zwar nicht leugneten, aber Zweifel daran hegten, daß diese Faktoren mit Forschung überprüfbar und mit definierten Methoden gezielt behandelbar seien. Die Somatiker negierten nie die Wirksamkeit der Arztpersönlichkeit, zweifelten aber daran, daß das Charisma des Heilens lehr- und lernbar sei. Gegen solche Argumente fühlten wir uns bestens gerüstet. Nach unserer Überzeugung muß die psychosoziale Dimension bei jedem Patienten reflektiert, systematisch erfaßt und gezielt therapeutisch angegangen werden.

Dank der begeisterten Unterstützung der Studenten setzten wir uns mit der Reform des Medizinstudiums sowohl auf lokaler wie schweizerischer Ebene weitgehend durch. Unsere psychosomatische Konsiliartätigkeit hat sich vermehrfacht, und wir haben – vor allem auch durch die Aktivitäten von Claus Buddeberg – heute den Zugang zu allen wichtigen Kliniken des Universitätsspitals. Aber manchmal fühlte ich mich nicht sicher, was wir dabei wirklich erreicht hatten. Am meisten beansprucht werden wir für konsiliarische Untersuchungen. Aber dienen diese wirklich der Verbesserung der psychosozialen Kompetenz der Klinikärzte, oder bewirken sie eher das Gegenteil? Wird durch das Delegieren der psychosozialen Aspekte an uns der Graben zwischen somatischer und psychosozialer Medizin nicht noch vertieft statt überbrückt? Lassen wir uns von den Somatikern mißbrauchen zu einer noch rigoroseren Trennung von Körper und Seele in Diagnostik und Therapie?

Wir mußten jedoch lernen, daß der Widerstand der somatischen Assistenzärzte oft nicht so sehr einem Desinteresse entspringt als ihrer Überforderung. Die Assistenzärzte der Universitätskliniken arbeiten unter hohem Stress; Arbeitszeiten bis 70 Wochenstunden sind keine Ausnahme. Wenn wir versuchen, den Somatikern nahezulegen, daß es nicht unsere Aufgabe sein kann, ihnen die schwierige Gesprächsarbeit abzunehmen, sondern sie anzuleiten, diese Aufgaben selbst zu übernehmen, heißt das für den Assistenzarzt mehr Gesprächsarbeit mit den Patienten und zusätzlich noch mehr Besprechungszeit mit dem psychosozialen Berater. Dafür sind sie nicht leicht zu begeistern. Dazu kommt, daß ein Universitätsspital definitionsgemäß ein überregionales Zentrum für Spitzenmedizin ist. Jeder Arzt traut sich nur jene Arbeit zu, bei der er annimmt, daß sie von ihm mit einem Höchstmaß an Kompetenz erfüllt werden kann.

Wie wichtig das Verständnis für die Situation der an den somatischen Kliniken tätigen Assistenzärzte für die Implementierung psychosomatischen Gedankengutes ist, zeigt folgende Erfahrung: Vor gut zwei Jahren, d. h. vor dem Rücktritt meines Vorgängers an unserer Poliklinik, wurde der psychiatrische Konsiliardienst in der Fakultät vor allem vom Direktor der Medizinischen Poliklinik gerügt. Mit der Übernahme der interimistischen Poliklinikleitung ersuchten wir die Leitung der Medizinischen Poliklinik um eine Aussprache zur Klärung ihrer Unzufriedenheit mit unserem Konsiliardienst. Die Medizinische Poliklinik ist unser wichtigster Partner, so daß Probleme in der Kooperation uns nicht gleichgültig sein können.

Der Vorwurf der Internisten war, daß unsere Assistenzärzte, wenn sie nachts angerufen wurden, vom Bett aus gute Ratschläge zu erteilen beliebten, daß sie es aber wenn immer möglich vermieden, aufzustehen und selbst Hand anzulegen. Wir erfuhren, daß es zwar zutrifft, daß die Probleme, welche die medizinischen Assistenzärzte an uns herantragen, rein fachlich oftmals von ihnen selbst hätten gelöst werden können, daß aber die Beanspruchung unseres Pikettarztes eher einem Hilferuf in einer persönlichen Überforderung entsprach.

Seit unsere Assistenzärzte nun Weisung haben, bei jedem nächtlichen Anruf bedingungslos aufzustehen und ihre Dienste anzubieten, hat sich das Klima der Zusammenarbeit grundlegend verändert. Der Direktor der Medizinischen Poliklinik, eines der einflußreichsten Fakultätsmitglieder, war früher für uns ein gefährlicher Gegner, heute ist er unser bester Fürsprecher. Zu unserer größten Überraschung ergriff er vor einem Jahr selbst die Initiative, uns um die Durchführung von psychosomatischen Fallbesprechungsgruppen mit seinen Assistenzärzten zu bitten, was wir uns früher nicht im Traum hätten vorstellen können. Heute führt Dr. Buddeberg zwei und ich eine Fallbesprechungsgruppe an der Medizinischen Poliklinik.

Unsere Dienstwilligkeit hatte offensichtlich weit mehr Überzeugungskraft als all unsere vorangegangenen Bemühungen, die Internisten zu erziehen, zu belehren und zu bekehren. Unsere Zurückhaltung, selbst aktiv zu werden, um uns vor dem Mißbrauchtwerden zu schützen, war von den Medizinern als bloße Faulheit interpretiert worden.

Weshalb verlagern wir unsere Aktivitäten nicht stärker von den Universitätskliniken in die Hausarztpraxen?

Trotz erfreulicher Erfolge mußten wir lernen, daß das Universitätsspital ein steiniger Boden für unsere Aktivitäten ist und bleibt. Es wurde uns klar, daß das Wirkungsfeld der Psychosozialen Medizin im Grunde nicht das Universitätsspital ist, sondern die Hausarztpraxis. Hausärzte weisen Patienten dem Universitätsspital zu für hochspezialisierte Untersuchungen und Behandlungen. Die stationären Klinikaufenthalte betragen meist nur wenige Tage. Haben die Spezialisten eine bestimmte Diagnose ausgeschlossen, oder hat eine spezialärztliche Behandlung zu keinem positiven Ergebnis geführt, so bleibt der Patient beim Hausarzt hängen. Das gilt übrigens auch für alle psychosomatischen Patienten, bei denen eine Psychotherapie erfolglos geblieben ist.

Der Hausarzt muß sich mit einer Vielzahl von Fällen herumschlagen, bei denen es weder eine definierte Diagnose noch eine effiziente Therapie gibt. Und doch ist der Arztkontakt für viele dieser Patienten die wichtigste mitmenschliche Beziehung überhaupt. Hausärzte fühlen sich oft alleingelassen und sind begierig auf Unterstützung durch Vermittlung psychosozialer Kenntnisse und Fertigkeiten. Dabei mußten wir allerdings feststellen, daß es uns selbst an Kompetenz mangelte, weil wir die Arbeitsweise der Hausärzte zu wenig kannten.

Auf Initiative meines Mitarbeiters Jakob Bösch wurde deshalb eine Arbeitsgruppe »Familienmedizin« gebildet, in der Vertreter unserer Psychosozialen Medizin und der Hausärzte zusammensitzen, um sich auszutauschen und gemeinsam Kurse für Hausärzte zu veranstalten.

Diese Kurse finden bei den Hausärzten reges Interesse. Die Echtheit unseres Engagements wurde allerdings auch hier auf die Probe gestellt. Die gute Beziehung, die wir zu den Hausärzten und zur Zürcher Ärztegesellschaft haben, bringt uns in der Fakultät nicht viel Prestige und Sympathie ein. Zweifelsohne fällt die psychosomatische Medizin aber in den Hausarztpraxen auf fruchtbareren Boden als in den Universitätskliniken. Die Psychosomatik muß sich also der Frage stellen, weshalb sie eigentlich ihre größten Anstrengungen in Forschung und Therapie ausgerechnet an jenen Orten unternimmt, wo sie am ineffizientesten ist, und jene Bereiche der Medizin relativ wenig beachtet, wo sie wirksam sein könnte, allerdings ohne akademische Lorbeeren zu ernten.

Die Herausforderung durch zwei unerwartete Konkurrenten

Unverhofft, als wir eben unsere Erfolge feiern wollten, mußten wir feststellen, daß uns von zwei Seiten das Wasser abgegraben wird. Der eine bedeutsame Konkurrent ist die *biologische Psychiatrie*. An sich ist nichts gegen die neurobiologische Forschung einzuwenden. Der Psychosomatik im deutschen Sprachraum täte es nur gut, wenn sie sich stärker mit psychophysiologischen Themen befaßte. Die biologische Psychiatrie hat aber politische Auswirkungen, die mich in mancher Hinsicht alarmieren. Sie impliziert in ihrem gegenwärtigen Höhenflug die Rückkehr zum medizinischen Modell, nämlich zur Vorstellung, daß psychische und psychosomatische Störungen biologisch begründbar seien, daß also unsere Gedanken und Gefühle ihre biochemischen Korrelate haben und somit grundsätzlich biochemisch zu stören und zu beeinflussen sind. Psychische Störungen als Hirnstörungen werden wieder klar lokalisierbar im Individuum. All die psychologischen, systemischen und soziologischen Theorien werden damit relativiert. Psychodynamischen Faktoren wird nicht mehr ursächliche, sondern bloß auslösende Bedeutung zugesprochen, und die eigentliche Ursache in genetischen Vulnerabilitäten vermutet.

Der biologische Psychiater imponiert mit seiner scheinbaren Selbstbescheidung. Er gibt zu, daß über die Hintergründe psychischen Leidens noch wenig gesichertes Wissen vorliegt. Als gesichert gilt jenes Wissen, das durch empirische Forschung mit standardisierten Untersuchungsinstrumenten an klar definierten Probandengruppen im Vergleich mit Kontrollgruppen erhärtet und in vielfältigen Vergleichsstudien bestätigt ist. Komplexere psychodynamische Theorien lassen sich jedoch kaum in dieser Weise operationalisieren. Sie gelten somit als bloße Hypothesen oder Ideen. Das Modell der Sicherung unseres Wissens ist die psychopharmakologische Forschung.

Diese Selbstbescheidung des biologischen Psychiaters auf das medizinische Modell löst weithin Erleichterung und Begeisterung aus, besonders bei den Inhabern von Macht und Geld: Die *Politiker* sind entlastet. Nicht die gesellschaftlichen Verhältnisse machen krank, sondern das medizinisch zu erforschende Gehirn. Die *Krankenkassen* sind begeistert, wird doch damit der lästige Streit um die Kassenleistungen für den »Patient Familie« überflüssig, und die Chance steigt, Kassenleistungen einzugrenzen auf klar definierbare, auf ein Individuum reduzierbare Krankheiten. Die *Pharmaindustrie* reibt sich die Hände und unterstützt all diese Trends durch Finanzierung von Tagungen, Symposien und gediegenen Empfängen.

Aber vor allem fühlen sich die *medizinischen Fakultäten* erleichtert, weil sie den Bereich, der sie laufend verunsicherte, nun wieder eingrenzen können. Sie drohen, sich von den Psychosomatikern wieder abzuwenden, und suchen ihren Gesprächspartner im biologisch denkenden Psychiater. Das Unabgegrenzte und Undefinierbare des Liaisonpsychiaters stört manche Somatiker. Sie ziehen den Kontakt mit dem Psychiater vor, der sich als Spezialist für die Psyche auf den ihm erteilten Auftrag beschränkt, die Patienten konsiliarisch untersucht, eine psychiatrische Diagnose stellt oder die Behandlung auf Wunsch des Zuweisers übernimmt, ohne Absicht, seinen Zuständigkeitsbereich zu überschreiten, mit Salamitaktik fremde Kliniken zu unterwandern und andere Spezialisten zu belehren.

Am anderen Ende der Skala beginnt die *Alternativmedizin*, uns das Wasser abzugraben. Ohne daß es je zu einer Berührung oder Auseinandersetzung mit der Psychosomatik gekommen wäre, hat sich in den letzten Jahren die Erfahrungsmedizin ausgebreitet. Im Kanton Zürich wenden mehr als ein Viertel der praktizierenden Ärzte und im Kanton Bern gar über 40 Prozent der Allgemeinpraktiker erfahrungsheilkundliche Methoden in ihrer Praxis an. Am verbreitetsten sind dabei die Homöopathie, die Akupunktur und die Phytotherapie, nicht gezählt all die Bestrebungen für gesunde Lebensweise bis zur Esoterik. Mehr als 80 Prozent der befragten erwachsenen Bevölkerung einer Studie aus der französischen Schweiz äußert sich positiv über erfahrungsmedizinische Methoden, und mehr als zwei Drittel der Befragten verfügen über Eigenerfahrung. 1986 wurde im Zürcher Kantonsparlament die Regierung in einer Motion aufgefordert, an der Medizinischen Fakultät der Universität einen Lehrstuhl für Erfahrungsmedizin zu schaffen. Soviel politische Beachtung würde die psychosomatische Medizin heute kaum mehr finden.

Natürlich sind Erfahrungsmedizin und Psychosomatik zwei ungleiche Brüder und darin mag ein Grund liegen, daß sie sich bisher aneinander vorbei entwickelt haben, ohne aufeinander Bezug zu nehmen:

Die Psychosomatik ist zu einer universitären Disziplin geworden. Damit hat sie Macht gewonnen: Lehrstühle, Forschungsstellen, Institute, feste Verankerung in der medizinischen Ausbildung mit obligatorischen Lehrveranstaltungen und Prüfungen. Aber sie hat dafür ihren Preis bezahlt. Sie möchte mit ihrer Forschung ernstgenommen werden. Sie unterzieht ihre Untersuchungen strengen methodischen Ansprüchen. Leider sind die damit geförderten Ergebnisse oft langweilig und von geringem Aussagewert für die Praxis. Für die Behandlung psychosomatisch Kranker hat die empirische psychosomatische Forschung relativ wenig gebracht.

Der Erfahrungsmedizin gehen die universitären Weihen ab. Ihre Methoden basieren auf theoretischen Hintergründen, die bisher kaum empirisch erforscht sind und zu einem erheblichen Teil kaum empirisch erforschbar sein dürften. Viele Vertreter der Erfahrungsmedizin halten von statistischen Mittelwertsvergleichen wenig. Vielmehr sehen sie im kranken Menschen und dessen Heilung ein einmaliges und sich nicht wiederholendes Geschehen. Das gibt den Erfahrungsmedizinern ein ganz anderes Charisma. Ihre Behandlungen kommen bei vielen Patienten besser an als die von uns angepriesenen verbalen Psychotherapien oder Übungsprogramme. Sie verdienen oftmals weit eher die Bezeichnung »psychosomatisch«, sind sie doch Heilverfahren, die ineins die körpereigenen und seelischen Regulationsmechanismen und Selbstheilungskräfte unterstützen. Durch Vorgabe eines definierten Wirkprinzips lassen sich seelische Probleme dank besserem narzißtischen Kränkungsschutz leichter angehen. Der akademischen Psychosomatik dagegen sind saubere Forschungsmethoden oft lieber als therapeutische Hilfe. Wir drohen damit ausgerechnet das Ziel zu verpassen, das wir ursprünglich anstrebten, nämlich die ganzheitliche Erfassung und Behandlung der einmaligen Person des Patienten und deren Behandlung mit der »Droge Arzt« (Michael Balint).

Neues Denken in der Psychosomatik? ist die Frage dieses Buches. Meine Antwort ist die Anregung: Neues Denken über die Psychosomatik!

Harald Theml
Die objektive Krankheit und die subjektive Not

A: Woher kommt dieses Thema und seine Frage?

Onkologie beschäftigt sich mit jener somatisch manifestierten Krankheitsgruppe, die besonders schonungslos an die Grenzen einer erfolgsorientierten Medizin führt.

In der Formel »objektive Krankheit und subjektive Not« sind die Pole der Ambivalenzen dieses Arbeitsgebietes angedeutet. Über das Verhältnis zu Psychosomatik und »Neuem Denken« ist Auskunft in erster Linie komplementär zu erwarten, indem aus einer von mir darzulegenden Phänomenologie onkologischer Alltagspraxis klar werden könnte, daß psychosomatisches Denken in der somatischen Onkologie Neues Denken bedeutet.

B: Wie eine Krankheit definiert wird

Dargestellt an einem Beispiel: Egal wie alt, wie verheiratet, wie beschäftigt oder welcher Hautfarbe jemand ist, wenn er einen Knoten am Hals oder sonstwo entwickelt, der nicht mehr weggeht, wird er ihn dem Hausarzt zeigen und als unklare Lymphknotenschwellung bzw. Leiden am Lymphknoten (= »Lymphadenopathie«) zur weiteren Klärung eingewiesen. Nehmen wir an, in einem Klinikum landen fünf Patienten dieser Art an einem Tag. Bei allen wird eine Gewebsprobe entnommen; sie zeigt diese oder jene Zellzusammensetzung. Ein Patient darf die Klinik wieder als »reaktive Lymphadenopathie« verlassen, vier werden als »maligne Lymphome« einbehalten.

An Feinfärbungen und immunologischen Markern wird die Art des malignen Lymphoms weiter klassifiziert, jede Zelle hat ihren eigenen Tumor (wenn auch nicht jeder Patient).

Parallel wird in den nächsten Tagen mit Röntgenanalysen, Sonographien, Organpunktionen die Ausdehnung der Krankheit im Körper der Patienten zu erfassen versucht.

Liegen Histologie und Ausdehnungsdefinition vor, kommt die den

Patienten beargwöhnende Pupille des Doktors etwas zur Ruhe: Aus der Kenntnis analoger Situationen baut sich eine vermeintliche Kenntnis – oder Kalkulationsmöglichkeit – für den Einzelfall auf, die sich wie eine Folie über den Patienten legt (Abb. 1).

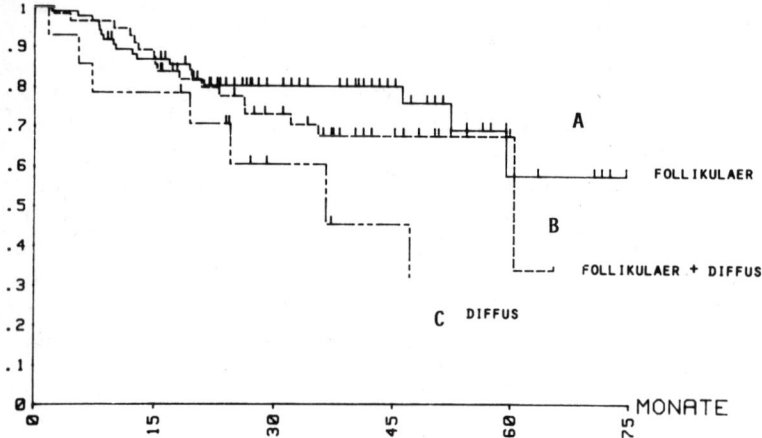

Abb. 1: Statistische Kurven der Überlebenswahrscheinlichkeit von Patientenkollektiven mit verschiedenen malignen Erkrankungen (Krankheit A, B, C)

Auf der horizontalen Achse ist die Zeit (in Monaten) aufgetragen, auf der senkrechten der Prozentsatz Lebender (1 = 100%).

Die abfallenden Stufen bezeichnen »Verlust« eines entsprechenden Prozentanteils am Kollektiv, die kleinen »Reiter« auf den Linien geben einen zu diesem Zeitpunkt Lebenden wieder.

Je steiler die Kurve, desto schlechter der Verlauf des Kollektivs. (Theml et al. 1983)

Der Patient kann z. B. zu einer Gruppe A gehören, von der nach fünf Jahren noch 60 Prozent überleben oder zu einer Gruppe (C), bei der nach fünf Jahren nur noch 20 Prozent überleben.

Die Steilheit der Absterbekurve seiner Krankheitsgruppe (aus Gewebebild und Ausbreitungsstadium gebildet) legt eine Kalkulation seiner Überlebenschancen nahe. Dabei ist allerdings nicht ersichtlich, ob er nicht doch zu den (wenigen) Patienten gehört, die trotz Zugehörigkeit zur Gruppe A nach wenigen Monaten schon der Krankheit oder Medizin erliegen oder ob er nicht zu den (wenigen) gehört, die trotz Zugehörigkeit zu Gruppe C noch nach fünf Jahren mit dabei sind.

Welche Bewegungen haben bis hierher stattgefunden:

Aus der Vielfalt von Individuen fällt ein Teil durch Normabweichungen heraus und unterliegt dem Gruppenbegriff »Kranke«; hierunter wiederum der Untergruppe der Tumorverdächtigen. Durch diagnostische Maßnahmen erfolgt eine (scheinbare) Differenzierung, die aber keine Individuation ist. Die Diagnosestellung selber besagt nämlich gerade nicht, daß jeder seine eigene Krankheit hätte. Diese Objektivierungsmechanik ist um unemotionale Schärfe bemüht und vergißt dabei ihre gewaltige Unschärfe, wie sie sich in der großen Amplitude der Verlaufsmöglichkeiten eigentlich darstellt.

Es verwundert wenig, daß sämtliche oben eingegangenen Kriterien somatischer Natur sind. Man hat aber auch in der somatischen Medizin gemerkt, daß Zellbild und Ausdehnungsstadien die Patientensituation (gerade für die Therapieentscheidung) nicht ausreichend definieren, und ergänzend Befindlichkeitsskalen entworfen.

Das sind nun statt Gewebekriterien Leistungskriterien.

Die objektive Krankheit ist also definiert durch das *Material*, aus dem sie sich zusammensetzt, seine *Ausdehnung* im Körper und die *Leistung*, die der Körper unter ihr noch bringt. Wenn die subjektive Situation des Patienten, Rolle und Wert der Krankheit im Patientenleben oder auch die Frage nach endogenen oder exogenen Ursachen der Erkrankung in diese Krankheitsdefinition nicht eingehen, soll dies nicht heißen, daß die Mediziner sie nicht berücksichtigen wollen! Sie wird nur nicht zur Definition und Verständigung über die Krankheit und die Art, wie mit ihr umzugehen sei, benützt.

C: Die Rolle des Patienten bei der Definition seiner Krankheit
   (aus der Sicht des Onkologen)

Der Kranke scheint fast nie ein Verständnis für die differenzierten Krankheitsmöglichkeiten seines Körpers mitzubringen.

(In unserem Beispiel:) Lymphknoten sind ihm fast durchweg völlig fremd, wie sie es auch dem Mediziner vor dem Studium und auch noch lange danach waren. Man kennt die Blindheit und Unschärfe des Körperselbstgefühls bis zum »Skotom« für die am häufigsten von Tumoren betroffenen Regionen (14).

Ebenso ist die Archaik des allgemeinen Krankheitsverständnisses, z. B. in den Beobachtungen von Dornheim (7) und Verres (18), eindrücklich belegt. Dieses archaische, subjektive Selbstbild zieht sich in der Begegnung mit der objektivierenden Medizin weiter zurück (allerdings nur scheinbar völlig).

Die am Patienten erfolgende medizinische Definition einer Krankheit nimmt ihm die Kompetenz, seine Krankheit subjektiv, aus seinem Körperbefinden und seiner Lebenssituation heraus selbst zu definieren. Sie wird ihm objektivierend verständlich gemacht, bis er sich selbst objektiviert: Der Befund tritt an die Stelle des Befindens (auf die Frage: »Wie geht es Ihnen« antworten viele Patienten mit Zitierung von Befunden, z. B. »Mein Blutbild ist ja besser«).

Es scheint, als lerne der Kranke es, sich, seinen Körper, die Frage nach Gesundheit oder Krankheit, Gegenwart und Zukunft, die Verantwortung und Organisation für beides an die Medizin zu delegieren.

Bei vielen Patienten glaubt man, gegenüber der ordnenden und eingreifenden Macht der Medizin eine Art von schamhaftem Involutionsverhalten zu beobachten; es beschämt, als Körper versagt zu haben. Dies erstreckt sich auch auf den weiteren Krankheitsverlauf, in dem manche Patienten »Therapieversager« werden. Denn sie scheinen oft eher beschämt als zornig, wenn ihre Körper auf die bemühten Ansätze moderner Therapie nicht durch Erfolg, sondern mit »Versagen« reagieren.

Allerdings ist das geschilderte Verhalten nur ein Teil der Alltagspraxis. In einer Ecke der Patientenseele ruht (wie in einer Nische der Heidenseele noch ein Keim des Animismus) ein Rest des archaischen Körperselbstbildes und seiner Projektionen.

Aus diesem Zentrum sprießt auch der Wunsch nach Gesundung durch Geisteskraft und naturharmonische Steigerung des inneren Widerstandes, wie ihn Cassileth (6) als Basis moderner Alternativtherapien analysierte.

D: Gründe für die Akzeptanz der Objektivierung

Dies objektivierende Krankheitsverständnis hat eine Reihe von tiefen Gründen für seine derzeitige Unvermeidbarkeit. Diese Gründe können gleichzeitig als Argumente gegen die rasche Realisierbarkeit von mehr Psychosomatik unter den heutigen Bedingungen der Onkologie (und Medizin allgemein?) gehört werden:

1. Medizin als Handlungswissenschaft

Medizin wird benutzt als Kunde von den Reparaturmöglichkeiten menschlicher Defekte. Sooft jemand zu mir kommt, stellt er explizit oder implizit einen Handlungsauftrag dar. Handle ich nicht diagnostisch und therapeutisch bis an die Grenzen des Möglichen, fühle ich mich als Arzt von Unterlassungsfragen / -klagen umstellt.

Kaum je wird Überdiagnostik und Übertherapie geahndet, nur gelegentlich feuilletonistisch bestöhnt; aber wehe dem Arzt, der nicht das Letztmögliche rausgeholt hätte (so jedenfalls sieht es der Arzt)! Und man finde doch erst einmal den Patienten, der sagt: »Nein, lassen Sie – ich will gar nicht wissen... ich will gar nicht, daß etwas geschieht.« Natürlich gibt es diesen Patienten; wir stutzen und bestaunen sie, wenn sie sich zu Gehör bringen (bzw. wenn wir ihre entsprechenden Zeichen und Signale hören). Wir müssen aber dann erst, schrittweise absichernd, Konsens herstellen, daß sie es wirklich so meinen. Denn nicht, daß etwas getan werden soll, ist diskussionsbedürftig, sondern daß nichts bzw. nicht das Maximum getan werden solle.

»Jeder tut, was er kann« ist zu einem der gefährlichsten Prinzipien geworden; denn es wird in der Tat meist realisiert bis zu seiner Vollendung: »Wir haben getan, was wir konnten.« Dem korreliert: »Sie haben sicher getan, was Sie konnten...«

2. Objektivierung als Bedingung der Professionalisierung und als Entlastung

Das oben dargelegte Verfahren, eine subjektive Befindlichkeitsstörung durch Vergleich mit ähnlichen Phänomenen auf zellulärer Basis als Krankheit zu definieren und zu therapieren, hat evidente Vorteile gegenüber rein assoziativer Individualmedizin, denn die Kompetenz des Arztes erwächst nicht allein aus der empathischen Begegnung, sondern daraus, daß er möglichst viele analog erkrankte Menschen und ihren »Verlauf« kennt und in die individuelle Begegnung eine Summation solcher Erfahrungen als Kenntnis der »objektiven« Krankheit einbringt.

Man möchte sagen: »Am Arzt in seiner Janusrolle als Mitwisser der Krankheit und möglicher Bewältigung gewinnt der Patient einen Begriff von sich als Individuum und als Exempel; am Patienten als Exempel und Individuum gewinnt der Arzt seine Definition« (16). Und ich muß in Solidarität mit meinen onkologischen Alltagskollegen betonen, daß wir nicht vom »Hodgkin auf Bett 3« reden, sondern von Herrn Meier mit Morbus Hodgkin. Schwer allerdings entkommt man dem Gefühl, dieser Morbus sei ein Tertium in einer triangulären Beziehungsstruktur: Mediziner – Morbus – Meier.

Wir leben in der Arbeitshaltung, es gälte Meier vom Morbus zu befreien, um zu Meier selbst zu kommen bzw. Meier zu sich selbst kommen zu lassen. Und in Form der objektivierenden Analogieschlüsse werden wir versuchen, Meier mit der Therapieform zu befreien, die bei den meisten in Zellbild und Stadium gleichen Krankheitsbildern geholfen hat.

3. Erfolg als Maßstab

Die arme Medizin wird ja am meßbaren Erfolg gemessen. Und Erfolg gerade in der Onkologie heißt Heilung, wenigstens Fünf-Jahres-Heilung oder wenigstens Remission, soviel und so ewig wie möglich.

Und man vergleicht sich nicht nur auf Kongressen nach Remissionsraten und sucht sich zu überbieten, man wird auch verglichen (4). Als Maßstab gelten wiederum statistische Verlaufskurven vergleichbarer Kollektive (Abb. 2):

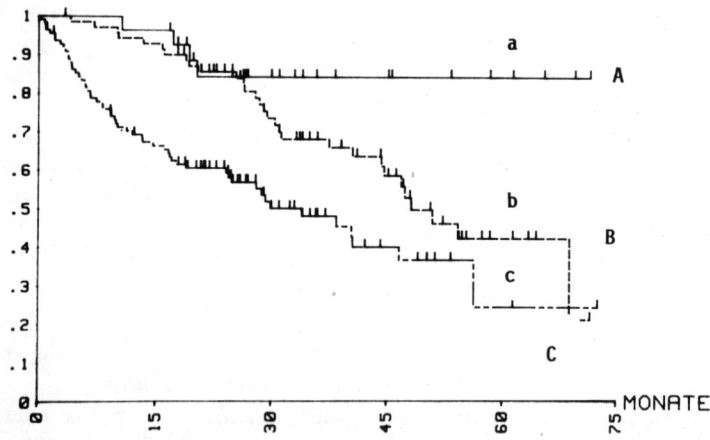

Abb. 2: Statistische Kurven der Überlebenswahrscheinlichkeit unter verschiedenen Therapieverfahren (A, B, C)

(Die Individuen a, b, c allerdings überleben trotz unterschiedlicher »Wahrscheinlichkeiten« gleich lange)

Die Therapie A oder der Therapeut A hat durchschnittlich offenbar bessere Ergebnisse als Therapie oder Therapeut B, von C zu schweigen. Natürlich hat auch diese Form von Objektivierung Vorteile, die ihre Akzeptanz erklären: Wer möchte sich noch lange von B behandeln lassen, wenn er von A weiß. Allerdings liegt hier eine so tückische wie evidente Form der Täuschungsmöglichkeit durch Objektivität vor: Das Individuum »a« lebt zu einem bestimmten Zeitpunkt auf der Achse A genauso wie zum gleichen Zeitpunkt ein anderes Individuum »b« auf der Achse B; die Wahrscheinlichkeit, daß einer mit A überlebte, ist nur größer. Das heißt aber nicht, daß jemand auf A besser überlebt hätte als auf B, wenn er zu einem bestimmten Zeitpunkt noch lebt.

Da aber der objektivierende Vergleich und die Einklagbarkeit des Erfolges anhand solcher Kurven auf Mediziner nicht geringer wirken als auf Lebensversicherer, wird man nach Publikation der zweifellos entindividualisierenden Daten obiger Kurven kaum noch nach B behandeln können.

»Der wahrscheinlichste Erfolg wird heute mit Schema A erzielt«, hören wir uns (hoffentlich alltäglich aufs neue bestens belesen) bei Aufklärungen sagen – und Arzt und Patient sind nicht undankbar für diese Entlastung ihres Verhältnisses durch scheinbare Objektivierung.

A, B, C arbeiten natürlich ohne spezielle Berücksichtigung psychosozialer Faktoren, sie versuchen den Tumor einfach wegzubehandeln. Dabei wird hintangestellt, daß hier nur das (wirklich nackte) Überleben als Erfolgsparameter diente – das jedenfalls ist eindeutig meßbar.

In diesem Erfolgszwang, dem sich Arzt und Patient aus unterschiedlichen Interessen gemeinsam unterwerfen, ist Fortschrittszwang schon inbegriffen. Jeder Fall ist eine Chance für den »Fortschritt«, denn an ihm mißt sich die Medizin.

Die Medizin als Erfahrungswissenschaft ist gleichzeitig eine Experimentalwissenschaft. Und wo es für Arzt wie Patient *common sense* ist, daß das Ausbleiben von Heilung nur ein beide beschämendes Versagen noch unzureichender Mittel oder eines Organismus ist, der diesen Mitteln trotzt, da wird jedes neue experimentelle Angebot zur Chance. Und eine Chance nicht nutzen zu wollen, ist in diesem Rahmen tabu.

Impliziert im Erfolgszwang ist die angedeutete Verdrängung des Mißerfolges, das Übersehen der Patienten (s. Abb. 2), die in keiner Therapie überleben. Die Wissenschaftsliteratur ist erfolgsorientiert konzipiert (2). Nicht die Veröffentlichung der Nicht-Ansprecher oder Opfer einer Therapie, sondern die der Remissionen ziert Autor und Klinik.

Auf Tagungen, auf denen es um Steigerung einer Remissionsrate von 20 auf 23 Prozent gehen kann, ist nirgends die Rede davon, was aus den anderen 80 Prozent wird. Natürlich sind sie Gegenstand unermüdlicher Hilfsanstrengung, Pflege und Begleitung aller Kräfte des »Gesundheitswesens«. Aber diese Last wird verschämt verschwiegen, erschöpft geschleppt und stellt keine Kategorie und Dimension des Medizinbetriebes dar, die vergleichbare Würdigung, Anerkennung und Förderung erführe wie die um 3 Prozent gesteigerte Remissionsrate.

Man ist verführt, von Würdelosigkeit in der Leidensbewältigung zu sprechen, das das Nicht-Machbare beschämt.

E: Woher kommen die Energien zur Konstruktion
   und Bewältigung von objektiver Krankheit
   und subjektiver Not?

Vielleicht haben wir durch Professionalisierung vergessen, welche Kühnheit, Überwindung, Hybris dazu gehört, Hand anzulegen, wo jemand gefallen ist, zum Fall geworden ist. Nicht umsonst muß gegen den alten Schrecken und das Weglaufen vor dem Gefällten das Standhalten des Samariters zum höchsten Gebot erhoben werden (9). Die Basis dazu ist wohl die Energie der *Identifikation mit der subjektiven Not* des Hilfsbedürftigen. Sie leistet helfende Kommunikation durch Gleichsetzung des Betroffenen mit dem noch nicht betroffenen Hilfsfähigen. Nicht nur aus Historismus erinnern wir uns allerdings gelegentlich an Hippokrates, der Hilfseinsatz noch an eine gewisse Prognose knüpfte und von medizinischen Hilfsversuchen bei ersichtlich negativer Prognose abriet. Speziell in der Onkologie wird also Identifikation als Überwindung in besonderem Umfang gefordert.

Neben der Identifikation scheint hier eine zweite Motivationsenergie, ein anderer »Thymos« zu wirken:

Wir fanden, daß die *Definition objektiver Krankheiten die subjektive Not* (von Krankem und Helfer) *zu ertragen erleichtert.* In dieser Objektivierung kämpfen wir nicht mehr »nur« für den einzelnen da am Wege, sondern gegen die Tücke und Gemeinheit, die Menschen hinfällig macht, gegen das Fatum, daß »Fleisch ... ein Fluch« ist (M. Frisch).

Es ist als eine Auflehnung gegen die erlassenen Instanzen eine »titanische« Energie, die sich da gegen scheinbar gottgegebene Gebrechlichkeit, Hinfälligkeit und Gefallenheit wendet.

Prometheus, den feuerbringenden Titanen, erkannte Günter Anders in den Energien des naturwissenschaftlich-industriellen Erfolgskomplexes (1). In promethischem Trotz und schließlich Stolz lehnte und lehnt sich die Medizin gegen Krankheit als solche auf.

Es steht dem Autor nicht zu, weitere Mythen zu bemühen und etwa in der titanischen Auflehnung ödipale und in der identifizierenden Kommunikation narzißtische Impulse zu orten; Grenzenlosigkeit jedoch ist gemeinsame Grundlage mancher Helfermotivation.

F: Dynamik zwischen den Motivationspolen

Der alltägliche Vollzug professioneller Hilfeleistung scheint allerdings alles andere als eine klassische Heldensage zu sein; er vollzieht sich in einem scheinbar reibungsarm austarierten Gleichgewicht zwischen Identifikation und Titanismus. Hierbei dient Identifikation als Legitimation des Titanismus. (Andererseits kann auch die betonte Identifikation Titanisches in sich tragen, wo der Arzt sich als der professionelle Mitleider schlechthin sieht, der besser als alle Freunde und Angehörigen des Patienten, ja besser als der selbst weiß, welche Not es hier zu betrauern und zu bewältigen gilt, ja, der alle Schmerzen auf sich nehmen will.)

Je nach voraussichtlichem Verlauf der Erkrankung hat jedoch die scheinbare Ausgewogenheit zwischen beiden Energiepolen eine Driftung, die im Krankheitsverlauf zunehmend als eine Art allmählicher Seiten- oder gar Frontenwechsel deutlich wird (16).

Von der Betonung der Identifikation zieht es den Behandler mit zunehmender subjektiver Not seines Identifikationsobjektes langsam zurück auf die Einsicht, daß die objektive Krankheit eben stärker – und sie sein eigentliches Arbeits- und Aufgabenfeld sei. Dieser Frontwechsel, diese Verlagerung des Ziels, wird in verschiedenen Verhaltensformen apparent und faßbar (Abb. 3, S. 38):

Emotionale Abspaltung des subjektiven Erlebens von objektivierender Erkenntnis, wie sie das gesamte professionalisierte Helferleben in unterschiedlicher Intensität begleitet (5).

Objektivierung, wie sie sich in deutlichster Ausprägung der Verwissenschaftlichung klinischer Individualbeobachtungen und Probleme in Studien und Lehrbuchanalysen darstellt.

Diese Objektivierung kann in illuminierter Sicht als »Iatrogenese des Körpers selbst« interpretiert werden (8).

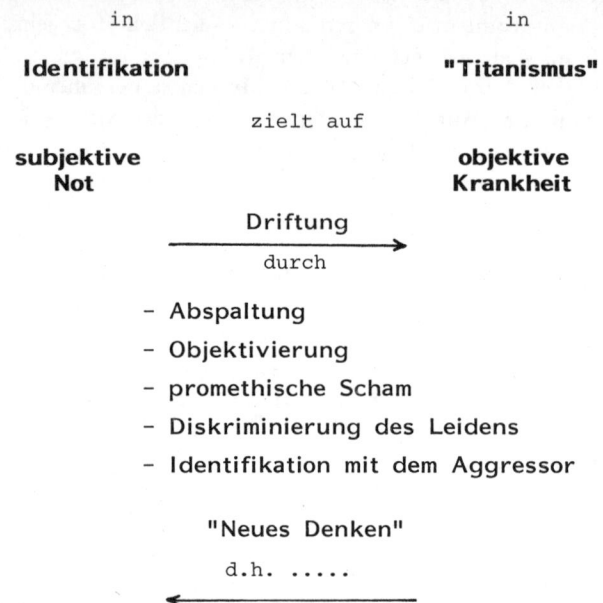

Grenzenlosigkeit des Helfers

in   in

Identifikation   **"Titanismus"**

zielt auf

subjektive   **objektive**
Not   **Krankheit**

Driftung
⟶
durch

- **Abspaltung**
- **Objektivierung**
- **promethische Scham**
- **Diskriminierung des Leidens**
- **Identifikation mit dem Aggressor**

"Neues Denken"

d.h. . . . . .
⟵

Abb. 3: (Schema der Kräfte und Tendenzen zwischen objektiver Krankheit und subjektiver Not)

Promethische Scham, wie Günter Anders (1) die Betroffenheit darüber nennt, daß die gemachte Welt der Medizin die angeborene Gebrechlichkeit und Unzulänglichkeit des Fleisches bloßstellt.

Diskriminierung des Leidens, wie sie Horst-Eberhard Richter als Mechanismus in der professionalisierten Leidensbewältigung analysierte (11, 12). Seine Schlußfolgerung »Wer nicht leiden will, muß hassen«, charakterisiert verständnisvoll die Ambivalenz der Helfer, aber auch der Opfer gegenüber der immer wieder so schwächlichen Not der Leiber. Alle die genannten Verhaltensformen tragen gemeinsam Züge einer *»Identifikation mit dem Aggressor«.* Das scheint paradox, lehnt sich doch gerade die titanische Energie scheinbar gegen den Aggressor selbst auf. In der Niederlage allerdings ist es titanisch, nicht mit dem armen einzelnen Fall und Individuum zu scheitern, sondern dem objektiven Fatum und Morbus selbst weichen zu müssen.

Der Frontwechsel in verschiedenen Verhaltensformen wird nicht nur vom Therapeuten vollzogen. Der Kranke, in ständiger Konfrontation mit den hochstilisierten und -gerüsteten Möglichkeiten der prometheischen, apparativen und pharmazeutischen Medizin, schämt sich seines zerfallenden Körpers, der so sichtlich unterlegen ist gegenüber den siegeswilligen Zurüstungen, die ihn offenbar überleben werden.

G: Neues Denken, woher und wohin?

Obiger Versuch einer Bestandsaufnahme der Ambivalenzen in der somatischen Medizin am Beispiel der Onkologie legt es nahe, nun unter dem Aspekt der Reformbedürftigkeit unserer Denkformen »Neues Denken« einfach als Gegendriftung und Gegengewichtung gegen die dargelegten Tendenzen zu fordern.

Und tatsächlich scheint eine weitere Übergewichtung der titanischen Seite medizinischer Selbstentwürfe bedrohlich, zumal sie allenthalben ohne erkennbare Skrupel oder Alternativen inszeniert wird. (Die Phänomenologie zu dieser Ansicht bietet sich auf jedem Medizinkongreß – von Gentechnologie bis zur Psychoneuroimmunologie – und in jeder Fachzeitschrift. Die wissenschaftlichen Beiträge entsprechen fast ausschließlich Applikationsberichten über die Methoden, welche die kongreßbegleitenden Fachausstellungen bzw. die Reklameseiten auf- und vorzeichnen.)

Andererseits kann aber Neues Denken nicht die aufgezeigte Definitionsform objektivierenden Krankheitsverständnisses als solche rückgängig machen.

So sehr man immer wieder in romantischer Regression aus der jeweils einzigartigen Begegnung Kranker-Arzt die jeweils einzigartige Krankheitserkenntnis und Patientenführung ableiten möchte, so sehr muß man Arzt und Kranken vor der Autistik warnen, die sich häufig genug darin verbirgt, die Objektivierung der Erfahrungen um jeden Preis zu vermeiden.

Es geht in unserer Situation wohl um etwas noch Schwereres als um Extrempositionen, nämlich um die anhaltende Sensibilisierung der objektivierenden Medizin für die subjektive Not (3). Diese Medizin muß alle Sinne offenhalten, um die subjektive Not so sehr wie die objektive Krankheit zu erkennen und als Aufgabe des Augenblickes mindestens so wichtig zu nehmen wie die großen Lösungen auf lange Zeit.

Diese Gegengewichtung und Sensibilisierung bedeutet ja nichts anderes als Weizsäckers »Einführung des Menschen als Subjekt in die Medizin«. So ist psychosomatisches Denken Neues Denken in der Onkologie. Die dargelegten Konturen der objektivierenden somatischen Medizin zeichnen den Bedarf, aber gleichzeitig die Begrenzung der Möglichkeiten für psychosomatisches Neues Denken auf.

Dabei deutet sich zweierlei an:

1. Nur eine neue Kommunikation kann das Objekt zum Subjekt machen. Eine Zunahme an Symmetrie wäre hier allemal und allerorts alltägliche Versuche wert. Sie erst zeigen dann das ganze Ausmaß der »Unmündigkeit« auf der Seite des Kranken gegenüber der »Vormundhaftigkeit« auf der Seite der Helfer. Es ist ein Abenteuer, was es alles zu lernen gibt, wenn nicht der Kranke zuerst auf den Helfer zu hören hat, sondern der Helfer auf den Kranken, seine Lebens- und Krankheitssicht wie seine Erwartungen.

Als Helfer in dieses Abenteuer einzutreten, heißt, die Bedingungen der eigenen Position und Motivation zu reflektieren (15) und titanische Inszenierungen (z. B. Erzielung von Heilungsraten) zum Selbstentwurf des Kranken zu relativieren. Das bedeutet aber auch Sterben und Tod als Kategorien unserer Kommunikation (die nicht ständig und nur verbal ist) jeweils zu entdecken und sie nicht nur als Versager zu tabuisieren (10).

Kommunikatives Loslassen-Lernen löst nicht das Problem der Identifikation und der Titanik auf, aber relativiert es.

2. Die Einführung des Menschen als Subjekt in die Medizin zielt aber nicht nur gegen das Subjekt Medizin, sondern gegen das Subjekt Krankheit als Fatum.

Kranker und Arzt können die Krankheit eben nicht mehr als deren Objekte hinnehmen, sondern müssen sich als Subjekte ihr gegenüber oder in ihr definieren, also die psychischen, sozialen und ökologischen Bedingungen der Erkrankung gemeinsam bearbeiten.

Eine so verstandene analytische Prävention ist nicht eine neue Stufe titanischer Hybris, denn diese kämpft gegen das fatale und *unbeeinflußbare* Verhängnis von Krankheit. Vielmehr geht es darum, Krankheiten auch als menschengemacht zu *verstehen und verhindern* zu lernen.

(P.S. Der Auftrag der Herausgeber hat vielleicht zu gelegentlicher Hybris in der Selbstkritik verleitet. Daher zurück zum Alltag: Sisyphos statt Prometheus! Zumal der Weg nach Jericho sehr steinig ist.)

Literaturverzeichnis

1. Anders, G. (1956), Die Antiquiertheit des Menschen. München
2. Baar, J., Tannock, I. (1989), Analyzing the same data in two ways. J. Clin. Oncol. 7, 969–978
3. Becker, H. (1986), Psychoonkologie. Berlin, Heidelberg, New York
4. Berwick, D. M. (1989), Continuous improvement as an ideal in health care. New Engl. J. Med. 320, 53–56
5. Bollinger, H. et al. (1981), Medizinerwelten. München
6. Cassileth, B. R. (1989), The social implications of questionable cancer therapies. Cancer 63, 1247–50
7. Dornheim, J. (1983), Kranksein im dörflichen Alltag. Tübingen
8. Illich, I. (1986), Body History. Lancet, II, 1325
9. Neues Testament, Lukas 10, 29–37
10. Potthoff, P. (1980), Der Tod im medizinischen Denken. Stuttgart
11. Richter, H.-E. (1979), Der Gotteskomplex. Hamburg
12. Richter, H.-E. (1989), Die Bedeutung der Psychologie in der Medizin, Psychoth. Med. Psychol. 39, 51–57
13. Schmoll, H. J., Peters, H. D., Fink, U. (1987), Kompendium internistischer Onkologie. Berlin, Heidelberg, New York
14. Theml, H. (1982), Verdrängung und Aufklärung. Zur Dynamik des Umgangs mit unheilbaren Erkrankungen. Med. Klin. 77, 306–310
15. Theml, H. (1987), Faktoren, die den Umgang mit der Wahrheit zwischen Arzt und Patient in der Onkologie bestimmen. ATO-Berichte, Stuttgart, 135
16. Theml, H. (1988), Über das Überleben. In: Identifikationen, P. Voswinckel u. H. Begemann (Hg.), München
17. Theml, H., Bartels, H., Brittinger, G. et al. (1983), Klinik, Prognose und internistische Therapie der Non-Hodgkin-Lymphome von niedrigem Malignitätsgrad. Verh. Dtsch. Ges. inn. Med. 89, 352–370

Michael Lukas Moeller
Psychosomatik und Gesundheitsbewegung
Konflikt oder Aktionsgemeinschaft?

Vorbemerkung zur Gesundheitsbewegung

Die *Gesundheitsbewegung* wurzelt wie der Anfang der Institutionalisierung der Psychosomatischen Medizin in der Studentenbewegung. Sie war eine Bewegung »von unten«: Alternativprojekte, soziale Experimente neuen Handelns von Ärzten und anderen Gesundheitsberufen in Gesundheitszentren, psychosozialen Kontakt- und Beratungsstellen, integrierten psychosomatischen Krankenhausstationen und kleinräumig organisierte Gruppenpraxen. Um dieselbe Zeit, Mitte bis Ende der siebziger Jahre, nahm die Selbsthilfegruppenbewegung auch in der Bundesrepublik ihren großen Aufschwung und wurde zu einem zentralen Moment der Gesundheitsbewegung.

Die »New York Times« vom 1.1.1980 bezeichnete die siebziger Jahre als das Jahrzehnt der Selbsthilfegruppen. Der Medizinsoziologe Alf Trojan definiert: »Die Selbsthilfebewegung im Gesundheitsbereich – die Gesundheitsbewegung – besteht vor allem aus Selbsthilfegruppen von Laien und professionellen Helfern in alternativen Selbsthilfe-Projekten« (1985: 212). Getragen wurde sie einige Zeit von den Gesundheitsläden. Der öffentliche Durchbruch erfolgte durch die Sammlungsbewegung auf den Gesundheitstagen 1980 in Berlin mit 10000, 1981 in Hamburg mit 18000 Teilnehmern, denen die kleineren Gesundheitstage 1984 in Bremen und 1987 in Kassel folgten.

Es fehlte jedoch die Institutionalisierung. Alf Trojan schreibt zur Gesundheitsladenbewegung: »Der Anspruch, bestimmte Aufgaben zu übernehmen, hat sich nur dort auf Dauer einrichten lassen, wo die freiwillige unbezahlte Arbeit in staatlich bezahlte Arbeit verändert wurde« (1987: 8). Das gleiche ist für die Gesundheitsbewegung als Ganzes zu sagen. Sie hat den Marsch durch die Institutionen erst angetreten: 10 bis 40 Prozent der Delegierten an bundesdeutschen Landesärztekammern sind aus der Gesundheitsbewegung herangewachsen; es werden immer mehr. In Berlin haben sie bereits die absolute Mehrheit und bestimmen auf eine erneuernde, umwälzende Weise die Standes- und Sozialpolitik. Die »Wendezeit in der Medizin« (Huber 1989c) wird von der Leitidee einer ökologischen Medizin getragen. Nicht mehr die Befreiung von Krankheitssymptomen steht ausschließlich im Mittelpunkt, sondern die Gesundheitsförderung im Sinne einer Erweiterung der Autonomie beispielsweise chronisch Kranker. Der Plan zu einer »Gesundheitsakademie« ist das abschließende Symbol (vgl. u. a. Goepel 1989, Wunder 1988). Ebenso überlebte die Selbsthilfebewegung dank rechtzeitiger Institutionalisierung in der Deutschen Arbeitsgemeinschaft Selbsthilfegruppen und dem Nationalen Clearinghouse, der zentralen Kontaktstelle NAKOS in Berlin mit seinem bundesweiten Netzwerk von über 100 regionalen Selbsthilfekontaktstellen. In universitären Institutionen, der Medizinsoziologie Hamburgs und in der Frankfurter Medizinpsychologie, wird die bisherige Erfahrung weiterverfolgt, bei uns beispielsweise in Form eines gezielten Verbundes von professioneller, psychoanalytischer Fachleistung und Selbsthilfearbeit.

Thesen zu »Psychosomatik und Gesundheitsbewegung«

1. Psychosomatische Medizin und Gesundheitsbewegung eint eine kritische Haltung gegenüber der sogenannten naturwissenschaftlichen Organmedizin: *das grundlegende Ideal einer Aktionsgemeinschaft.*

Die kritische Haltung umfaßt vor allem die gemeinsame Betonung der psychischen und sozialen Dimension von Krank- und Gesundsein, insbesondere der Bedeutung der Lebensgeschichte und damit des subjektiven Krankseins in Kontrast zur objektiven Krankheit.

Die Gemeinsamkeiten werden vielleicht am Beispiel der ärztlichen Verantwortung deutlich, in die der im Vergleich zur Organmedizin andere Krankheitsbegriff und die grundlegend andere berufliche Kultur eingeht.

Die ärztliche Verantwortung läßt sich vierfach aufgliedern, wie es in einer Entschließung der Demokratischen Ärztinnen und Ärzte und der Internationalen Ärzte gegen den Atomkrieg zum »Anderen Ärztetag« am 30. 4. 1989 formuliert wurde (vgl. Huber 1989: 73 ff.):

Sie bezieht sich traditionellerweise auf die *Gesundheit der Patienten.* Sie umfaßt zweitens *die medizinische Theorie.* »Die Reduktion des Menschenbildes auf mechanistische Zusammenhänge entwertet nicht nur die Person des Patienten, sondern auch die Persönlichkeit des Arztes«, formuliert Thure von Uexküll. Die dritte Verantwortung ist in der psychosomatischen Medizin geläufig, wenigstens der psychoanalytischen Richtung, die eine analytische Selbsterfahrung zur Voraussetzung beruflichen Handelns macht, ganz im Kontrast zur Organmedizin: *die Verantwortung für sich selbst*. Deshalb steht an der Spitze der berufspolitischen Maßnahmen der Berliner Ärztekammer, die heute den Geist der Gesundheitsbewegung zu realisieren versucht, die Ausbildung der Arztpersönlichkeit (Huber 1989a: 70).

Die ärztliche Verantwortung muß sich aber, viertens, unter Beachtung der Lebensbedingungen, die krank oder gesund machen, auch *auf die ökologischen bzw. sozialen Verhältnisse* beziehen.

Es wird deutlich, wo Gesundheitsbewegung und Psychosomatische Medizin sich treffen: in einer patientenzentrierten Medizin, einem kommunikativen Konzept der Therapie, dem das Gros der Organmediziner bis heute in verständnislosem Widerstand gegenübersteht, und der hohen Bedeutung, die der seelischen Reife der Ärztinnen und Ärzte beigemessen wird. Auf diesem Hintergrund meinte Ellis Huber spontan, Psychosomatik und Gesundheitsbewegung seien die ideale Aktionsgemeinschaft.

Das Ideal, das Psychosomatik und Gesundheitsbewegung eint, hat allerdings keine durchschlagende Kooperation zustande gebracht. Erst bei längerem Recherchieren sind vereinzelte Ansätze freizulegen.

2. Das real existierende Verhältnis von Psychosomatik und Gesundheitsbewegung ist ein weitgehend berührungsfreies Nebeneinander: *weder Konflikt noch Aktionsgemeinschaft.*

Ich könnte zugespitzter formulieren: Während die Psychosomatik mit dem weltweit besten, wenn auch immer noch unzulänglichen Besitz von 5000 Betten weitgehend hinter den Mauern von Spezialkliniken verschwunden ist und von einem Durchschnittssterblichen nur indirekt durch Vermittlung anderer Fachleute erreicht werden kann, ist die Gesundheitsbewegung gar nicht mehr in Bewegung. Sie hat sich auf der Straße und zwischen ihren Idealen, von denen man allein nicht leben kann, zerrieben. Sie war durch den doppelten Mythos belastet: dem Autonomie-Mythos, der einer Illusion entsprach, Leidende seien ohne weiteres autonom, und dem Mythos der Bewegung selbst, zu dem Alf Trojan bemerkte: »Daß dies eine Bewegung sei, ist immer ein Mythos gewesen. Dies ist jedoch deswegen relativ bedeutungslos, weil der allgemeine Reformdruck nicht unbedingt durch eine real mobilisierbare Bewegung entsteht, sondern durch das, was in der Öffentlichkeit als Gesundheitsbewegung wahrgenommen wird.«

Wie soll denn wohl der Dialog eines Eingemauerten mit einem Aufgeriebenen vonstatten gehen? Sie haben beide mit der eigenen Not zu tun, sich weiter zu etablieren. Die Gefahr ist groß, daß ihr Leiden an der eigenen, unzureichenden Existenz sie dialogunfähig macht. Daraus entsteht eine Situation der sozialen Unfruchtbarkeit. Genau betrachtet, gleicht die real existierende Beziehungsform zwischen Psychosomatik und Gesundheitsbewegung einer schweren Kontaktstörung. Überspitzt gesagt, grenzt sie an *sozialen Autismus*. Beide Formationen sehen in ihrer großen Übereinstimmung, in ihrer gemeinsamen geschichtlichen Entstehung durch die Studentenbewegung und vielleicht sogar in ihrer Wahlverwandtschaft nicht den anderen neben sich. Das ausgerechnet bei zwei Gruppierungen, die sich dem seelischen und dem sozialen Leben besonders widmen.

Ist das nicht verdächtig? Ist das eine gute Voraussetzung für unser therapeutisches Handeln? Wie sollen wir so beziehungsverarmt dem therapeutischen Auftrag gerecht werden, auch die soziale und ökologische Bedingung des individuellen Leidens nach unseren Kräften gesundheitsfördernd umzugestalten?

3. Gesundheitsbewegung und Psychosomatische Medizin widersprechen sich vor allem in politischen, sozialpolitischen und berufspolitischen (berufsständischen, rollenbezogenen und institutionellen) Auffassungen: *Konflikt zwischen kritischen und konformistischen Positionen.*

Der Konflikt zwischen Psychosomatik und Gesundheitsbewegung betrifft eine Grundhaltung. Sie ist umrissen, wenn man die Kernbegriffe der Gesundheitsbewegung an sich vorüberziehen läßt: Dezentralisierung, Deformalisierung, Demokratisierung, Deprofessionalisierung, Despezialisierung, systemverändernde Ziele (Alf Trojan; J. U. Behrendt 1980: 105).

Artikel wie »Die Psychosomatik im selbstgewählten Abseits« (Krause-Girth und Jordan 1989), Bücher wie »Die subjektive Krankheit; Kritik der Psychosomatik« (Schmidbauer 1986), geschrieben von psychosomatisch Tätigen, machen auch den Konflikt mit der Gesundheitsbewegung deutlich. Es ist eine leidige Erfahrung, daß sich im Zuge der Etablierung eines Faches dessen kritisches Potential mindert. So könnte die Gesundheitsbewegung, wie es das »Ärzteblatt« einst für die herkömmliche Medizin formulierte, auch der »Stachel im Fleisch« (Ärzteblatt) der Psychosomatik sein.

Es geht kurz gesagt um unsere *kritische Position* und damit vor allem um die vierte Dimension ärztlicher Verantwortung: um die Sorge für gesundheitsschützende Lebensbedingungen, also um unser politisches Engagement im Dienste der psychosozialen Gesundheit. Sie wird in der Psychosomatik von Außenstehenden kaum noch wahrgenommen, während gerade in ihr die Stärke der Gesundheitsbewegung liegt.

Wer die soziale Dimension des Erkrankens ernst nimmt, kann sich politisch nicht abstinent verhalten. Die Ärztinnen und Ärzte gegen den Atomkrieg und das neue Engagement verschiedener ökologischer Ärztegruppen sind Symbole dafür geworden.

Was Parin und Parin-Matthèy über die Psychoanalyse sagten, trifft angesichts des Protestes gegen unmenschliche Bedingungen, der in jede psychosomatische Krankheit eingefaltet ist, ebenso für die Psychosomatik zu:

»Da alle jene Kräfte, die zur Einengung und Verzerrung individuellen Seelenlebens geführt haben, Ausdruck und Wirkung gesellschaftlicher Unterdrückung und Ursache des allgemeinen Unbehagens in der Kultur sind, üben Psychoanalytiker einen Beruf aus, der sie ständig in die Lage unerbittlicher Kritiker ihrer Gesellschaft bringt.«

Mittlerweile jedoch seien die Psychoanalytiker »eine Gruppe von Outsidern, ohne wirkliche Macht« (1983, S. 21–22). Sie ergehen sich in »medicozentristischer Selbstverharmlosung« (Lohmann 1983: 8).

Ich glaube, die kurze Skizzierung reicht für einen Anstoß zur Selbstreflexion.

Nicht nur eine veränderte, politisch wache Haltung nach außen ist also mit kritischer Position gemeint, sondern auch eine selbstkritische Umgestaltung des eigenen Bereiches. Das dürfte manchen in der Psychosomatik zu viel werden. Da liegt der Konfliktstoff. Einige Gegensätze möchte ich auflisten:

– Die Psychosomatik will einen Besitzstand wahren, die Gesundheitsbewegten einen oder gar mehrere schaffen.
– Die ärztliche Rolle dominiert in der Psychosomatik – wenn auch auf andere Weise als in der Organmedizin –, die Gesundheitsbewegung relativiert die ärztliche Rolle im Verhältnis zu anderen Gesundheitsarbeitern und im Verhältnis zu Patienten. Das entspräche der »Depostamentierung« des Arztes, von der Kabanow sprach.
– Die Psychosomatik ist eine stationäre Disziplin, was ganz im Kontrast zur Auffassung der Gesundheitsbewegung von einer offenen, den Bürgern entgegenkommenden Medizin steht.

- Die Gesundheitsbewegung zielt auf präventive Sicherung der Gesundheit, weniger auf nachträgliche Behandlung wie die Psychosomatik.
- Die Gesundheitsbewegung ist überwiegend sozial sensibel und politisch aktiv, während in der Psychosomatik noch das Dogma von der politischen Abstinenz der Ärztinnen und Ärzte vorzuherrschen scheint.

Obwohl eine konkrete Aktionsgemeinschaft in vereinzelten Projekten realisiert ist, ruft sie in uns Angst und Widerstand hervor: *Ermutigung zur Aktionsgemeinschaft.*

Worten müssen Taten folgen. Ich möchte zunächst einige ganz persönliche Projekte ansprechen, in denen sich das Neue Denken – wie ich es als neue Qualität einer unmittelbaren, offenen Beziehung zu sich und zu anderen verstehe – auf fast unscheinbare Art verwirklicht. Ich plädiere somit dafür, daß dem Neuen Denken als einer entwickelteren dialogischen Kultur durch Neues Handeln auch Chancen eröffnet werden.

Im persönlichen Bereich genieße ich den Entwicklungsgewinn einer direkten praktischen Aktionsgemeinschaft zwischen Gesundheitsbewegung und Psychosomatik/Psychoanalyse dadurch, daß ich seit nunmehr acht Jahren einer *Psychoanalytiker-Selbsthilfegruppe* zugehöre – wie inzwischen über fünfzig psychosomatische und psychoanalytische Kollegen im Anschluß an ihre gruppenanalytische Ausbildung (GRAS).

Ein weiterer Vorschlag zur getätigten und nicht nur reflektierten Aktionsgemeinschaft sind *Arbeitsplatzgesprächsgemeinschaften* derjenigen, die täglich in Stationen, Abteilungen oder Polikliniken miteinander zu tun haben. Drei Jahre war ich hier in Gießen in einer solchen Gruppe, sechs Jahre bisher in Frankfurt. Ich bin in der privilegierten Situation, sagen zu können, keinen Arbeitsplatz mehr antreten zu wollen, der nicht eine solche offene Gesprächsgruppe eingerichtet hat.

Einige Ansätze der Gesundheitsbewegung sind in der Psychosomatik zwar nur punktuell, aber immerhin überhaupt realisiert:

Im Rahmen der studentischen Ausbildung haben sich sogenannte *Anamnesegruppen* gebildet, eine selbstorganisierte Initiative der Medizinstudierenden. Seit sechs Jahren bieten wir parallel zum Medizinstudium, aber auch für Krankenpflegepersonal zur Entwicklung der Beziehungsfähigkeit eigenständige *Gesprächsgemeinschaften in der Medizin* an.

Im Rahmen der *Krankenversorgung* hat sich unsere Poliklinik zum Ziel gesetzt, Patienten zu *Gesprächsselbsthilfegruppen* zu ermutigen und zu befähigen. Das könnte ebensogut von einer Psychosomatischen Abteilung oder Klinik aus geschehen.

In Hamburg geht von der Selbsthilfekontaktstelle KISS eine weitere Initiative aus: die psychosomatischen Wochenenden. In ihnen verbinden sich Psychosomatik, offene und auf die Bevölkerung zugehende Versorgung und Selbsthilfeideen auf erfolgreiche Art: Psychosomatische Ärzte halten *öffentlich angekündigte Vorträge zu Themen der psychosomatischen Medizin* – beispielsweise Ernährungsstörungen –, die stark besucht sind. Im Anschluß an den Vortrag wird von Vertreterinnen der Kontaktstelle die Chance erläutert, in eigenständigen Gesprächsselbsthilfegruppen Hilfe zu finden – eine neue Form *versorgerische Tätigkeit extramuralen Charakters*.

In der Initiative für eine Psychosomatische Grundversorgung im Rahmen der *hessischen Fortbildung für Ärzte* werden *Selbsthilfegruppen eingeladen*, um durch unmittelbare Schilderung ihrer Erfahrung die bekannten Ängste der Ärzte abzubauen.

Selbst gegen solche kleinen, aber berufspolitisch durchaus wirksamen Ansätze formiert sich unser nicht unerheblicher Widerstand: unspezifisch, weil wir einfach beim Gewohnten bleiben wollen; spezifisch, weil der Grad an offener Beziehung uns ängstigt, die wir ja in dieser Hinsicht unseren Patienten gleichen (vgl. Beckmann 1974). Letztlich hindert uns ein individualistisches Weltbild. Im Kontrast zu ihm steht ein sozial verflochtenes Wirklichkeitserleben, in dem das Ich eine abhängige, keine unabhängige Größe mehr ist. Wir kennen das aus der Paardynamik, Familientherapie, Gruppenanalyse und Organisationsentwicklung. Welche konkreten Schritte wären möglich?

1. Förderung aller Selbsthilfeansätze

als einer der wirkungsvollsten Maßnahmen zur Entwicklung einer dialogischen Kultur und Gesundheitssicherung – gemäß des »salutogenen Prinzips«, wie es Michael von Rad ansprach – innerhalb unseres eigenen Bereiches. Das heißt:

Arbeitsplatzgesprächsgemeinschaften in psychosomatischen Institutionen wie Ambulanzen, Stationen und Abteilungen;

ausbildungsbegleitende Gesprächsgemeinschaften für Studierende und Krankenpflegepersonal zur Entwicklung der Beziehungsfähigkeit in helfenden Berufen;

regionalisierte Nachsorgeselbsthilfegruppen für stationäre Patienten
und

begleitende Paargesprächsgemeinschaften oder Vermittlung von Zwiegesprächen für Patienten und deren Partner, idealerweise Familienselbsthilfegruppen, die sich aber schwer realisieren lassen.

Für diese Initiativen, die bereits realisiert oder ohne große Zusatzkosten realisierbar sind, haben wir eine Starthilfe bereitgestellt: einen Verein zur Koordination und Entwicklung von Selbsthilfe (KES e. V.). Wer Interesse hat, melde sich bei uns in Frankfurt in der Abteilung für Medizinische Psychologie, aber auch in Gießen bei der Deutschen Arbeitsgemeinschaft Selbsthilfegruppen (Dipl.-Psych. Jürgen Matzat am Zentrum der Psychosomatischen Medizin der Universitätskliniken, Friedrichstr. 28, 6300 Gießen) oder bei NAKOS (Nationale Kontaktstelle zur Anregung und Unterstützung von Selbsthilfegruppen mit einem Netzwerk von 120 Regionalen Kontaktstellen im Bundesgebiet, Albrecht-Achilles-Str. 65, 1000 Berlin 31).

2. Umgestaltung durch Öffnung nach außen
Nach der stationären Aufbauphase Ausbau aller ambulanten psychosomatischen Dienste bis zur Gemeindepsychosomatik und Stadtteilarbeit.

3. Weitere Entwicklung in bisher vernachlässigten Bereichen
für Alte, Arme, Ausländer, Arbeitslose, Behinderte, Aids-Kranke und viele weitere Gruppen, die bisher, wenn überhaupt, zu wenig berücksichtigt wurden.

4. Weitere Selbstaktivierung des kritischen Potentials
Wie in den meisten Berufsständen gibt es auch in der Psychosomatik gut zu präzisierende kritische und konformistische Flügel. Ich glaube, daß eine solche Polarisierung für das gemeinsame Handeln hinderlich ist. Denn sie ist ein bekannter Gruppenabwehrmechanismus, durch den die eigene innere Ambivalenz durch Untergruppenbildung abgefangen werden soll. Das heißt: *In jedem von uns ist die konformistische und die kritische Dimension – wenn auch unterschiedlich – wirksam.* Wenigstens das sollte ein Ergebnis des Neuen, das heißt auch des kritischen Denkens sein. Es gilt also diese Polarisierung zu überwinden. Wenn ich einmal von diesem Buch absehe, empfinde ich mit vielen anderen, daß die konformistische Seite gegenüber der kritischen Seite üblicherweise in der Vorhand ist. Das werte ich als Angstsymptom.

- Wenn heute meine konformistische Seite mit Stolz darauf hinweist, daß sich doch die psychotherapeutischen Leistungen – und damit auch die psychosomatischen – von 1978 bis 1983 um 70 Prozent gesteigert hätten, dann wendet meine kritische Seite ein, daß es insgesamt nur 0,56 Prozent aller medizinischer Leistungen seien – und das ist bei einem Anteil von ca. 50 Prozent psychogen beeinflußter Erkrankungen politisch unvertretbar.

- Wenn meine konformistische Seite sich beruhigt, weil die Krankenkassen im Jahr (1982) 70 Millionen Mark für psychotherapeutische / psychosomatische Behandlung ausgeben und wir damit weltweit einzig dastehen, dann weist meine kritische Seite darauf hin, daß allein für Beruhigungsmittel 1 Milliarde bezahlt werden und eine real existierende Chemotherapie auf unserem ureigensten Gebiet vorherrscht.

- Wenn mein in der Psychosomatik heimisches konformistisches Selbst allerorten die psychosoziale Dimension in Projekten und Arbeitsgruppen berücksichtigt findet – Psychoimmunologie, Psychonephrologie, Psychoonkologie und viele mehr – und der von Uexküll und Wesiack (1988) formulierten »Infektion der Medizin« durch Psychotherapie zustimmen möchte, dann bemerkt mein durch die Gesundheitsbewegung mobilisiertes kritisches Selbst, daß in den Allgemeinkrankenhäusern und in meinem Uniklinikum die psychosomatische Perspektive in der Organmedizin trotz Einführung der psychosozialen Fächer in den Pflichtteil des Studiums so gut wie ausgeblendet ist.

- Wenn mein konformistisches Selbst stolz auf die wachsende Zahl von Psychotherapeuten und psychosomatischen Institutionen in der Bundesrepublik ist, weist mein kritisches Selbst auf das Fehlen eines Versorgungsauftrages und damit auf eine Schiefverteilung der Psychosomatik / Psychotherapie, die sich in den Orten des Reichtums sammelt (Angermeyer und Rhode 1987): 1 Therapeut der DGPPT auf 10 000 Einwohner in Berlin, 1 auf 1 Million im Saarland beispielsweise (nicht so kraß bei Ärzten und Ärztinnen mit dem Zusatztitel »Psychotherapie«).

Die mit diesem Kongreß eingeleitete Selbstaktivierung des eigenen kritischen Potentials sollte fortgesetzt werden – beispielsweise durch einen Kongreß »Kritische Position, Konformismus und die Wirkung der Institution auf die psychosomatische Therapie« (Bettenbelegungszwang, Privatwirtschaftlichkeit, institutionelle Bedingungen).

5. Neues Denken kann nicht allein auf Selbstaktivierung gründen, sie ist auch angewiesen auf konkrete, uns verändernde Begegnungen: *Notwendigkeit einer kritischen Solidarisierung mit anderen Gruppen durch gemeinsame Tagungen.*

Wir finden nur zu uns, wenn wir mit anderen versuchen, das Neue Denken zu praktizieren und uns nicht schämen, wechselseitig Entwicklungshilfe zu leisten, um unsere Identität über eine bessere Integration unserer inneren wie äußeren Bedingungen genauer auszuformulieren. Nur so werden wir aktiv in die Gesellschaft hineinwirken können. Ich versuche, realistisch zu träumen von einer offenen, sozialkritischen, kreativen und initiativereichen DKPM, die bereit ist, Impulse aus der Gesundheitsbewegung aktiv aufzunehmen. Dazu möchte ich einige gemeinsame Tagungen nennen, die mir vorschweben:

● *Gesundheitstage Psychosomatik*, etwa gemeinsam mit der Berliner Ärztekammer und den Repräsentanten der Gesundheitsbewegung;
● *Selbsthilfetage Psychosomatik*, zur Realisierung der genannten Selbsthilfeansätze und mit den Vertretern der Selbsthilfeszene, die koordiniert durch die Deutsche Arbeitsgemeinschaft Selbsthilfegruppen und durch die zentrale Informationsstelle in Berlin NAKOS inzwischen in über hundert Selbsthilfekontaktstellen regionalisiert ist;
● *Psychosomatik und die Gesundheitsprogramme der Parteien;*
● *Demokratische Ärztinnen und Ärzte und psychosomatische Medizin;*
● *Psychosomatik und Gewerkschaften;*
● *Frauen und Psychosomatik*, gemeinsam mit den Frauenzentren der Frauenbewegung;
● *Alter und Psychosomatik*, gemeinsam mit den Grauen Panthern;
● *Perspektiven für eine Gemeindepsychosomatik*, gemeinsam mit den Initiativen zur Gemeindepsychologie etwa um Keupp in München.

Natürlich werfen diese Initiativen das Problem auf, das Stefan Ahrens und Adolf Ernst Meyer hervorhoben: wie man denn Eigenständigkeit bei gleichzeitiger Integrationsfähigkeit vereinen könne. Ich glaube diesbezüglich, daß man sich in seiner Eigenständigkeit am besten erfährt, wenn man sich mit anderen integriert, was ja nicht Verschmelzung bedeuten kann.

Ich stelle mir auch im Verfahren eine bestmögliche persönliche Beteiligung der TeilnehmerInnen vor: nach entsprechenden wenigen Inputs eine vielfältige Kleingruppenarbeit, die anschließend plenar erörtert wird, also nicht in Form der Arbeitstagung mit ca. 200 Kleinreferaten. Unsere künftige Entwicklung wird in dieser Offenheit und Umgestaltung anders verlaufen. Denn wir werden so wie die Verhältnisse, die wir uns schaffen.

6. Die Frage »Psychosomatik und Gesundheitsbewegung – Konflikt oder Aktionsgemeinschaft?« ist nicht nur berufsbezogen zu verstehen, vielmehr stammt sie aus einer aktuellen gesellschaftlichen Spannung: *sich anpassende Selbstbezogenheit oder Solidarität erzeugende Sensibilität.*

Damit bilden wir zur Zeit eine Gegenströmung zum Zeitgeist der vermehrten Selbstanpassung an die funktionalen Forderungen einer Hochleistungsgesellschaft. Norbert Elias hat diesen sich über Jahrhunderte verstärkenden Zwang zum Selbstzwang, die damit einhergehende Rationalisierung unseres Lebens und die seelischen Probleme, die daraus resultieren, ausführlich belegt (1937, 1968). Im Zeitalter der narzißtischen Störungen wird die psychosomatische Erkrankung zur dominanten Störung, zum Zeitsymptom. Horst-Eberhard Richter und Elmar Brähler (1989) haben über die Verschiebung der letzten Jahre in der Grundeinstellung der Bevölkerung zu mehr Konkurrenz und weniger Solidarität berichtet. Das stimmt mit dem Dahinschwinden des starken Impulses zur eigenständigen Selbsthilfegruppenarbeit überein. Die Menschen werden selbstbezogener und sozial mißtrauischer. Eine Untersuchung über die Einstellungen von Studierenden (Bargel u. a. 1989) fügt sich in dieses Bild. Eine erdrutschartige Abwertung aller alternativen Lebensentwürfe wird festgestellt. Staatskonformismus, ein Streben nach persönlichem Aufstieg und finanziellem Erfolg prägen die Haltung. Eine Protestbereitschaft findet sich nur dort, wo es um die eigenen Belange geht.

Welch anderes Bild als noch vor einem Jahrzehnt! Da aber aus dieser Generation auch die kommenden Psychosomatiker stammen werden, die es in einem beziehungsbehindernden Medizinstudium ohnehin schwer haben (vgl. Beckmann, Moeller, Richter, Scheer 1969), sind wir selbst betroffen. Wenn im Lande die Solidarität abnimmt, sollten wir wenigstens mit anderen versuchen gegenzusteuern.

Literaturverzeichnis

Ahrens, Stefan u. Meyer, Adolf Ernst (1989), Hat das Fach Psychosomatik eine eigene Identität? Vortrag auf der 31. Arbeitstagung des Deutschen Kollegiums für Psychosomatische Medizin: 11.11.1989

Angermeyer, M. C. u. Rohde, J. J. (1987), Zur Ökologie der psychotherapeutischen Versorgung in der BRD. Psychotherapie, Psychosomatik, Medizinische Psychologie 37, 5: 161 ff.

Bargel, Tino, Framheim, Gerhild, Peisert, Hansgert u. Sandberger, Johann-Ulrich (1989), Studienerfahrungen und studentische Orientierungen. Eine Mehrpunktbefragung von ca. 10000 Studenten zwischen 1982 und 1987. Im Auftrag des Bundesbildungsministeriums. Zitiert nach *Frankfurter Rundschau* vom 7.11.1989

Beckmann, Dieter (1974), Der Psychoanalytiker und sein Patient. Stuttgart, Bern: Huber Verlag

Beckmann, Dieter, Moeller, Michael Lukas, Richter, Horst Eberhard u. Scheer, Jörn W. (1969), Studenten – wie erleben sie sich selbst, ihre Arbeit und die Universität. Frankfurt a. M.: Aspekte Verlag

Behr, Harold L., Hearst, Lisbeth E. u. Kleij, Gregory a. van der (1985), Die Methode der Gruppenanalyse im Sinne von Foulkes. In: Kutter, Peter (Hg.), Methoden und Theorien der Gruppenpsychotherapie. Stuttgart–Bad Cannstatt: problemata Frommann-Holzboog, S. 93–120

Brähler, Elmar u. Richter, Horst-Eberhard (1989), »Mehr Action, weniger sozial«; Wie sich die Deutschen verändert haben. *DER SPIEGEL* 44/1989: 292 ff.

Deutsches Ärzteblatt (1982), »Stachel im Fleisch« Nr. 35: 45 ff.

Elias, Norbert (1937, 1968), Der Prozeß der Zivilisation. Bd. 1 u. 2, Frankfurt a. M.: Suhrkamp.

Gesundheitstag Berlin 1980 (1981), Dokumentation, Bd. 1–7: Berlin: Verlagsgesellschaft Gesundheit. Bd. 1, *Medizin und Nationalsozialismus.* Tabuisierte Vergangenheit – Ungebrochene Tradition. Bd. 2, *Befreiung zur Gesundheit.* Der Kampf gegen Krankheit und Unterdrückung in der dritten Welt. Bd. 3, *Unsere tägliche Gesundheit.* Krankheit und Industriegesellschaft. Bd. 4, *Bankrott der Gesundheitsindustrie.* Zur Kritik des bestehenden medizinischen Versorgungssystems. Bd. 5, *Frauenbewegung, Selbsthilfe, Patientenrechte:* Selbstbestimmung in der Offensive. Bd. 6, *Versuche gegen die Hilflosigkeit.* Ansätze einer neuen Praxis für die helfenden Berufe. Bd. 7, *Rebellion gegen das Valiumzeitalter.* Überlegungen zur Gesundheitsbewegung.

Goepel, Eberhard (1989), Von der Gesundheitsbewegung zur Gesundheitsakademie. Forschungsjournal Neue Soziale Bewegungen, 2. Jg., Heft 3/4: 83 ff.

Hessler, M. u. Lamprecht, F. (1986), Der Effekt stationärer psychoanalytisch orientierter Behandlung auf den unbehandelten Partner. Zeitschrift für Psychotherapie, Psychosomatik und Medizinische Psychologie 36: 173 bis 178

Huber, Ellis E. (1989a), Politik ist Medizin im Großen. Zur Zukunftsaufgabe einer theoretisch fundierten Praxis der Gesundheitsförderung. Arbeit und Sozialpolitik, 12/1988–1/1989: 409ff.

Huber, Ellis E. (1989b), Paradigmenwechsel in der ärztlichen Standespolitik. Forschungsjournal Neue Soziale Bewegungen, 2. Jg., Heft 3/4: 67ff.

Huber, Ellis E. (1989c), Wendezeit in der Medizin. Mitteilungsblatt der Berliner Ärztekammer, 26. Jg. Heft 9, 3. 9. 1989: 495ff.

Kabanow, Modest (1989), Der menschliche Faktor: Zur Überwindung der geistigen Krise in der Medizin. Vortrag auf der 31. Arbeitstagung des Deutschen Kollegiums für Psychosomatische Medizin: 11. 11. 1989

KISS (Hg., 1989) (Kontakt- und Informationsstelle für Selbsthilfegruppen Hamburg), Psychosomatik-Wochenenden. Selbsthilfezeitung, September/Oktober 1989, Nr. 29. Veranstaltungskalender: S. 6–8 (zu beziehen durch KISS, Altona, Gaußstr. 21, 2000 HH 50).

Krause-Girth, Cornelia u. Jordan, Jochen (1989), Psychosomatik im selbstgewählten Abseits. In: Krause-Girth, Cornelia u. Jordan, Jochen (Hg., 1989), Frankfurter Beiträge zur psychosozialen Medizin, Bd. I: 14–46

Löwenthal, Leo (1989), Rede zur Verleihung des Theodor-W.-Adorno-Preises 1989. In: *Frankfurter Rundschau* 2. 10. 1989

Moeller, Michael Lukas (1974), Krankenverhalten und Krankenversorgung in der psychosozialen Medizin. In: Volkholz, V. et al. (Hg., 1974), Analyse des Gesundheitssystems, Krankheitsstruktur, ärztlicher Arbeitsprozeß, Sozialstaat. Frankfurt a. M.: Fischer Athenäum Taschenbuch: 140ff.

Moeller, Michael Lukas (1978), Selbsthilfegruppen. Selbsterkenntnis und Selbstbehandlung in eigenständigen Kleingruppen. Reinbek: Rowohlt

Moeller, Michael Lukas (1979), Zur Lage der Hochschulinstitutionen Psychosomatik/Psychotherapie. Eine Bestandsaufnahme im Auftrag der Hochschullehrer Psychosomatik/Psychotherapie. Fotodruck Gießen 1979

Moeller, Michael Lukas (1981), Anders Helfen. Fachleute und Selbsthilfegruppen arbeiten zusammen. Stuttgart: Klett-Cotta

Moeller, Michael Lukas (1986), Selbsthilfegruppen – Hoffnung auf eine persönliche Medizin? In: Petzold, H. u. Frühmann, R. (Hg., 1986), Modelle der Gruppe in Psychotherapie und psychosozialer Arbeit. Bd. 2, Paderborn: Junfermann, S. 229–270

Moeller, Michael Lukas (1988), Die Wahrheit beginnt zu zweit. Das Paar im Gespräch. Reinbek: Rowohlt

Parin, Paul u. Parin-Matthey, M. (1983), Das obligat unglückliche Verhältnis der Psychoanalytiker zur Macht. In: Lohmann, H. M. (Hg., 1983), Das Unbehagen in der Psychoanalyse. Frankfurt a. M.: Fischer Taschenbuch 6782

Rad, Michael von (1989), Braucht die Psychosomatik ein Neues Denken? Vortrag auf der 31. Arbeitstagung des Deutschen Kollegiums für Psychosomatische Medizin: 11. 11. 1989

Richter, Horst-Eberhard (1986), Vorwort zu Vilmar, Fritz, u. Runge, Brigitte (1986), Auf dem Weg zur Selbsthilfegesellschaft?, Essen: Klartext, S. V–VI

Richter, Horst-Eberhard (1989), Die Bedeutung der Psychologie in der Medizin. Zeitschrift für Psychotherapie, Psychosomatik, Medizinische Psychologie, 39, 2: 51 ff.

Richter, Horst-Eberhard (o. J.), Ethik in unserer Zeit. Manuskript

Schmidbauer, Wolfgang (1986), Die subjektive Krankheit. Kritik der Psychosomatik. Reinbek: Rowohlt

Trojan, Alf (1985), Zwischen Mut zur Realität und Mut zur Utopie. In: Opielka, Michael (Hg., 1985), Die ökosoziale Frage. Entwürfe zum Sozialstaat. Frankfurt a. M.: Fischer Taschenbuch 4090

Trojan, Alf (1987), Abschied von der Gesundheitsladenbewegung? gesundheitsladen Hamburg, info Nr. 55 (8–9)

Trojan, Alf u. Behrendt, J. U. (1980), Lokale Bewegungen: Modelle gemeindebezogener Gesundheitsselbsthilfe in der BRD. Österreichische Zeitschrift für Politikwissenschaft, 9. Jg., 80/1: 93–109

Uexküll, Thure von u. Wesiack, Wolfgang (1988), Theorie der Humanmedizin. Grundlagen ärztlichen Denkens und Handelns. München: Urban & Schwarzenberg

Vilmar, Fritz u. Runge, Brigitte (1986), Auf dem Weg zur Selbsthilfegesellschaft? Essen: Klartext

Wetendorf, Hans Wilhelm (1989), Gesundheitsselbsthilfegruppen und soziale Bewegung, Forschungsjournal Neue Soziale Bewegungen, 2. Jg., Heft 3/4: 76 ff.

Willi, Jürg (1983), Higher incidents of physical and mental ailments in future psychiatrists as compared with future surgeons and internal medical specialists at military conscription. Soc. Psychiatry, 18: 69–72

Wunder, Michael (1988), Gesundheit. Von der Bewegung zur Akademie. Dr. med. Mabuse. Zeitschrift im Gesundheitswesen, 13. Jg., Nr. 57, Dezember 1988: 22 ff.

Michael von Rad
Braucht die Psychosomatik ein neues Denken?

Wie das so geht, wenn man nicht gewohnt ist, »neu« zu denken. Die erbetene Bestätigung, daß hier »neues Denken« nur mit Fragezeichen diskutiert werden sollte, erleichterte die Zusage zu diesem Beitrag. Als ich dann aber unter der Überschrift »Umorganisieren oder Umdenken« das tief- und weitreichende Vorwort H.-E. Richters zum Tagungsprogramm las: »Die Herausforderung zu einem neuen ›Denken‹ erwächst aus einer tiefen Krise des modernen Bewußtseins in Konfrontation mit globalen Risiken wie...«, da hatte sich zu meiner allgemeinen, neurotischen eine spezielle Realangst gesellt. Denn nach nur kurzfristiger Bemühung der Restbestände meiner Fähigkeit zur Realitätsprüfung wurde mir klar: Aus dieser Anspruchsfalle komme ich – trotz der geistigen Nachbarschaftshilfe von A. Sellschopp – nicht unbeschädigt wieder raus. Nun haben ja H.-E. Richter und M. Wirsching bewußt die Meßlatte so hoch gehängt, daß darunter genug Platz ist, um sich ohne auffallende Verbiegungen diskret aufs nebenanliegende Spielfeld der »Umorganisierer« davonzustehlen. Denn meine Überlegungen und Mitteilungen, die ich vortragen will, betreffen mehr Fragen als Antworten, mehr Altes als Neues, und, so fürchte ich, sie lassen sich in dieser Kategorie richtiger einordnen. Oder ehrlicher: Ich habe nachgedacht, aber ein neues Denken ist mir nicht eingefallen.

Liegt das auch daran, daß ich – wie vielleicht nicht wenige – mich ausgeruht habe bei der fast selbstverständlich übernommenen Grundannahme, die »Psychosomatik« sei per se das »neue Denken« in der Medizin? Neu und uneingelöst, seit 2000 oder wieviel Jahren – sagen wir, wie die Bibel? Brauchen wir überhaupt ein neues *Denken* – oder ein neues Fühlen, eine neue soziale Sensibilität? Muß es »neu«, oder dürfte es auch alt sein? (Die Bibel – pardon – wußte ja auch schon einiges, z.B. in ihrer Schöpfungslehre, was gerade wieder mühsam neu entdeckt wird.) Vielleicht sollte dieses Denken eher »weiblich« als »männlich« sein, aber – so lesen wir verwirrt die neuen Ergebnisse der Repräsentativ-Befragung mit dem Gießen-Test – »die Frauen sind den Männern dichter denn je auf den Fersen« (Der Spiegel v. 30.10.1989; S. 295). Würde uns eher ein revolutionäres oder ein evolutionäres Denken Mut machen und überzeugen? Vermutlich mehr ein antiautoritäres, aber doch eines voll (sanfter?) Autorität – und ökologisch wäre es ja, natürlich, aus sich selbst heraus.

Ich kann eine in ihren Quellen ungeklärte Verunsicherung und Besorgnis nicht mehr unauffällig unterdrücken. Ich könnte vielleicht noch, relativ leicht, individuelle und gesellschaftliche Fehlentwicklungen benennen, beklagen oder anklagen – aber mir fehlt die Sicherheit und Überzeugung, daß ich mit meiner psychoanalytisch-psychosomatischen Genese und Ausbildung relevante Therapievorschläge für mein Fachgebiet oder darüber hinaus machen könnte. Damit weiß ich mich einig und in schlechter Gesellschaft mit vielen meiner Fachgenossen, die – hochgerüstet mit einer oft bitter den alternativen Möglichkeiten des »realen« Lebens abgetrotzten, ganz auf psychische Realität abgestellten psychoanalytischen Ausbildung – identifiziert sind nicht mit den Handelnden, den Verändernden, sondern vielmehr mit den Opfern, also sich selbst. Wir: Lauter dramatisch begabte Kinder, die nach dem schlimmen Anfang irgendwie noch auf ein gutes Ende hoffen? Verführte Kinder – vor oder nach der Freudschen Wende?

Es ist ja nicht die Frage – darauf hat Herbert Weiner und mit ihm Thure von Uexküll immer wieder hingewiesen –, »ob die psychosomatische Medizin, wie wir sie heute kennen, Gültigkeit hat, sondern weshalb diese... Orientierung in der westlichen Welt nicht die vorherrschende oder allgemein anerkannte Form der Medizin ist«. Das ist eine alte Frage, aber sie ist bis heute nicht schlüssig beantwortet. Warum hat sich ein bestimmtes, einseitig-naturwissenschaftliches Denken so erfolgreich durchgesetzt? War das alte psychosomatische Denken, das den Siegeszug der einseitig technisierten Medizin nicht aufhalten konnte, wirklich so schlecht? Oder waren es die Patienten selbst, also wir alle, die den Arzt dazu brachten, cartesisch zu denken – wie Paul Christian einmal notiert hat (Christian 1969). Es scheint schwer zu sein, »ganzheitlich« zu denken, wenn Krankheit, Katastrophen oder Not uns selbst treffen: Da teilen wir das Ganze (Elend) doch lieber auf, grenzen aus, eliminieren Störbereiche, ziehen Abwehrmauern hoch – eine Reparaturideologie mit Restwertminderung. »Ab mit Schaden« – eine Redensart, die mein Vater aus dem Krieg mitbrachte. Warum ist »Spaltung«, das große neue Nebelwerfer-Fachwort, so erfolgreich? Nicht der ganze Mensch, nur »die Pumpe« ist kaputt; nicht das Denken, nur die Dioxinwiese nebenan ist »sanierungsbedürftig«. Ist das nun altes cartesisches Denken oder einfach menschlich?

Neu ist eher, daß man uns Psychosomatikern bei der großen Reparaturdebatte auf einmal soviel Aufmerksamkeit schenkt – da wird eine kleine Prise alter Skepsis nicht schaden. Was ist ungesünder, so fragen wir uns: Sich angesichts der allerorts grandiosen Bedrohung *nicht* erst einmal in einer ernsthaft-kompetenten Weise mit der inneren Realität unseres beschädigten und zu aller nur erdenklichen Verleugnung neigenden Selbst zu befassen oder auf der Couch zu liegen, während draußen Atomreaktoren gebaut werden? Puh, der Bär, gefräßiger, kleiner Held vieler von uns Kindern, würde hier wohl seinem berühmten »Bitte beides« schnell noch ein »Nicht!« hinzufügen – aber auch er blieb, nach dem großen Fressen, auf der Suche nach einem Ausweg kläglich im zu engen Fluchtweg stecken.

Um möglicherweise einen Beitrag zu unserer Themafrage leisten zu können, sind wir vielleicht nicht schlecht beraten, wenn wir zunächst kurz sichten, prüfen und bewerten, was sich denn für den Bereich der Psychosomatik in letzter Zeit geändert hat, was als Fortschritt, was als Herausforderung angesehen werden kann oder muß. Hier ist schon wieder eine Einschränkung nötig, denn ich werde auch im folgenden meist von der psychoanalytischen Psychosomatik sprechen, in der ich mich – obwohl von der Materialfülle reichlich verwirrt – immer noch besser auskenne als anderswo.

Nicht viel neues Denken entdecke ich bei den Ätiologiekonzepten der Symptomgenese, auch nicht bei den therapeutischen Strategien – denken Sie nur an die uneingelöste Herausforderung durch die Alten, die Multimorbiden und chronisch Kranken; ich sehe auch keine substantielle Besserung unseres traditionell miserablen Verhältnisses zu den sog. »somatischen« Medizinern (und Patienten) sowie unserer meist noch miserableren Unkenntnis der modernen Pathophysiologie körperlicher Vorgänge. (Manchmal denke ich, unser Körperbild ähnelt dem eines Hunnen, der – dumpf und bedrohlich – erst in der großen Krise in Erscheinung tritt: Entweder er macht uns nieder, oder wir schlagen ihn durch technische Intelligenz und ein bißchen Sublimierung wieder in die Flucht.)

Vielleicht haben wir gelernt, etwas mehr und besser den Stellenwert von Beziehungen in ihrer Bedeutung für die Gesundheit zu verstehen, auch wenn eine »Medizin der menschlichen Beziehungen«, deren Konturen uns H. Weiner vor Augen führt (Weiner 1989), uneingelöste Zukunftshoffnungen widerspiegelt. Ich werde darauf zurückkommen.

Neu für die psychoanalytische Psychosomatik scheinen mir Bewegungen, Ergebnisse und Neubewertungen in zwei Bereichen zu sein, die vielleicht aufeinander bezogen sind, aber doch nicht einfach zwei Seiten derselben Münze darstellen. Ich meine damit

1. den Bereich des Traumas, der Realkatastrophe und der äußeren Wirklichkeit in ihrer Bedeutung für Individuum, Gruppe und Gesellschaft; und

2. die beginnende Aufmerksamkeitsverschiebung weg von den Risikofaktoren und der Pathogenese in der Medizin hin zu dem Interesse für gesundheitsfördernde und -erhaltende Faktoren, Prinzipien und Maßnahmen. Im Schlagwort: von der Pathophilie zur Salutogenese (s. dazu auch den Beitrag von M. L. Moeller). Ich möchte deshalb beide Bereiche nur noch sehr kurz ansprechen, um dann mit einigen mir wichtig erscheinenden neueren Daten zu diesen Themenkreisen abzuschließen.

In den 80er Jahren ist eine heftige Debatte über den Stellenwert und die pathogene Bedeutung sog. »äußerer«, akut oder chronisch erlittener Traumatisierungen für die spätere leibseelische Gesundheit der Betroffenen neu entbrannt, deren abschließende Bewertung noch schwerfällt. Sie reicht von Freud und Ferenczi bis Masson, von A. Miller bis Cremerius, von R. Vogt bis P. Parin. Sie wird unter Psychoanalytikern gern mit Hinblick auf die Frage geführt, ob Freud mit seiner Aufgabe der »Verführungstheorie« (1896) aus Angst ein wichtiges Ergebnis seiner Forschung fallen ließ und »gesellschaftsfähig« umdeutete (Masson), oder – worauf H. und S. Becker in einem sehr lesenswerten, engagierten und doch behutsamen Artikel hinweisen (Becker u. Becker 1986) – ob er mit der Aufgabe der »*Über*schätzung« der Realität das leidende Subjekt erst wieder in sein Recht gesetzt und ihm die Möglichkeit eröffnet hat, »die Anklage gegen die repressiven Tendenzen der Gesellschaft als einer Institution, die an der Entstehung der Neurose entscheidenden Anteil hat« nicht zum Schweigen zu bringen (Cremerius 1986, 41).

Auch wenn sich, *grosso modo*, ein gewisser Konsens gegen die Entmündigung des Subjektes als bloßes Opfer durch die reinen Traumatheoretiker innerhalb der Psychoanalyse herstellen läßt, so ist es doch keine Frage, daß die Relevanz und Bedeutung schädigender Einflüsse der äußeren Wirklichkeit für das Wohlergehen des Individuums in letzter Zeit sehr viel genauer untersucht und ernst genommen wird. Die Psychoanalyse kannte ja schon lange die vielfältigen Abwehroperationen, mit denen wir uns dem Gewahrwerden einer schmerzlichen, *inneren* Realität zu entziehen suchen; die umgekehrte Vermeidungs-haltung, die Abwehr der *äußeren* Wirklichkeit durch einen Rückzug in die Innerlichkeit der psychischen Realität, zu der sie zumindest durch die Sozialisationsdefekte ihrer in ständiger Abhängigkeit sich verlängernden Ausbildungszeiten unbewußt mit beigetragen hatte, diese eher autoritären Folgen einer einstmals emanzipatorisch angetretenen »Bewegung« sind ihr erst spät aufgefallen und die Folgen werden wir noch lange spüren.

»Die Wirklichkeit sieht ganz anders aus, als die Realität«, hier dürfen wir ausnahmsweise unserem Kanzler *und* dem »Spiegel« gleichzeitig glauben, selbst wenn sie es so nicht gesagt oder gemeint haben. Aber: wie sähen in dieser unserer fachlichen Ausbildungswirklichkeit die Folgen eines »neuen Denkens« aus? Ließe sich dadurch – ein Seitenge-danke – vielleicht auch der unbewußt der äußeren Realität zugescho-bene Körper wieder besser verstehen und zurückgewinnen, als beseel-ter Leib z. B., den ich nicht nur habe, sondern der ich bin – wie die Alten meinten –, von den lust- und leidvollen Alltagserfahrungen bis hin zur wissenschaftlichen Beschäftigung mit den T4-Lymphozyten? Für die Völkerwanderung hin zu den Heilpraktikern, Körpertherapeuten oder Ernährungsberatern usw. steht doch wohl nicht nur die alte Tante »Neurose« Pate?

Die neue Aufmerksamkeit für Traumata und Katastrophen im weite-sten Sinn bezieht sich ja viel weniger als früher auf das jeweils individu-elle Kindheitsschicksal. Gemeint sind hier vor allem Kollektivereig-nisse, Gruppenkatastrophen oder dramatische soziale Verschiebungen, bei denen nicht so sehr die Psychologie, sondern vielmehr die soziale und politische Gestaltungskraft gefragt ist. Immer mehr – nicht weni-ger – Menschen, so scheint es, fühlen sich heute massiv psychisch bela-stet. Sind aber die individuellen Auswirkungen der Kollektivtraumen als Folgen der äußeren Wirklichkeit zu bestimmen, dann ist es auch nicht mehr zureichend und angemessen, das allgemein menschliche Ka-tastrophen-Elend zu privatisieren, zu individualisieren und zu psycho-logisieren. Auf welche Bereiche trifft das zu und auf welche nicht? Und wenn das weithin so ist: müßten dann nicht auch unsere therapeuti-schen Strategien mehr kollektiven als individuellen Charakter entwik-keln? Hier zögere ich erheblich, obwohl die Zeit drängt. Statt »Neuem Denken« ein paar neuere Daten als *»cantus firmus«.*

In einem letztes Jahr in »Science« erschienenen Artikel fassen House et al. (1988) die Ergebnisse einer größeren Zahl prospektiver, sozialepidemiologischer Langzeitstudien unter dem Titel »Social relationships and health« zusammen und konstatieren eine »dramatische Wende«. In allen referierten Studien (aus den USA, Finnland oder Schweden) erwies sich die Qualität und Quantität sozialer Beziehungen als ein verläßlicher Prädiktor der (im Katamnesezeitraum von 5 bis 12 Jahren) aufgetretenen Todesfälle. Dies gilt erheblich mehr für Männer (relatives Risiko: 2–3) als für Frauen (1,5–2) und ist besonders deutlich für die Gruppe der am meisten sozial Isolierten. Mit anderen Worten: Je weniger Kontakte mit Ehepartner, Familie, Freunden, Nachbarn und Arbeitskollegen, desto höher die Mortalität. In der schwedischen Studie bei Männern aus Göteburg von Tibblin et al. (1986) und Welin et al. (1985) ergab sich (unter anderem) eine umgekehrte (inverse) Korrelation zwischen der Mortalität und der Anzahl der im Haushalt lebenden Personen.

Wir wissen aber: »1950 bestand in der Bundesrepublik jeder fünfte Haushalt aus nur einer Person; 1982 war es fast jeder dritte, in den Großstädten über 100000 Einwohnern sogar schon *fast jeder zweite* Haushalt...« (Festy, zit. n. Münchmeier). »Nahezu die Hälfte der Kinder wächst deshalb heute als Einzelkind auf... in einer familiären Kommunikationsstruktur, in der das Kind die an Kinder gerichteten Wünsche und Erwartungen der Eltern alleine zu erfüllen hat« (Münchmeier 1989). Aufgrund der hohen Rate der elterlichen Trennungen, Scheidungen und Wiederverheiratungen müssen sie die soziale Kompetenz aufbringen, sich aus Intimbindungen zu lösen, neue einzugehen und mit »erweiterten Verwandtschaftssystemen« zurechtzukommen (Münchmeier). Im Vergleich zu 1950 waren die erwachsenen US-Amerikaner der 70er Jahre weniger verheiratet, mehr allein lebend, weniger Mitglieder in freiwilligen Organisationen und besuchten sich seltener. Im 21. Jahrhundert, so resümieren House et al., wird es aber ein ständiges Anwachsen alter Menschen geben, denen Ehepartner oder Kinder fehlen – genau die Menschen, an die sich Ältere in ihrer Suche nach Zusammengehörigkeitsgefühl und Unterstützung wenden. Was bedeutet das für unsere pathogenetischen Theorien und wie können wir mit unseren Kindern, Ausbildungskandidaten, Mitarbeitern und Patienten eine soziale Sensibilität und Solidarität entwickeln, die nicht einfach in ängstlichem Narzißmus (Selbstbezogenheit) erstarrt?

Warum eigentlich ist die Todesrate nur von Männern – nicht aber die von Frauen – nach Verlust ihres Ehepartners signifikant höher als die ihrer verheirateten Geschlechtsgenossen – eine Tendenz, die sich schon in den genannten Ergebnissen von House et al. (1988) angedeutet hatte? (Helsing et al. 1981) Dies ist übrigens besonders auf die extrem hohe Todesrate derjenigen zurückzuführen, die in Alters- und Pflegeheime gezogen waren oder dorthin gebracht wurden. Liegt das an genetisch-biologischen Unterschieden zwischen den Geschlechtern oder eher daran – wie H. Weiner meint (Weiner 1989) –, daß Frauen andere Beziehungen pflegen als Männer: mehr Frauenfreundschaften und engeren Kontakt zu Verwandten, im Gegensatz zu Männern, die dahin tendieren, ihre wichtigste Beziehung mit ihren Frauen oder überhaupt mit dem anderen Geschlecht zu haben? Und wenn dem so wäre – ließe sich daraus etwas lernen?

Ein anderes, wichtiges Feld traumatischer Sozialverschiebungen betrifft das Problem der gesundheitlichen Folgen von Arbeitslosigkeit. Platt und Kreitman konnten schon 1984 zeigen, daß zwischen 1968 und 1982 die jährliche Inzidenz von Suizidversuchen der männlichen Bevölkerung in Edinburgh ganz eng korreliert war mit dem Prozentsatz der Arbeitslosen (1971: $r = 0.76$; 1981: $r = 0.95$). Während dieser Zeit war die Häufigkeit von Suizidversuchen bei den Arbeitslosen etwa 10mal höher als bei den Beschäftigten. Dabei ergab sich in der Gruppe der mehr als ein Jahr unbeschäftigten Langzeitarbeitslosen ein noch einmal weiter erhöhtes Suizidrisiko. Sicher gibt es aktuellere, auf das Gebiet der Bundesrepublik bezogene Daten, die ich kurzfristig nicht gefunden habe, aber vielleicht sind derlei Befunde bei uns noch kaum ein Thema? Das gilt auch für verwandte Untersuchungen, wie z. B. die von Siegrist et al. (1989) zur pathogenen Rolle des Mißverhältnisses zwischen hohem Einsatz und geringer Wertschätzung für die Entstehung kardio-vaskulärer Erkrankungen bei einer von Entlassung bedrohten Gruppe von Arbeitern.

Da wir vorhin die Freudsche Wende von der »Verführungstheorie« zur Abkehr von der Überschätzung der Realität gestreift haben, erlauben Sie mir bitte zum Abschluß dieses Teils auch hier noch ein paar aktuelle Daten. Nach einer methodisch sorgfältigen Untersuchung von Russel (1983) berichteten *28 Prozent* von 930 zufällig ausgesuchten, erwachsenen Frauen aus San Francisco von Erlebnissen mit sexuellem Mißbrauch *vor dem 14.*, 38 Prozent vor dem 18. Lebensjahr. Auch Remschmidt (1985) bestätigt diese Zahlen für die Bundesrepublik: »Jeder dritte bis vierte Erwachsene wurde als Kind sexuell belästigt, und rund zehn Prozent erwachsener Frauen berichten über Inzesterlebnisse. Sexueller Mißbrauch findet in über der Hälfte aller Fälle in den

Familien statt... wobei die Täter ganz überwiegend aus der Familie oder dem sozialen Nahraum des Kindes stammen.« Blessing (1989) faßt diese Situation folgendermaßen zusammen: »Bei Anwendung eines erweiterten Mißbrauchbegriffs... ergaben sich bei 48% der Befragten traumatische sexuelle Erfahrungen vor dem 14. und bei 54% vor dem 18. Lebensjahr; dies bedeutet nicht weniger, als daß in der Sozialisation einer Frau unerwünschte sexuelle Attacken... eher die Regel als die Ausnahme darstellen.«

Zu dem gleichen Ergebnis kommt auch – so Blessing – eine noch unveröffentlichte holländische Mißbrauchsstudie bei 1050 Frauen aus Amsterdam. Dies alles sagt nichts gegen oder für Freud – eher beleuchtet es, von Ausnahmen abgesehen (Hirsch 1986), die immer noch nicht überwundene Abneigung von uns Psychoanalytikern gegenüber der äußeren Realität.

Glücklicherweise wird der zweite von mir genannte Bereich, das weite Feld der neuentdeckten Gesundheitsorientierung als Abwendung von der Faszination durch die Schädigungsbetroffenheit, der Pathophilie, der ich Sie trotzdem gerade eben so lange ausgesetzt habe, noch anschließend breiter diskutiert werden, so daß ich jetzt rasch zum Schluß kommen kann.

Antonovsky, einer der einfallsreichsten Autoren dieser neuen Richtung, exemplifiziert das von ihm so genannte »salutogene« Prinzip (Antonovsky 1979) an den Ergebnissen einer Arbeit von Laudenslager et al. (1983), die nachgewiesen hatten, daß bei Ratten eine tiefgreifende Immunsuppression (gemessen an der Lymphozytenproliferation) einsetzte, wenn sie unentrinnbaren Schocks ausgesetzt wurden. Dies war *nicht* der Fall (bei zwei verschiedenen Kontrollgruppen und vor allem auch nicht) bei der Gruppe der Ratten, die eine Möglichkeit hatten, aus eigener Kraft die Schocks zu vermeiden. Dabei ergab sich der überraschende Nebenbefund, daß diese Gruppe (der Entkommenen) – auch im Vergleich zu den (geringer oder gar nicht belasteten) Kontrollgruppen – die *höchste Lymphozytenproliferationsrate* aufwies. Während die Autoren dieses Ergebnis mit dem Hinweis kommentieren, daß »die Fähigkeit zur Kontrolle über den Stressor vollständig die Immunsuppression verhinderte«, verweist Antonovsky darauf, daß »offensichtlich ein Schockstressor hilfreiche (›salutory‹) Konsequenzen für einen Organismus haben kann, falls er vermeidbar ist« (Antonovsky 1987).

Sein Konzept des Zusammengehörigkeitsgefühls (»sense of coherence concept«) interessiert sich für die allgemeinen Widerstandsressourcen eines Individuums, die – so seine Hypothese – in der Fähigkeit liegen, einen verständlichen Inhalt und »Sinn« in den zahllosen »Stressoren« zu sehen, mit denen wir ständig konfrontiert werden. »Sense of coherence« meint also ein Grundgefühl des Zutrauens auf die relative Verläßlichkeit und Vorhersagbarkeit unserer inneren und äußeren Welt (»environments«); es drückt die Überzeugung aus, daß das Leben »verstehbar, sinnvoll und zu schaffen ist« (»comprehensible, manageable, and meaningful«). Die Bedeutung gelingender zwischenmenschlicher Beziehungen für dieses Grundgefühl, sowohl im intimen partnerschaftlichen wie auch im sozialen Feld, liegt auf der Hand. Ihre Wirkung könnte nicht nur in dem bekannt günstigen Einfluß auf gesundheitsförderndes Verhalten (wie z. B. regelmäßiger Schlaf, Tabletten-, Alkohol-, Zigarettenkonsum usw.) liegen; die Hinweise häufen sich und werden immer konkreter, daß »Beziehungen als Regulatoren«, wie Hofer (1984) es einmal ausgedrückt und vielfältig durch tierexperimentelle Untersuchungen untermauert hat (s. a. Paar 1988), ganz direkt in unsere somatischen Funktionsregelkreise eingreifen und sie verändern – belastend oder schützend.

Vor diesem Hintergrund ist ja auch die kürzlich aufgeflammte Kontroverse über die Bedeutung pathogener Kindheitseinflüsse (wie z. B. der Verlust der Mutter oder andere traumatische Ereignisse) neu zu bedenken. Während Ernst und von Luckner (1985) mit den erstaunlich günstigen Ergebnissen ihrer Nachuntersuchung von ehemaligen Heimkindern den Anhängern einer naiven, linearen Traumatheorie – deren Literaturkenntnis wenn nicht mit Freud, so doch spätestens zumeist bei Spitz beendet war – einen schweren Stoß versetzt hatten, ließen sich die Befunde des Mannheimer Kohortenprojektes Schepank (1987) besser in den angedeuteten Theorierahmen integrieren. Der Vergleich von je 20 »Gesunden« und »Kranken« mit beiderseits sehr hoher frühkindlicher Belastung ergab den nach Tress (1986) entscheidenden Unterschied, daß alle »Gesunden« eine eindeutig oder zumindest fraglich positive, zuverlässige Bezugsperson gefunden hatten, auf die sie sich stützen konnten.

Beide Studien sind mit den unvermeidbaren Eventualitäten und methodischen Unsicherheiten retrospektiver Untersuchungen belastet und sollten nicht zu schnell als handlicher Beleg für irgendwelche alten oder neuen Theorien mißbraucht werden. Dennoch scheint es mir keine Frage, daß in der neuen Aufmerksamkeit für die Voraussetzungen dessen, was uns im Angesicht der vielfältigen Bedrohungen psychosomatisch »gesund« und damit auch überlebensfähiger erhalten kann, eine Perspektive in den Blick gekommen ist, die, trotz ihrer ebenso schnell sichtbar gewordenen, grotesken Auswüchse (z. B. als Bodybuilding- oder Fitness-Ideologie), mir wertvoll und – wissenschaftlich wie sozialpolitisch – noch nicht ausgeschöpft zu sein scheint.

In welche Richtung müßte ein solches Denken und Handeln sich vortasten? Denn die Psychosomatik und die Psychoanalyse sind kein »Freigehege«, keine unbeschädigte Enklave, die aus dem traumatisierenden gesamtgesellschaftlichen Druck herausgenommen wäre. Ich meine, wir müßten

1. ernstlich einen Gesundheitsbegriff neu entwickeln, der nicht mehr nur an der Abwesenheit von Symptomen orientiert ist. Für die Psychoanalyse heißt das, daß wir sehr genau über die äußere Wirklichkeit Bescheid wissen müssen, um real gegebene und sinnvolle Ängste von neurotischen besser trennen zu können. Provozierend überspitzt ausgedrückt, käme dann als Therapie-Ziel neu hinzu, den Patienten »angstfähig« zu machen – in dem Sinn, daß er / sie in die Lage versetzt wird, auch verdrängte oder verleugnete reale Bedrohungen zu spüren, auszuhalten und handelnd zu beantworten.

2. Das schließt auch die Aufgabe mit ein, eine neue Kultur unserer zwischenmenschlichen Beziehungen zu entwickeln – eine Art »horizontaler Tiefendimension« (Sellschopp) –, die uns, von der Familie bis zur sozialen Großgruppe, besser schützt und korrigiert.

3. Für den engeren Bereich der Psychosomatik hieße das, daß wir Strategien lernen müßten, den der äußeren Realität zugeordneten Körper, der spätestens als Symptomträger zumindest teilweise abgesondert, verdinglicht und einer »Sonderbehandlung« zugeführt wird, wieder zurückgewinnen müßten.

Spaltungsprozesse bei Katastrophen und schweren körperlichen Krankheiten sind, das wissen wir, zunächst oft unvermeidlich, nicht selten auch wichtige und lebenserhaltende Abwehrmechanismen. Aber sie haben die Tendenz zur Chronifizierung, zur psychosozialen Ertaubung: Was übrigbleibt, sind ständig wachsende Altlasten stummer Spaltprodukte, die auf abgelegenen Deponien entpersönlichten Leidens unsere Lebensfähigkeit vergiften. (»Wie geht es Ihnen?« »Mein letzter Leukozyten-Wert war besser.«) Das sind eher hilflos-betroffene Stichworte, ich weiß.

Mein Fazit ist alltäglich und banal: Wir müssen uns mit unserem spezifischen Wissen und trotz unserer spezifischen Handicaps wesentlich mehr um die Entwicklung und Gestaltung der Außenwelt, unserer sogenannten »äußeren Wirklichkeit« kümmern – nicht nur, weil uns das andere vorgemacht haben und weil es gegenwärtig auch etwas *en mode* ist, sondern weil nur so auch die Chance besteht, daß unser Innenraum, die sogenannte innere Wirklichkeit, vielleicht wieder den Schutz zurückgewinnt, den sie – wie wir besser wissen müßten als andere – dringend braucht, um nicht nur statistisch, sondern »sinnvoll« zu überleben.

Ich möchte aber heute nicht schließen ohne eine ganz persönliche Bemerkung. Für mich als psychoanalytischen Psychosomatiker in Deutschland, der H.-E. Richter persönlich kaum näher begegnet ist, war seine wissenschaftliche und sozialpolitische Arbeit von höchster Bedeutung. Was mich so beeindruckt und betroffen hat, war weniger das seltene Erlebnis, daß hier einer auch *schreiben* konnte, was wir alle mehr oder weniger erfahren hatten und fühlten. Viel wichtiger war mir sein beispielhafter Mut, sich von Gruppenzwängen freizumachen und handelnd sich allen Mißverständnissen und Unwägbarkeiten auszusetzen. Das kannte ich von einigen wenigen Psychoanalytikern eher aus der Literatur. Ich kenne auch nicht die Preise, die er dafür bekommen und gezahlt hat, und mag darüber keine Erwägungen anstellen. Für mich war und ist H.-E. Richter von großer Bedeutung: immer den aktuellsten Fragen auf der Spur, sachkundig und kritisch nach innen und außen, entschlossen, sich nicht verbiegen zu lassen von dem »*common sense*«, selbst mutig und damit eben auch eine Ermutigung.

Literaturverzeichnis

Antonovsky, A. (1979), Health, stress, and coping. New perspectives on mental and physical well-being. San Francisco: Jossey Bass

Antonovsky, A. (1987), The Salutogenic Perspective: Toward a New View of Health and Illness. Advances, Inst. for the Advancement of Health, Bd. 4, Nr. 1, S. 47–55

Becker, H., Becker, S. (1986), Der Psychoanalytiker im Spannungsfeld zwischen innerer und äußerer Realität. Vortrag auf der Arbeitstagung der Psychosomatischen Klinik in Heidelberg am 12.7.1986

Blessing, M. G. (1989), Mißbrauch, Inzest und Psychose. Dissertation, Fachbereich 5, Philosophie/Psychologie/Sportwissenschaft der Universität Oldenburg

Cremerius, J. (1986), Der Verzicht der Psychoanalyse auf ihre emanzipatorisch-aufklärerische Aufgabe und die Wiederkehr der Traumatheorie. Journal des Psychoanalytischen Seminars in Zürich, 14, 39–41

Ernst, G., von Luckner, N. (1985), Stellt die Frühkindheit die Weichen? Eine Kritik an der Lehre von der schicksalshaften Bedeutung erster Erlebnisse. Neue Folge, 23. Stuttgart: F. Enke

Freud, S. (1896), Gesammelte Werke, Bd. I, S. 432. Frankfurt a. M.: S. Fischer

Helsing, K. J., Szklo, M., Comstock, G. W. (1981), Factors Associated with Mortality after Widowhood. AJPH, Bd. 71. Nr. 8

Hirsch, M. (1986), Realer Inzest. Berlin, Heidelberg, New York: Springer Verlag

Hofer, M. A. (1984), Relationship as Regulators: A Psychobiologic Perspective on Bereavement. Psychom Med, 46: 183–197

House, J. S., Landes, K. R., Umberson, D. (1988), Social Relationships and Health. Science, Bd. 241, S. 541–544

Laudenslager, M. L., Ryaan, S. M., Drugan, R. C., Hyson, R. L., Maier, S. F. (1983), Coping and Immunosuppression: Inescapable but not Escapable Shock Suppresses Lymphocyte Proliferation. Science, Bd. 221, S. 568–570

Masson, J. (1984), Was hat man dir, du armes Kind getan? Reinbek: Rowohlt

Münchmeier, R. (1989), Das Profil der Jugendpflege im Wandel. Dokumentation der Arbeitstagung für kommunale Jugendpfleger/innen. Köln, S. 9–30

Paar, G. H. (1988), Beziehung als Zeitgeber. Zum Werk von Myron A. Hofer. Prax Psychother Psychosom, 33: 302–309

Platt, S., Kreitmann, N. (1984), Trends in parasuicide and unemployment among men in Edinburgh 1968–82. British Medical Journal, Bd. 289, S. 1029–1932

Remschmidt, H. (1985), Mißhandlungssyndrom. In: Remschmidt, H., Schmidt, M. (Hg.), Kinder- und Jugendpsychiatrie in Klinik und Praxis, Bd. III, Stuttgart-New York: Thieme

Russel, D. E. H. (1983), The Incidence and Prevalence of Intrafamilial and Extrafamilial Sexual Abuse of Female Children. Child Abuse and Neglect, Bd. 7, S. 133–146

Siegrist, J., Klein, D., Matschinger, H. (1989), Occupational Stress, Coronary Risk Factors and Cardiovascular Responsiveness. In: Weiner, H., Florin, F., Murison, R., Hellhammer, D. (Hg.), Frontiers of stress research, S. 323–335

Tibblin, von (1986). In: House et al.

Tress (1986), Das Rätsel der seelischen Gesundheit

Weiner, H. (1989), Eine Medizin der menschlichen Beziehungen. Psychother. Psychosom. Med. Psychol., 39: 96–102

Welin (1985). In: House et al.

Horst-Eberhard Richter
Ein neues Denken in der Psychosomatik!

Soeben haben wir an unserem Gießener Zentrum für Psychosomatische Medizin zum drittenmal seit 1968 in einer repräsentativen Untersuchung mit dem Gießen-Test erkundet, wie sich die 18- bis 60jährigen Bundesdeutschen im Durchschnitt psychologisch einschätzen. Besonders bemerkenswert sind vier Veränderungen, die sich zwischen 1975 und 1989 eingestellt haben. Es sind dies: eine stärkere Ich-Bezogenheit, ein forciertes Streben, sich kämpferisch in der Konkurrenz gegen andere durchzusetzen, eine Verminderung des sozialen Mitfühlens, d. h. des Sich-Sorgens um andere Menschen, und viertens ein Rückgang der introspektiven Reflexion; man macht sich weniger Gedanken über seine inneren Probleme. Der Durchschnittstrend liegt also, verkürzt formuliert, in der Richtung einer egozentrischen Ellbogen-Mentalität, verbunden mit einer Schwächung von sozialer Sensibilität und introvertierter Besinnlichkeit.

Wem wir auch immer von diesen Befunden berichten, pflegt spontan zu sagen, das hätte ich auch so erwartet. Oder: Das kann doch auch gar nicht anders sein. Warum? Da heißt es: So ist doch nun einmal unsere Gesellschaft. Unerbittlicher Wettbewerb. Wer nicht mitkommt, wird abgehängt. Also braucht man eine gesunde Härte und kann sich den Luxus selbstkritischen Grübelns und sozialer Gefühle immer weniger leisten.

Diese spontane Interpretation nimmt also einen schlüssigen Zusammenhang zwischen dem Organisationsprinzip der Gesellschaft und der Psychologie der Menschen an. Die einen sagen: Die Menschen müssen sich so entwickeln, weil die Wirtschaft sie so am besten verwerten kann. Die anderen sagen: Die Gesellschaft ist so, weil die Menschen so sind, die sie machen. Aber es handelt sich hier nicht um ein einfaches Entweder-Oder. Auch wenn der Komplex von Wissenschaft, Technik, Industrie, Militär und Verwaltung über den Köpfen der Menschen fast schon zu einer Art von Naturprozeß geworden ist, wie es Habermas beschreibt, so können wir doch andererseits nicht leugnen, daß dieser Prozeß genau dem Mythos von Fortschritt folgt, der in den Köpfen der Menschen steckt. Und es wäre eine resignative Selbstentmündigung gerade an diesem kritischen historischen Punkt, würden wir die zitierte Schrumpfung der sozialen Empfindsamkeit und der kritischen Selbstreflexion als schicksalhafte Anpassungsnotwendigkeit begreifen.

Wie der kürzlich verstorbene Hoimar von Ditfurth (1989) wohl mit Recht prognostiziert hat, dürften die wachsenden Umweltschäden in einigen Jahrzehnten ohnehin die Wirtschaft zur Preisgabe ihres destruktiven Expansionismus und die Menschen zur Aufgabe ihres megalomanen Fortschrittsglaubens zwingen. »Schon in wenigen Jahrzehnten wird es nicht mehr um Luxus und Bequemlichkeit gehen«, sagt von Ditfurth. »Dann geht es bloß noch um das nackte Überleben in einer Welt, deren lebenserhaltende Potenzen wir, den Blick unbeirrt auf Wirtschaftswachstumsraten, Exportquoten und Bundesbanküberschüsse gerichtet, schlicht verpaßt haben.«

Noch aber ist diese Einsicht nicht erreicht. Noch lebt im Bewußtsein der Mehrheit ein Leitbild von Gesundheit, das die anstehende kritische Umbesinnung eher verhindert. So muß man doch jenen durchschnittlichen Trend im Selbstbild lesen, der eindeutig auf die Stärkung von Abwehrmechanismen gegen Erschütterungen von außen wie von innen hinzielt. Man hat fast den Eindruck, es grassiere zur Zeit noch parallel zu dem beliebten Bodybuilding eine Art Mentalbuilding, ausgerichtet auf das Leitbild eines Psycho-Athleten, dessen Fitness und Potenz durch keinerlei Belastungen und Zumutungen mehr beschädigt werden können. Und es erscheint denkbar, daß eine Mehrheit auf dem bisherigen Wege psychischer Verhärtung und sozialer Abstumpfung noch eine Weile fortfahren möchte und von der Medizin eine entsprechende Verdrängungshilfe erwartet. Das hieße, daß die Medizin immer perfekter gegen Krankheiten schützen muß und am Ende sogar eine Hoffnung erfüllt, die Sigmund Freud 1919 durchscheinen ließ:

»Unsere Biologie hat es noch nicht entscheiden können, ob der Tod das notwendige Schicksal jedes Lebewesens oder nur ein regelmäßiger, vielleicht vermeidlicher Zufall innerhalb des Lebens ist.«

Einsichtige Ärzte haben sich zu allen Zeiten gegen die Überforderung der Heilkunst mit unangemessenen Erwartungen gewehrt. Ein Pionier der Psychosomatik hat dies mit besonderer Schärfe getan. Ich meine Hans Müller-Eckhard mit seinem 1954 erschienenen aufregenden Buch, betitelt: »Die Krankheit, nicht krank sein zu können«. Darin protestierte er vehement gegen jenen Gesundheitsbegriff, der den Sinn von Krankheit für eine Gesellschaft ausschließt, die ihre Schwächen und Grenzen in ewigem Fortschritt überwinden will. Von Müller-Eckhard stammt die ebenso provokante wie bedenkenswerte These, es sei die – »vielleicht menschlichste und wichtigste und notwendigste Leistung… nämlich krank sein zu können«. In einer unerträglichen Lebensatmosphäre könne der Leib nein sagen zu dem zerstörenden Geschehen und krank werden. Dann beinhalte die Krankheit mehr Weisheit und Wahrheit als die »Gesundheit« der offiziellen Medizin. In dem Krank-sein-Können vieler Patienten sei mehr Gesundheit als in dem Funktionieren von Millionen leidfreier Scheingesunder. Wie Viktor von Weizsäcker verdanken wir Hans Müller-Eckhard sehr bedeutende Beiträge für das Verständnis des Sinns von Krankheit. Beide haben einen einsichtigen Unterschied gemacht zwischen Heil-sein und symptomloser Heillosigkeit. Sie haben von der doppelten Aufgabe des Arztes gesprochen, unermüdlich zum Verhüten und Heilen beizutragen, aber zugleich Ehrfurcht vor der Krankheit zu bewahren.

In Modifikation der These von dem Übel, nicht *krank* sein zu können, bevorzuge ich selbst die Aussage, das Schlimmste sei der Verlust der Fähigkeit, überhaupt *leiden* zu können. Aber gerade diese *Leidfreiheit* ist es, die von großen Gruppen erstrebt und regelrecht trainiert wird. Daher auch der im Test nachgewiesene Trend, sich immer wirksamer gegen bedrückende äußere und innere Wahrnehmungen abzuschirmen. Genährt wird diese Abwehr des Leidens durch abgründige Angst. Schwäche und Ohnmacht drohen als heillose Verlorenheit in einer Welt, in der nur zählt, wer Schritt halten und sich behaupten kann. Viel Unglück und Elend werden versteckt, um in der Konkurrenz fit, okay und jugendlich frisch zu erscheinen. Aber mit der Fähigkeit zum Leiden schrumpft auch die Kraft zum *Mitleiden*.

Mitleid wird durch die Angst blockiert, in einen verhaßten Zustand hinuntergezogen zu werden. Dies aber ist der Kernkonflikt einer Gesellschaft, die immer wieder beteuert, sich den Werten der Humanität verpflichtet zu fühlen. Solidarität mit Schwäche und Leid ist schwer zu üben, wenn das Rivalisieren um Erfolg und Macht zur maßgeblichen Triebkraft geworden ist. Aber es gibt keine echte Ethik, so lautete die überzeugende Argumentation Schopenhauers, die nicht auf dem Mitleid als dem Ursprung aller Tugenden der Menschlichkeit fußt. Die allgemein menschliche Anlage des Mitleids ist das Urphänomen der Ethik schlechthin.

So hat es die moderne Medizin trotz aller Anstrengungen schwer mit der Karitas, also mit der Liebe zu den Hilfsbedürftigen. Oder ist unsere heutige Medizin etwa eine solche Kultur der Karitas, eine sympathische

Gemeinschaft zwischen Betroffenen und Helfern? Hat die imposante Entfaltung des Medizinsystems Kranke und Helfer menschlich näher zusammengeführt?

Da erinnere ich mich an eine Prophezeiung aus dem Mund eines von mir hochgeschätzten Biochemikers, ausgesprochen vor 25 Jahren: »Warten Sie nur ab, Herr Richter, in ein paar Jahrzehnten werden wir viele neue automatische Diagnosetechniken haben. Und diese werden die Ärzte endlich von dem heute noch zeitraubenden Betasten, Auskultieren, Explorieren weitgehend entlasten. Dann endlich wird man in Kliniken und Praxen genügend Muße haben, um sich um die seelischen und sozialen Nöte der Kranken und ihrer Angehörigen in aller Ausführlichkeit zu kümmern. Dadurch werden die psychosoziale und die psychosomatische Medizin einen gewaltigen Auftrieb bekommen.«

Wir sehen, daß die Rechnung nicht aufgegangen ist. Die Vervielfältigung der apparativen Diagnostik mit ihrem Darumherum an Organisation und Auswertung hat die Zeit für persönliche Gespräche noch weiter aufgezehrt. Gigantisch gestiegen ist der Aufwand für naturwissenschaftlich-technische Maßnahmen. Vervielfältigt hat sich der messende, zählende und verrechnende Zugang zu dem materiellen Substrat von Krankheit. Dieser Anteil der Not geht in Fragebögen, Lochkarten, Diagnosemaschinen und Computer ein und schlägt sich in Zahlen, Kurven und ausgedruckten verbalen Formen nieder, die sich wiederum nur auf die Not als ein Datenbündel beziehen. Je ausführlicher und differenzierter man sich mit dem materiellen Vordergrund des Leidens befaßt, um so eher blendet man aber unwillkürlich aus, daß dahinter überhaupt noch etwas anderes ist.

Es ist dies wiederum alles andere als eine zufällige Entwicklung. Psychologisiert man deren Hintergrund, so kommt man nicht an der Deutung vorbei, daß die Medizin offenbar in die Absicherung jenes gesellschaftlichen Verdrängungsprozesses einbezogen ist. Ihr naturwissenschaftlich-technischer Aufschwung ist großartig, ihr Aufwand phantastisch. Noch nie ist mit Patienten soviel und mit so hohen Kosten gemacht worden. Aber dieses Machen bearbeitet eben ganz vornehmlich die dingliche Seite der Krankheit. Es benachteiligt ihre Innenseite, was Müller-Eckhard von einem *furor sanandi* sprechen ließ, bei dem die Gebärde des humanistischen Affektes die antihumanistische Kehrseite verdecke.

So scheint sich die Medizin immer mehr in ein wahrhaft tragisches Dilemma zu verstricken. Getrieben vom gesellschaftlichen Mythos eines Fortschritts ohne Grenzen, führt sie mit einem immer höher entwickelten Instrumentarium einen technischen und chemischen Krieg gegen die letztlich unvermeidliche Zerbrechlichkeit des Menschen. Sie kann Teilsiege im Kampf gegen verschiedene Übel erringen, und sie kann immer wieder eine kleine Verlängerung der Lebensstrecke ermöglichen. Das ist ihr Segen. Aber mit ihrem absoluten Feindbild der Krankheit und des Todes macht sie sich, ohne es zu merken, den Umgang mit denen notwendigerweise schwerer, die ihr ihre Niederlagen vorhalten. Das sind die Behinderten, die chronisch Kranken und die gebrechlichen Alten. Diese Gruppen sind der peinliche Widerspruch zu dem Fortschrittsziel ewig zu steigernder Stärke und Unversehrbarkeit. Wo einseitig narzißtische Großartigkeit, Fitness und Erfolg verherrlicht werden, droht den Repräsentanten des Gegenteils automatisch Vernachlässigung. Sie bekommen den Trend zu spüren, innere Skrupel und soziale Sensibilität zu unterdrücken. Zusammen mit ihnen geraten ihre Helferinnen und Helfer in den Pflegeberufen auf die gesellschaftliche Schattenseite. In Unterzahl und bei Unterbezahlung sind sie überlastet, zu intensiverer persönlicher Betreuung oft außerstande. Supervision, wie sie in zahlreichen Pflegebereichen die Regel sein müßte, wird immer noch viel zu selten angeboten.

Aber all diese Mängel sind mitnichten Schuld einzelner Verantwortlicher oder einzelner Institutionen. In einem System, wo man in Konkurrenz immer höher hinaus, ewig expandieren, ewig siegen will, werden Schwäche, dauerhafte Gebrechen und sozialer Mißerfolg zu reinen Minusmerkmalen. Sie bedrohen die Grundhaltung einer Gesellschaft, die sich unerbittlich dagegen wehrt, Leiden als kreatürliche Notwendigkeit anzunehmen.

Daß diese Haltung auch intensiv in die Psychosomatik hineinwirkt, darf nicht verwundern. Oft wird bei psychosomatischen Beschwerden gar nicht erst gefragt, was diese etwa an unbewältigten inneren oder psychosozialen Konflikten signalisieren. Kann man sie mit Chemie oder Technik unterdrücken, ist man damit schnell bei der Hand. Warum bei psychogener Impotenz erst lange mit Psychotherapie herumprobieren, wenn doch Papaverin oder Chirurgie rasche Symptombesserung versprechen? Warum sollen sich Frauen erst in ihre unbewußten Schwangerschaftswiderstände und -befürchtungen vertiefen, wenn man diese doch anscheinend elegant durch extrakorporale Befruchtung ausschalten oder umgehen kann? Mag diese Prozedur auch unangenehm sein, so erklärt man neuerdings solche technischen Eingriffe mitunter als sogar humaner als das angeblich entwürdigende analytische Besprechen psychosexueller Konflikte. Dabei nutzt man die moderne Machbarkeits-Ideologie aus. Als echter Helfer erscheint da der Arzt, der etwas mit einem macht – im Gegensatz zum analytischen Psychotherapeuten, der Menschen nur durch Fragen und Deutungen unterstützt, ihre Probleme besser zu verstehen und sich mit ihnen innerlich auseinanderzusetzen.

Ich wünschte, mancher der übereifrigen chirurgischen Reproduktionsmediziner könnte miterleben, wie beglückend es für eine Frau mit psychogener Sterilität ist, wenn sie eines Tages eine Schwangerschaft als Ergebnis eines Prozesses erleben kann, in dem sie sich von blockierenden Ängsten und tiefliegenden Konflikten befreit hat, und in dem sie vielleicht gerade dann zur Empfängnis fähig wurde, nachdem sie diese nicht mehr zur krampfhaften Selbstbestätigung oder aus einer anderen Ambition heraus erzwingen wollte. Wie nachteilig es die spätere Mutter-Kind-Beziehung beeinflussen kann, wenn man psychogene Sterilität mit der Technik überlistet, läßt sich nicht statistisch beweisen. Aber wir Psychotherapeuten können diesen Zusammenhang in eingehend untersuchten Fällen deutlich erkennen. Wir teilen diese Einsicht mit einer gewichtigen Gruppe von kritischen Gynäkologinnen und Gynäkologen.

Weit verbreitet, trotz aller Erfolge der Psychosomatik in den letzten Jahrzehnten, ist immer noch der Brauch, Psychotherapeuten erst heranzuziehen, wenn längeres Herumprobieren mit traditionellen körperlichen Methoden versagt hat. Überwiegend erspart man sich die Frage, mit welchen nachteiligen Folgen die künstliche Unterdrückung psychosomatischer Symptome bezahlt wird. Wie oft sind jedoch Kopfschmerzen, Schlafstörungen, Magenbeschwerden, sexuelle Schwierigkeiten und Herzängste Zeichen überfordernder Probleme, deren Lösung gerade verhindert wird, indem man das Leiden an dem verschobenen Erscheinungsort eliminiert. Aber diese Verhaltensweise nimmt zu, wie Verbrauchsstatistiken der einschlägigen Präparate beweisen.

Daß wir Psychosomatiker und Psychotherapeuten uns bekanntlich dennoch nicht über mangelnde Beschäftigung zu beklagen haben, hat unter anderem den Grund, daß alle noch so intensiv betriebenen Verdrängungs-, Abhärtungs- und Abstumpfungstendenzen zusammen mit Chemie und pragmatischen Trainingsmethoden nicht ausreichen, um psychosomatisches und psychosoziales Leiden niederzuhalten. Psychosoziale Anteile sind bei einer Riesenzahl von Krankheiten so unübersehbar, daß sie gebieterisch Beachtung verlangen. So wird der Leiter einer Medizinischen Universitätsklinik von von Uexküll und Wesiack mit der Äußerung zitiert: »Ich gehe davon aus, daß bei einem Drittel bis der Hälfte aller Patienten der von mir geleiteten Klinik eine Indikation zur systematischen Mitberücksichtigung psychischer und sozialer Gesichtspunkte in Diagnostik und Therapie besteht« (1988). Ähnliche Bekundungen von internistischen und gynäkologischen Klinikchefs sind mir geläufig. Von Praktikern in der Allgemeinmedizin werden Zahlen in etwa vergleichbarer Größenordnung genannt.

Es ist auch nicht zu übersehen, daß sich die Psychosomatik in vielen medizinischen Bereichen eine noch vor wenigen Jahrzehnten kaum zu erwartende Achtung verschafft hat. Ihre Anerkennung als Kassenleistungen hat psychotherapeutischen Methoden einen entscheidenden sozialen Durchbruch ermöglicht. Auch kann man mit Freude registrieren, daß das Interesse von Medizinstudenten für Psychosomatik langsam, aber stetig angewachsen ist.

Unausbleiblich ist indessen, daß die Psychosomatik den gleichen gesellschaftlichen Anpassungserwartungen unterliegt wie die übrige Medizin. Am liebsten sähe man es, sie wäre nur auf Reparatur und Optimierung von Funktion und Leistung ausgerichtet. Und sie würde sich in ihren Denkmodellen und Forschungsmethoden nahtlos einfügen in die verdinglichende naturwissenschaftliche Sichtweise. Daß sie etwa in der Psychophysiologie und in der empirischen psychosozialen Forschung ganz oder vorwiegend mit naturwissenschaftlichen bzw. quantitativen Methoden arbeitet, ergibt sich ohnehin von selbst. Aber die Geister scheiden sich immer an dem Punkt, wo die *Entinnerlichung* zum Prinzip erhoben wird. Wo man die psychische Innenwelt in technischen Modellen wie Stress, kybernetischen Prozessen und Verhaltensmodifikationen aufgehen und verschwinden läßt. Wo nicht mehr die Rede sein soll von Gefühlen, von Angst, Scham, Schuld, geschweige denn vom Sinn von Krankheit, vom Leiden und Mitleiden als menschlichem Vermögen.

Klammheimlich hat man einen Teil der Psychosomatik mit dem traditionellen Feindbilddenken gegenüber Krankheit und Tod infiziert. Solche Prozesse sind oft schwer durchschaubar. Manchmal wird man erst stutzig, wenn verräterische neue Fachworte in Mode kommen. Erst dann fragt man sich, ob sich mit den Worten nicht auch das Denken verändere. Wir sprachen davon, daß wir Menschen helfen, mit einer Krankheit zu leben, sie zu bestehen oder zu verarbeiten; jetzt helfen wir, sie – so der neue Begriff – zu bewältigen. Bewältigen kommt aber von begewaltigen, was auch speziell für vergewaltigen benutzt wurde. So geht das.

Die endgültige Scheidung der Geister wird schließlich durch die Frage provoziert, ob sich die Psychosomatik *den gesellschaftlichen und ökologischen Zusammenhängen von Gesundheit und Krankheit* systematisch zuwenden darf oder soll. Hier erblicken viele eine Warntafel: Achtung! Stop! Hier beginnt die Zone unzulässiger Politisierung. Wer weitergehen will, mag es tun, aber dann nur noch als politisierter Bürger, nicht mehr als Arzt oder gar als Psychosomatiker.

Wer diese Begrenzung des Gesichtsfeldes vertritt, kann dafür durchaus plausibel erscheinende Argumente anführen. Etwa dieses, daß für einen solchen Anspruch die sozialwissenschaftliche Kompetenz fehle, wogegen man freilich gleich einwenden kann, daß eine bessere sozialwissenschaftliche Grundausbildung oder Fortbildung dem abhelfen könnte. Oder man verweist auf den beschränkten Anwendungsbereich des therapeutischen Instrumentariums, mit dem man nur Individuen, allenfalls Familien oder kleine Gruppen beeinflussen könne. Wer darüber hinaus wirken wolle, besitze dafür keine fachlichen Mittel und verrate überdies – Argument Nummer drei – selber einen Defekt im Sinne eines Größenwahns und eines unkontrollierten Agierdranges.

Aber ob wir wollen oder nicht: Von Jahr zu Jahr wird deutlicher, daß in einer wachsenden Zahl von Menschen, insbesondere Kindern, Jugendlichen, Frauen, aber auch Männern Ängste aufsteigen, die aus der Wahrnehmung der horrenden ökologischen und atomaren Gefahren stammen. Diese Ängste werden aufgestaut und bleiben weitgehend stumm, weil sie auf die Abwehr einer Mehrheit stoßen, die ihre Verdrängung nicht erschüttern lassen will. Wie Untersuchungen in Finnland, Dänemark, Schweden, den USA, der Sowjetunion und der Bundesrepublik zeigen, haben bereits Kinder zu einem hohen Anteil ein erschreckend pessimistisches Zukunftsbild und erwarten als sicher oder wahrscheinlich, daß Technik, Chemie oder eine atomare Katastrophe das Leben vernichten werden.

Wenn unsere Kinder und Jugendlichen, wie gerade erst wieder durch Engel und Hurrelmann (1989) bestätigt, in hohem Grade mit psychosomatischen Beschwerden belastet sind, so ist die Frage nach einem Zusammenhang mit den bedrückenden Zukunftserwartungen unerläßlich. Aber es erfordert oft erst eine gründliche psychotherapeutische Beschäftigung mit Kindern, ehe aus der Tiefe Träume und Phantasien aufsteigen, die z. B. deutlich die Bedrücktheit über Zerstörungen der Natur, das Aussterben von Tierarten und andere ökologische Notstände verraten. In einem Schreibwettbewerb über Zukunftsvorstellungen, kürzlich von der IG Metall veranstaltet, drückte ein Teil der Kinder auch angstvoll die Sorge aus, es werde in Verbindung mit den materiellen Gefährdungen zu einer Abtötung der Gefühle und der Seelen in einer vollständig technisierten Welt kommen. In Gesprächen beklagten sich Kinder aus dieser Gruppe über die Gleichgültigkeit ihrer im Alltagsbetrieb ermüdeten Eltern, mit denen sie sich über die eigene Beunruhigung kaum aussprechen könnten.

In der Mehrzahl gestehen die Autoren dieser Kinderuntersuchungen zu, daß sie, obwohl Fachleute, überrascht und erschreckt sind über das Ausmaß der ermittelten Angstvorstellungen. Ähnliches Erstaunen fand man bei vielen Eltern, sofern diese parallel interviewt wurden. Mögen also auch die Eltern zu der Beunruhigung der Kinder vielfach unwillkürlich beigetragen haben, so verrät ihre Verblüffung dann eben ihre bessere Verdrängungsfähigkeit. Aber wer, so kann man sich fragen, nimmt nun den Zustand der Welt zutreffender und genauer wahr? Sind es die besser verdrängenden Eltern oder nicht etwa die emotional noch durchlässigeren und empfindsameren Kinder? Sind es nicht in der Tat diese, die ganzheitlicher und realistischer auffassen, wie es um uns steht?

Kinder- und Familientherapeuten unter Ihnen werden vermutlich bestätigen, was ich als Resultat langjähriger Studien in »Eltern, Kind und Neurose« (1963) als ein Resümee notiert habe: Kinder können im Unbewußten ihrer Eltern oft besser lesen als diese selbst. Auf sie gehen in der einen oder anderen Form die beunruhigenden und bedrückenden Bilder über, deren sich das elterliche Bewußtsein durch Abwehr entzieht. So spüren Kinder z. B. herannahende familiäre Katastrophen oft lange, bevor sich Eltern deren Unausweichlichkeit eingestehen.

Wenn nun heute nach verschiedenen internationalen Untersuchungen etwa drei Viertel der Kinder mit der Phantasie einer bevorstehenden weltweiten Umweltkatastrophe leben, steckt darin nicht ein verzweifelter Hilferuf an die Generation der Eltern: Habt endlich den Mut, euch konsequent mit den Bedrohungen auseinanderzusetzen, die ihr hinnehmt oder erzeugt, während ihr die Beunruhigung darüber an uns delegiert!?

Es erleichtert und stärkt Kinder, wenn sie ihre oft massiven Umweltängste, statt sie in Form bedrückender oder gar pathogener Phantasien abzuschirmen, formulieren können und Eltern finden, die sie klar informieren und ihnen nach Möglichkeit auch vorleben, wie man durch eigenes Engagement einen konstruktiven Beitrag leisten kann.

Aber dazu braucht es Eltern, die mit ihren eigenen Ängsten umzugehen verstehen. Und da stoßen wir Psychotherapeuten auf unsere eigenen, nicht minder großen Ängste. Spätestens seit Beginn der achtziger Jahre nehmen wir an einer Stimmung der Unheimlichkeit teil, die mit den Risiken der Rüstung und der Umweltzerstörung allmählich gewachsen ist. Einzelne Schritte zur Abwendung dieser oder jener Gefahr können den Eindruck nicht eliminieren, daß die Gesamtbedrohung stetig zunimmt. Nun funktioniert auch nicht mehr die Entlastung durch Projektion auf einen großen politischen Weltfeind. Unweigerlich werden wir mit unserer eigenen Destruktivität und Autodestruktivität konfrontiert, die am deutlichsten in der geradezu planvollen Zerstörung unserer natürlichen Lebensbedingungen zum Ausdruck kommt.

Hätten wir es mit einem Individuum zu tun, das so selbstzerstörerisch wütet und achtlos auf seinen Untergang zusteuert, würden wir keinen Augenblick zögern, eine schwere, dringend therapiebedürftige Krankheit zu diagnostizieren. Aber nun ist es ein Massenphänomen, in dem die psychischen Triebkräfte hinter der technischen Entwicklung und den wirtschaftlichen Mechanismen weitgehend unsichtbar geworden sind. Das kann uns dazu verführen, das Problem an die Sozial-, Wirtschafts- und Politikwissenschaftler zu delegieren und unsere Abstinenz als selbstkritische Vermeidung unziemlicher Psychologisierung gesellschaftlicher Materien zu rationalisieren.

Aber ist es nicht vielleicht eher unsere Angst, die es uns schwer macht, uns mitzuständig und somit auch mitverantwortlich zu fühlen für das Denken, das sich in den gewaltträchtigen gesellschaftlichen Strategien ausdrückt?

Mehrfach haben in diesem Jahrhundert große Naturwissenschaftler erklärt, der Schutz des Lebens mache zuallererst eine *psychische* Wandlung erforderlich. Zu meinem Buch »Zur Psychologie des Friedens« schrieb mir der Physik-Nobelpreisträger Alfred Kastler, daß seiner Meinung nach tatsächlich nur eine psychische Abrüstung die atomaren Gefahren bannen könne. Nicht die Atombombe ist das Problem, sondern das Herz der Menschen, lautete eine These von Albert Einstein. Und Carl Friedrich von Weizsäcker interpretierte in einer Rede direkt und ausdrücklich Friedlosigkeit als eine seelische Krankheit. Machen sich diese drei Physiker etwa einer unstatthaften Psychologisierung schuldig, wenn sie die eminente politische Bedeutung psychologischer bzw. psychopathologischer Motive derart herausstellen?

Wir haben in das Thema unseres Buches den Begriff des *Neuen Denkens* aufgenommen. Neues Denken, das bedeutet nicht, neue fertige Konzepte zu haben. Denken ist ein Prozeß, der mit dem Fragen anfängt. Psychoanalytiker bauen darauf, daß beharrliches Fragen und Immer-weiter-Fragen am ehesten falsche Antworten und obsolete Dogmen erschüttern kann, die einen Heilungsweg behindern. Aber Angst kann von kritischem Fragen abhalten, um bei fertigen Antworten und traditionellen Rezepten Zuflucht zu suchen.

Ich meine, daß wir Psychotherapeuten heute wie viele andere Mühe haben, jene tiefe Angst auszuhalten, die mit unserer Verwicklung in das destruktive und autodestruktive Geschehen um uns herum zusammenhängt. Zahlreiche Kolleginnen und Kollegen, die sich in dem Arbeitskreis für Psychologische Abrüstung und Friedenserziehung der IPPNW oder in dem Ökologischen Ärztebund zusammengefunden haben, verstehen sich darin zunächst als Selbsthilfegruppen. Sie verfallen nicht dem Größenwahn, die Gesellschaft von der Krankheit Friedlosigkeit kurieren zu können oder gar zu sollen. Aber viele finden es in diesem unkonventionellen Rahmen leichter, über sich selbst und ihre Aufgabe als Psychotherapeuten neu nachzudenken. Das Gespräch in solchen und anderen alternativen Gruppen kann helfen, kritische Fragen auszuhalten und sich vor den diversen Fluchtmechanismen zu bewahren, die eine Verleugnung der wahren gemeinsamen Lage vorläufig noch möglich machen. Standhalten versus Flüchten ist heute noch schwerer als zu der Zeit, da ich jenes so betitelte Buch geschrieben habe. Denn die nächsten Jahrzehnte werden zeigen, daß es dabei nicht mehr nur um Integrität oder psychische Korruption, sondern um Leben und Tod geht.

Eine Chance sehe ich darin, der großen Zahl sensibler Kinder zu helfen, möglichst viel von ihrer kritischen Hellsichtigkeit ins Jugend- und Erwachsenenalter hinüberzuretten. Diese Generation wird hoffentlich den revolutionären Wandel von einem Gesundheitsideal des Stärkekults weg zu einer alternativen Ehrfurcht vor dem Leben vollziehen können. Sicherlich gegen beträchtlichen Widerstand, hoffentlich aber auch mit Unterstützung eines wachsenden Teils lernfähiger Älterer, die hier eine Möglichkeit für einen gemeinsamen Selbstheilungsprozeß erkennen, für eine Überwindung der Krankheit Friedlosigkeit in Form einer psychischen Abrüstung.

Und was kann die Psychosomatik dazu tun? Es ist schon etwas, wenn sie innerhalb der Medizin und außerhalb dazu beiträgt, das Ziel einer psycho-ökologischen Gesundheit zu definieren und offensiv zu vertreten. Das heißt einer Gesundheit mit der Kraft zum *Leben* statt nur zum erfolgreichen *Machen*, mit dem Mut für eine neue Sensibilität. Vielleicht werden wir das übrigens auch einmal so einfach ausdrücken können wie die Engländer, die direkt von *inner ecology* und *outer ecology* sprechen. Und es ist noch etwas, wenn wir im Umgang mit der eigenen Angst und in der eigenen Lebensform soviel Klarheit und Festigkeit gewinnen, daß wir, wo auch immer, glaubhaft vermitteln können, was wir vertreten.

Literaturverzeichnis

Beckmann, D., E. Brähler u. H.-E. Richter (1991), Handbuch zum Gießen-Test. Verlag Huber, Bern / Stuttgart, 4. Aufl.

Diehl, V. u. Diehl, A. (1986). Zit. nach Uexküll, Th. v. u. Wesiack, W. (1988), Theorie der Humanmedizin. Verlag Urban & Schwarzenberg, München, S. 642

Ditfurth, H. v. (1989), Innenansichten eines Artgenossen. Verlag Claassen, Düsseldorf, S. 408

Dörner, K. (1989), Tödliches Mitleid. Förderkreis Wohnen, Arbeit, Freizeit, Verlag van Hoddis, Gütersloh

Engel, U. u. Hurrelmann, K. (1989), Psychosoziale Belastung im Jugendalter. Verlag de Gruyter, Berlin

Freud, S. (1919), Das Unheimliche. Gesammelte Werke, Bd. XII, S. Fischer, Frankfurt a. M., S. 229–268

Jonas, H. (1979), Das Prinzip Verantwortung. Insel Verlag, Frankfurt a. M.

Müller-Eckhard, H. (1954), Die Krankheit, nicht krank sein zu können. Verlag Klett, Stuttgart

Richter, H. E. (1963), Eltern, Kind und Neurose. Verlag Klett, Stuttgart

Richter, H. E. (1987), Leben statt Machen. Verlag Hoffmann und Campe, Hamburg, S. 53–71

Rusch, R. (Hg.) (1989), So soll die Welt nicht werden. Kinder schreiben über ihre Zukunft. Verlag Anrich, Kevelaer

Schopenhauer, A. (1840), Über das Fundament der Moral. In: Die beiden Grundprobleme der Ethik. Deutsche Buchgemeinschaft, Berlin

Staudinger, H. J., Mündliche Mitteilung

Weizsäcker, C. F. v. (1967), Friedlosigkeit als seelische Krankheit. In: Der bedrohte Friede. Deutscher Taschenbuch Verlag, München 1983, S. 153

II. Vergangenheit und Gegenwart

Ulrich Schultz-Venrath / Ludger M. Hermanns
Gleichschaltung zur Ganzheit
Gab es eine Psychosomatik im Nationalsozialismus?

Einleitung

In der Reihe »Die Psychologie des 20. Jahrhunderts« fehlt die Zeit des
Nationalsozialismus in dem von Hahn (1979) herausgegebenen Band
»Psychosomatik« (Band IX) ebenso wie in einer Übersichtsarbeit zur
Geschichte der psychosomatischen Medizin von Weiner (1986)[1]. Begründet wird dies damit, daß sich mit der Vertreibung und Verfolgung
jüdischer Psychoanalytiker aus Europa das Zentrum Psychosomatischer Medizin nach 1933 in die USA verschoben habe. Die Vermeidung
des NS-Themas in der Psychosomatik ist besonders auffällig im Vergleich zur Psychologie oder zur Psychoanalyse, die sich seit etwa zehn
Jahren mit der personellen und wissenschaftstheoretischen Kontinuität
auseinandersetzen (Zapp 1980; Brecht et al. 1985; Cocks 1985; Lockot
1985).

Die Annahme, daß mit der Verfolgung von psychosomatisch arbei-
tenden Ärzten und Wissenschaftlern auch die Psychosomatische Medizin verfolgt wurde, scheint ein legendenfördernder Irrtum zu sein. Jüngere Studien zeigen, daß die NS-Zeit für die Wissenschaften insgesamt
weder eine Zeit war, in der sie zum Opfer einer systematischen Verfolgung wurden, noch eine Zeit, in der sie entgegen ihren Absichten und
Erkenntnissen mißbraucht wurden. Denn während viele Wissenschaftler wegen ihrer Herkunft oder Überzeugung verfolgt wurden, stellten
sich die zu neuen Ämtern gekommenen Kollegen bereitwillig dem Regime und den neuen Aufgaben zur Verfügung (Geuter 1984).

Im Kampf um die Einrichtung einer Psychosomatischen Medizin an
den deutschen Universitäten findet sich nach 1945 die häufig kolpor-
tierte Behauptung, daß der Exodus jüdischer Kollegen bezüglich der
psychosomatischen Wissenschaft zu »ein(em) Forschungsvorsprung
anderer Länder«, insbesondere der USA, geführt habe. Mitscherlich

---

1 Nur am Rande sei erwähnt, daß auch die sogenannte ganzheitsmedizinische Bewegung, wie sie
  Fritjof Capra, Helmut Milz und Teile der anthroposophischen Medizin vertreten, nichts von
  ihren Quellen zur Kenntnis nehmen will, wenn es um die Zeit des Nationalsozialismus geht.

meint gar, daß Deutschland »spätestens seit 1935... von den Entwick-lungen der Psychoanalyse und einer psychosomatischen Medizin, die gerade zu diesem Zeitpunkt systematisch klinisch zu arbeiten begann, abgetrennt war«[2] (de Boor u. Künzler 1973). Der österreichische Emi-grant Farau (1953) äußert aus amerikanischer Sicht, daß sich die Psychosomatik in Deutschland und Österreich überhaupt »erst in den letzten beiden Jahrzehnten entscheidend durchgesetzt« habe[3].

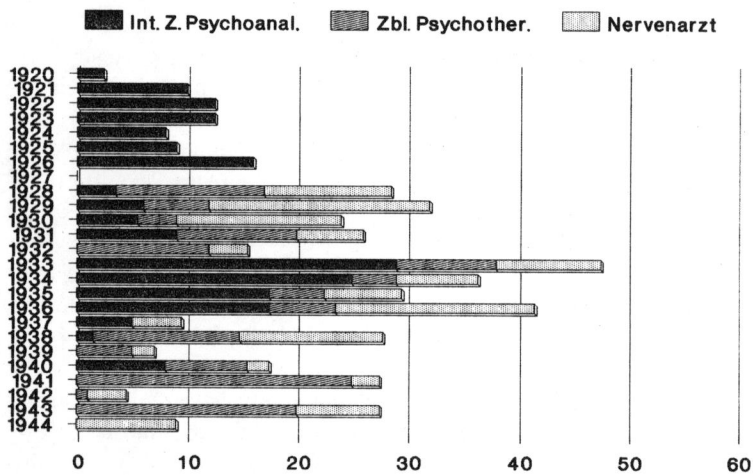

Tab. 1: Psychosomatische Publikationen
(Original- und Übersichtsarbeiten in %)

Von der Überlegung ausgehend, daß sich Mitscherlichs Behauptung an einem Absinken psychosomatischer Original- und Übersichtsarbei-ten in den für die Psychosomatik damals wichtigsten Zeitschriften nachweisen lassen müßte, werteten wir den »Nervenarzt«, das »Zen-tralblatt für Psychotherapie« und die »Internationale Zeitschrift für Psychoanalyse« aus (Tab. 1). Trotz der Einschränkung, daß das »Zen-

2 Mitscherlich schreibt weiter: »Ein Mann wie Viktor von Weizsäcker... fand zeitweilig wenig Verständnis für seine Idee; nach 1933 mußte er in doppelter Isolierung weiterarbeiten. So kam es, daß wir, als wir 1949 mit einer kleinen Gruppe von Ärzten zu arbeiten begannen, uns alle zusammen erst Kenntnis von den Ergebnissen der explosiven Entwicklung der psychoanalyti-schen Forschung während anderthalb Jahrzehnten verschaffen mußten. Wir fanden dabei we-nig Hilfe im eigenen Land...« (de Boor u. Künzler 1963).
3 In einer Fußnote merkt Farau (1953) an: »Und – leider! – auch in der Politik die mißverstan-dene Ganzheit, die ›Totalität‹«.

tralblatt« und der »Nervenarzt« erst 1928 begründet wurden, läßt sich unschwer erkennen, daß Mitscherlichs Behauptung nicht gestützt werden kann. Aus einer Gegenüberstellung vertriebener und nicht-emigierter Psychosomatiker (Kriterium: mindestens zwei psychosomatische Publikationen) geht hervor, daß wesentlich mehr Psychosomatiker hiergeblieben sind (Tab. 2 und 3).

»Ganzheitsmedizin« – Heilmittel einer in die Krise geratenen Medizin und Ärzteschaft

Die Genese bzw. Inkubationszeit ganzheitsmedizinischer Gedankengänge, die Kater (1989) als »vulgär-holistische Medizinschau« kennzeichnet, ist weit vor 1933 auszumachen. Der medizinische Berufsstand befindet sich zu jener Zeit in einer vielzitierten Krise[4] oder »geistige(n) Umstellung der Medizin« (Liek 1931). Es wird die Verkümmerung der Medizin zu einer rein diagnostischen Wissenschaft beschworen (Pross und Aly 1989), am populärsten vom rechts-völkischen Danziger Arzt für Chirurgie und Frauenkrankheiten, Erwin Liek (1878–1935).[5] In auflagenstarken Büchern wie »Der Arzt und seine Sendung; Gedanken eines Ketzers« (Liek [4]1927), »Die Wunder der Heilkunde« (Liek [4]1940) und »Irrwege der Chirurgie« (Liek 1929) wird die Entseelung der Heilkunde und die Überschätzung des Technischen in der Medizin auf das heftigste angegriffen und »Ganzheitsmedizin« trotz der »Gefahr der Übertreibung« und des »Abirrens in mystische Seitenwege« propagiert (Liek 1931).

Drei Aspekte erscheinen uns für den psychosomatischen Zeitgeist typisch:
– Obwohl die Heilkunde populistisch psychosomatisiert wird, wird deren Wurzel, die Psychoanalyse, wegen ihrer »maßlose(n) Übertrei-

---

4 So bemerkt Sigerist (1928) in einem Vorwort zu einer Vortragsreihe des Instituts für Geschichte der Medizin an der Universität Leipzig, in der Brugsch, Elze, Grote, Liek und Mayer-Gross zu Wort kamen: »Daß wir uns in einer Übergangszeit befinden, ist allgemein erkannt. Daß wir dem vergangenen Jahrhundert ungeheuer vieles verdanken, wird niemand bestreiten, aber ebensowenig, daß Gedankengänge, die noch unseren Vätern als die einzig richtigen erschienen, uns fremd geworden sind. Das Wort ›Krise‹ kommt in allen Vorträgen vor, in allen aber auch die Überzeugung, daß diese Krise nicht Katastrophe, sondern Klärung bedeutet.«
5 Im Deutschen Ärzteblatt wird Liek Pg (Parteigenosse) genannt (Anonymus: Grundlagen einer Neuen Deutschen Heilkunde. DÄB 65 [1935] 535–539). Liek wäre beinahe auch vor 1933 an Gerhard Wagners Stelle Hitlers Gesundheitsbevollmächtigter geworden, hätte sich dies mit seinem schwachen Herzen vertragen (Kater 1989).

Leopold Alkan	Imre Hermann
Gustav Bally	Gerhard Katsch
Gustav von Bergmann	Werner Kemper
Fritz Besold	Arthur Kielholz
Rudolf Bilz	Ludolf von Krehl
Otto Binswanger	Friedrich Kraus
P. Büchler	Paul Krauß
Otto Bunnemann	H. Krisch
Felix Buttersack	Arthur Jores
Theodor Brugsch	B. Liegner
Paul Christian	Johannes J. Marcinowski
Hans Christoffel	Hellmut Marx
Walter Cimbal	August Mayer
N. Costa	Fritz Mohr
Hans Curschmann	Constantin von Monakow
H. Cramer	Erwin Moos
Günter Elsässer	L. von Muralt
P. Engelen	L. R. Müller
Karl Fahrenkamp	J. Novak
Hans Fendel	A. Oswald
Kurt Gauger	G. A. Roemer
Mathias H. Goering	Carl Römer
Gustav H. Graber	W. Th. Sack
Georg Groddeck	Rudolf Schindler
Carl Haeberlin	Johannes H. Schultz
Benno Hahn	Harald Schultz-Hencke
A. Hanse	Oswald Schwarz
Karl Hansen	Richard Siebeck
Hans von Hattingberg	Ernst Speer
E. Heinrich	Thure von Uexküll
W. R. Hess	Max Walthard
Eugen Heun	Viktor von Weizsäcker
Gustav R. Heyer	Karl Westphal
Werner Hollmann	Otto Wuth
Walter Jaensch	Walter von Wyss
Carl Gustav Jung	Theodor Ziehen

Tab. 2: »Hiergebliebene« deutschsprachige Psychosomatiker*

* Def. »Psychosomatiker«: mindestens zwei psychosomatische Publikationen seit 1925

Alfred Adler	Georg Klemperer
Franz Alexander	Walter Kluge
Rudolf Allers	Arthur Kronfeld
Michael Balint	Karl Landauer
Julius Bauer	Erich Lindemann
Moses Barinbaum	O. Mauthner
Clemens Ernst Benda	Käthe Misch
Therese Benedek	Emil Oberholzer
Edmund Bergler	Martin Pappenheim
Ludwig Braun	Fritz Perls
Gustav Bychowski	Sandor Rado
Bernhard Dattner	Wilhelm Reich
Felix Deutsch	Walter Riese
Helene Deutsch	Friedrich S. Rothschild
Karl Dreyfuss	Paul Schilder
Ludwig Eidelberg	Melitta Schmiedeberg
Dorian Feigenbaum	Ernst Simmel
Otto Fenichel	Wilhelm Stekel
Sandor Ferenczi	Maxim Steiner
Sigmund Freud	Erwin Stengel
Josef K. Friedjung	Erich Stern
Frieda Fromm-Reichmann	Leopold Szondi
Felix Georgi	A. A. Weinfeld
Kurt Goldstein	Edoardo Weiss
Emil Gutheil	Fritz Wengraf
Erich Guttmann	Erwin Wexberg
Carl M. Herold	Erich Wittkower
Hans Hoff	Henry von Witzleben
Karen Horney	Moshe Wulff
Ludwig Jaffé	

Tab. 3: Emigrierte deutschsprachige Psychosomatiker *

bung«, »verstiegene(n) Deutekunst« und ihres »Wühlen(s) im Sexuellen« (Liek [4]1940) als eine »romantische Erscheinung in der Medizin« (Kraus 1929) verworfen.[6] Freuds Bücher werden mit dem Feuerspruch »Gegen seelenzerfasernde Überschätzung des Trieblebens, für den Adel der menschlichen Seele« auf den Scheiterhaufen

* Def. »Psychosomatiker«: mindestens zwei psychosomatische Publikationen seit 1925
6 Bereits Freud hatte solche Ganzheitsbestrebungen, damals als »Psychosynthese« der Psychoanalyse entgegengesetzt, als »gedankenlose Phrase« gebrandmarkt. »Es ist nicht wahr, daß etwas in dem Kranken in seine Bestandteile zerlegt ist, was nun ruhig darauf wartet, bis wir es irgendwie zusammensetzen« (Freud 1919).

geworfen. Ausgerechnet Psychosomatiker halten die Psychoanalyse für eine »Psychologie ohne Seele«, die »jede Gestalt, jedes Leben, jedes Werk, jedes Sinnbild in seine tausend Einzelheiten« seziere und daher wesensverwandt sei mit der Anatomie und Virchowschen Zellularpathologie (Heyer 1935; 1936).

– Gefordert wird der »wahre Arzt« mit quasi-religiösen Eigenschaften, der die Medizin wieder zu einer Heilkunst macht: Man müsse den Künstler, Gelehrten, Techniker, Physiker, Chemiker, Philosophen, Priester, Menschenkenner, Erzieher und Führer in sich zugleich vereinen, weshalb man »als Arzt geboren« sein müsse (Liek 1931). Ein Arzt habe immer und unter allen Umständen über dem Kranken zu stehen. Aus diesem Grunde sei der Beruf des Arztes auch nicht erlernbar; durch ein Absolvieren des Medizinstudiums werde man nur zum Mediziner, zum »entseelten Naturwissenschaftler«, der das Wesen von Patienten nicht intuitiv erfassen könne.[7]

– Ganzheitliche Medizin solle einerseits die individuelle Leib-Seele-Einheit berücksichtigen (»lebendige Synthese«; vgl. Schultz 1936b), andererseits sei das Individuum nur als »Glied« der Volksgemeinschaft anzusehen, das mit dem Ziel der Erhaltung und Stärkung erzieherisch dem Volksganzen unterzuordnen sei (Schmiedebach [3]1987; 1989a; 1989b). Parallel zur Propagierung der Ganzheitsideologie, die bis in die Politik hineinreicht, findet der Ganzheitsbegriff sowohl in der Gestaltpsychologie als auch in der Neurologie theoretische Beachtung (Kütemeyer u. Schultz 1984), worauf wir hier im einzelnen nicht eingehen können.[8] Zu den vereinzelten Kritikern des Ganzheitsbegriffs rechnen sich Viktor von Weizsäcker[9] und nicht zuletzt Kurt Goldstein (1933), Mitglied des Vereins sozialistischer Ärzte (VSÄ), der ein gleichberechtigtes funktionales Stellvertretungs-Modell und kein

---

7 »Ein seelenkundiger Arzt wird man nicht dadurch«, so Heyer (1935), »daß man – kühl bis ans Herz hinan – Fakten und Daten memoriert; vielmehr ist – genau umgekehrt – die erste Arbeit, die ein solcher zu leisten hat, nicht die am Objekt, sondern Bildungsarbeit an sich selbst. Ehe Objekte erkannt und Methoden benutzt werden können, muß der Therapeut sehen gelernt haben.«

8 Zum Beispiel Kastein (1937).

9 So leitet von Weizsäcker die klinische Vorstellung eines Kranken 1941 vor seinen Studenten mit der Mahnung ein: »Es ist für Ihre Generation nichts Ungewohntes, daß in der Biologie und Medizin das (wohl nicht in bestem Deutsch gebildete) Wort Ganzheit gebraucht wird. Man will damit sagen, daß wir die Lebenserscheinungen nicht aus Teilen zusammensetzen und erklären können; auch daß wir aus dem Lebensganzen nicht Teile herausschneiden und isoliert verstehen können, ohne das Wesentlich-Lebendige damit aufzuheben. Hinter solchen Allgemeinheiten mag sich irgend etwas Richtiges verbergen; was aber sollen wir damit anfangen?« (zit. n. Hartmann 1989).

zentralistisches Hierarchie-Modell propagiert, indem er die Integration der Umwelt oder das Milieu berücksichtigt sehen will.[10] Kastein (1937) beobachtet, daß »in den Arbeiten der Ganzheitstheoretiker... der kritisch-polemische Teil oft umfangreicher« sei »als die eigentliche exakte Ausarbeitung der speziellen Ganzheitsauffassungen«.

Trotz ihrer Verschiedenheit sind sich »Ganzheits«-Vertreter der Naturheilkunde,[11] des (Neo)-Vitalismus,[12] der anthropologischen Medizin[13] oder der Medizin der Person[14] und der Psychosomatik[15] gleichermaßen einig gegen das »zersetzende Gift der Psychoanalyse«, wobei diese Metapher für die Psychoanalyse mit antisemitischen Konnotationen aufgeladen ist. Interessant ist, daß Vertreter dieser vormals antiintellektuellen Fraktion nach 1945 opportunistisch die Bedeutung des Intellekts wiederentdecken, wie etwa Max Simoneit (1953). Der »Hunger nach Ganzheit« (Gay 1970), der sich weit über die Medizin hinaus sehnsüchtig Ausdruck verschafft, bietet für die damalige Ärzteschaft den einzigen Ausweg aus der Krise, die seit Ende des 19. Jahrhunderts aus dem Aufeinanderprallen überzogener Naturwissenschaft einerseits und naturalistischer Rassenideologie andererseits in der Medizin besteht (Kater 1989).

Gegenüber dieser Ideologisierung der Medizin erscheinen erste differenziertere psychosomatische Arbeiten zu Anfang des 20. Jahrhunderts, insbesondere aus internistischen Kreisen (Krehl 1902; Deutsch

---

10 Kritik an dieser deutschen Ganzheitsmystik ist auch aus dem Ausland zu erfahren. So schreibt der Berner Arzt Dr. Bluntschli an den bereits emigrierten Neurologen und Psychosomatiker Kurt Goldstein vom 7. Juli 1935: »...Es ist unendlich Viel im Geistigen in Bewegung und es sieht ganz so aus, als ob wirklich so etwas wie eine neue Blickrichtung in der Wissenschaft kommen möchte. Aber im Ganzen ist sehr wenig positiver Einschlag zu neuer Wahrhaftigkeit vorhanden und das Abwenden vom Alten viel mehr Ressentimentsausfluß, als klare Durchdachtheit... So hatte ich dieser Tage ein Buch von Rothschild in Gießen in der Hand, das von der Symbolik im Zustandekommen nervöser Phänomene handelt und schon in der Wahl dieses eigentümlichen Titels unglücklich ist. Ich brachte es nicht fertig, dieses Buch ganz zu Ende zu lesen, wie es mir heute mit so vielen sogenannt wissenschaftlichen Schriften geht... Die Menschen von heute sind und in sehr starken Grade besonders die jungen Menschen... so von mystischen Gedankengängen angesteckt, daß ihnen jene strenge, auf Konkretem sicher fußende Ratio des ›echten‹ Wissenschaftlers schwerfällt« (Columbia University, Rare Book and Manuscript Library, New York. Wir danken Christian Pross für die freundliche Überlassung dieses Briefes).
11 Kötschau
12 Ehrenfels, Driesch, J. von Uexküll, Wulff
13 Christian, Goldstein, His, Hollmann, Jores, Leibbrand, V. von Weizsäcker und von Wyss
14 Kraus, von Krehl, von Bergmann
15 Alexander, Bilz, Curtius, Deutsch, Goering, Hattingberg, Heyer, Kemper, Kronfeld, Mohr, J. H. Schultz, Schultz-Hencke und Wittkower

1922, 1928; Groddeck 1917; von Bergmann 1922). Aber gerade die frühen Vertreter einer (erst später so genannten) integrierten oder integrativen Psychosomatik (His,[16] von Bergmann,[17] von Krehl, Siebeck und V. von Weizsäcker)[18] spielen trotz ihrer scheinbaren Sympathien für die Psychoanalyse eine Schlüsselrolle bei der erfolgreichen Ausgrenzung der psychoanalytischen Psychosomatik aus der universitären Medizin: So verhindert etwa Gustav von Bergmann 1929 mit schwülstigen Worten die von Ernst Simmel gewünschte Integration der ersten Psychoanalytischen Klinik (Berlin-Tegel) in die Charité (Schultz u. Hermanns 1987; 1989).

»Gleichschaltung zur Ganzheit« – Einstimmung auf den Krieg

Bereits auf dem »1. Allgemeinen ärztlichen Kongreß für Psychotherapie« 1926 in Baden-Baden wird die Vereinheitlichung der verschiedenen psychosomatischen und psychotherapeutischen Strömungen unter der Rubrik »Innenpolitik« gefordert (Eliasberg 1927). Das »neue Denken in der Medizin« – so das Kongreßthema 1926 und 1989 in Gießen – wird in einer Verschmelzung der verschiedenen psychotherapeutischen Schulen gesehen. 1928 wird die Zeitschrift »Hippokrates – Organ für

---

16 Auf Einladung Ernst Simmels, Vorsitzender der Deutschen Psychoanalytischen Gesellschaft, hält Prof. His, Direktor der II. Medizinischen Klinik der Charité, am 6. Mai 1926 im Hotel Esplanade in Berlin zum 70. Geburtstag Freuds eine Rede, die an Ambivalenz gegenüber der Psychoanalyse und einer psychoanalytischen Psychosomatik nichts zu wünschen übrig läßt (vgl. Schultz u. Hermanns 1990).

17 Wie ambivalent Gustav von Bergmann gegenüber einer psychosomatischen Medizin war, läßt sich nicht nur an seiner Autobiographie ermessen, wo es zunächst heißt: »Ich hoffe... den Leser zur Einsicht zu bringen, daß beides, Körper und Seele, Teile eines Ganzen sind, und ich hoffe, in den verschiedensten Zusammenhängen darauf hinweisen zu können, wie diese Leib-Seele-Einheit völlig untrennbar ist.« Nur drei Zeilen weiter schreibt er sich seinen Affekt gegen die Psychosomatik vom Leibe. »Es ist aber höchste Zeit, darüber zu sprechen, denn schon entsteht, wie das zu jedem Umschwung gehört, eine übertreibende Richtung, die alles, wie man das nennt, psychosomatisch erklären will und sich nicht nur in der Diagnostik der Psychoanalyse ausbreitet, sondern in der Behandlung als Psychotherapie. Wir werden darauf zurückkommen müssen, wie man hier in einen Schematismus hineingeraten ist, so daß man zum Rückzug blasen muß und jenen spezialisierten Ärzten, die nur psychosomatisch denken, also im Sinne solcher Leib-Seele-Einheit, doch sagen sollte, daß die Medizin sich auch weiterhin, um nur ganz grobe Dinge zu nennen, mit dem Magenkrebs oder mit der Lungentuberkulose zu beschäftigen hat« (v. Bergmann 1954, S. 121).

18 Siehe Brief Viktor von Weizsäckers an Dr. K. vom 22. 12. 1943 (Abschrift) in: Schultz (1982, S. 180). Vgl. auch den Aufsatz von Mechthilde Kütemeyer in Ev. Akademie Bad Boll (Hg.) (1982)

Einheitsbestrebungen in der Medizin« gegründet (Haug 1982a). Eine »Reichsarbeitsgemeinschaft für eine Neue Deutsche Heilkunde« (Mai 1935) wird ins Leben gerufen, in der sich neben der Deutschen Allgemeinen Ärztlichen Gesellschaft für Psychotherapie verschiedenste Fraktionen aus der Bewegung natürlicher Heilweisen zusammenschließen.

Der »Aufbau der neuen Medizin« soll »in gemeinschaftlicher Zusammenarbeit mit der Schulmedizin vollzogen werden«, wobei die Erfassung des »ganzen Menschen« (Kötschau 1936) den »obersten Grundsatz für das Erkennen und Behandeln von Krankheiten« (Goering 1937) zur Erhaltung der »Leistungsfähigkeit« und »Gesundheitspflicht« spielt. In einer Festschrift zu Hitlers 50. Geburtstag schreibt Siebeck (1939): »Gesundheit muß sich in Leistungsfähigkeit bewähren, deshalb ist der letzte Akt der Behandlung Arbeitstherapie, – Therapie durch Arbeit zur Arbeit und damit zu wahrer Verbundenheit in der Gemeinschaft.« Das Behandlungsziel des Arztes beschränke sich nicht darauf, die normale Funktionsfähigkeit der Organe wiederherzustellen und dafür zu sorgen, »daß die Beschwerden unter irgendwelchen unnatürlichen treibhausähnlichen Bedingungen verschwinden. Vielmehr ist gesund, wer in seiner Stellung, in der Gemeinschaft und für sie leistet, was ihm aufgetragen ist, wer in Mühe und Arbeit seine Pflicht erfüllt« (Siebeck 1934).

Johannes Heinrich Schultz, der das Autogene Training im Zweiten Weltkrieg zu einem Massenverfahren entwickelt, »um Gesundes zu stärken, Ungesundes zu mindern oder abzustellen«, empfiehlt schon 1935 zur Stärkung der Gesundheit den Krieg: »Der Krieg ist Sache des Mannes, und Männer aus unseren Jugendlichen zu machen, ist in unserer ›nervösen‹ Zeit eine der schönsten und aussichtsreichsten Aufgaben. Damit betreten wir das Grenzgebiet, wo der Arzt dem Erzieher, dem Seelsorger und jedem denkenden Menschen die Hand reicht« (Schultz 1935).

Militarisierung der Psychosomatik

Der Kriegsbeginn beendet das Gerede von der Ganzheit in der Medizin; Hollmann (1940) – ein Schüler von V. von Weizsäcker – fordert jetzt in Anlehnung an Goebbels' Worte: »Wollt ihr den totalen Krieg?« die »totale Medizin« zur »Verhütung interner Erkrankungen« als »eine psycho-somato-therapeutische Aufgabe«,[19] wobei der Begriff einer »totale(n) psychosomatische(n) Auffassung« auch nach 1945 noch Verwendung findet (Christian 1952). J. H. Schultz (1940), von V. von Weizsäcker dafür gelobt, daß er »das Körperliche nie aus dem Auge« verliere (Weizsäcker 1954), spricht von der »Poliklinik« als »unsere Waffenschmiede«.

Analog den aufkommenden aktiven Therapien in der Psychiatrie – Malaria-, Cardiazol-, Insulin- und Elektroschock-Therapie – setzen sich in den dreißiger und vierziger Jahren aktive Psychotherapie-Verfahren (AT, Arbeitstherapie, Suggestion, Massage etc.) durch. Selbst unter den die Psychosomatik ablehnenden erbbiologisch orientierten Psychiatern findet das Autogene Training Zustimmung, weil es sich um eine Therapiemethode handelt, die man »mit größerem Recht eine deutsche nennen« kann »als jene so häufig als ›deutsch‹ bezeichneten psychotherapeutischen Praktiken, die letzten Endes weiter nichts sind als umuniformierte Soldaten abberufener Heerführer« (Luxenburger 1936).

Der Begründer des Autogenen Trainings, J. H. Schultz, ist mit seiner Zeit, obwohl er nie Parteimitglied war, eng verwoben. Ausdrücklich tritt er für die »Vernichtung lebensunwerten Lebens« ein, indem er der Hoffnung Ausdruck gibt, »daß die Idiotenanstalten sich bald in diesem Sinne leeren werden« (Schultz 1940). Der interessanten Frage, warum sich von den verschiedensten Psychotherapie-Verfahren gerade das Autogene Training bis in den heutigen Ausbildungskatalog für den Psychotherapie-Titel – selbst in der früheren DDR – durchzusetzen vermochte, ist bisher nicht weiter nachgegangen worden. Denkbar ist, daß dem offen deklarierten leistungsmedizinischen Aspekt, der auch durch eine Gleichschaltung aller Sinne erreicht wird, eine entscheidende Bedeutung zukommt.

So belegt Mohr (1940) die Macht der Suggestion in einer Sitzung an einer durch Bombeneinfluß stillunfähig gewordenen Mutter.

---

19 »Wird dieser Schritt von einer funktionell-pathologischen Betrachtung zu einer solch umfassenden biographisch-psychologischen Erfassung des krankhaften Geschehens im Rahmen des Ablaufs des menschlichen Einzelschicksals vollzogen, – so wird die Medizin eine umfassende, eine totale Therapie werden in jenem weiten, ›anthropologischen‹ Sinn, in dem sie von den Ärzten der Romantik erträumt wurde. Der Arzt wird dann nicht mehr ›Therapeut‹ von Krankheiten sein, sondern Führer und Wegweiser des Lebens überhaupt; in seinem Beruf wird die Antinomie Körper und Seele, Seele und Geist in einer höheren Einheit aufgehoben, ebenso, wie der Gegensatz zwischen objektiven und subjektiven Symptomen, zwischen organischen und funktionellen Krankheitserscheinungen überwunden wird« (Hollmann 1940).

Bilz,[20] einer der ersten Psychosomatiker, der der NSDAP beitritt, gibt 1941 einen Band »Psyche und Leistung« heraus. Neben der kriegswichtigen Sterilitätsforschung (Kemper 1942) sind ausschließlich leistungsfördernde Psychotherapie-Verfahren von Interesse. So macht sich J. H. Schultz Gedanken über den Einsatz von »Pervitin in der psychotherapeutischen Praxis«, das »zum völligen Verschwinden von Müdigkeitsempfindungen und ... Herabsetzung des Schlafbedürfnisses« beiträgt, so daß die »Grenze des Nichtmehrkönnens hinaufgeschoben« wird und das Arbeitstempo steigt (Schultz 1944).[21]

Den politischen Bedingungen entsprechend, verändert sich die Indikation für Psychotherapie: Nach Auffassung verschiedener Psychosomatiker komme eine Psychotherapie für Patienten mit »abnormen seelischen Reaktionen« (Neurosen) überhaupt nur für den Erbgesunden in Frage (Kemper[22] 1938; Schultz 1934). Denn bei der Mehrzahl »unserer Kranken« handle es sich, »auch erbbiologisch gesehen, nicht um lebensunwertes Leben, sondern um Menschen... die mindestens durchschnittliche, nicht selten sogar außergewöhnliche Leistungen zustande bringen können« (von Hattingberg 1943).

Aufstieg und Fall der Psychosomatik – Therapie der »Kriegsneurosen«

In den ersten Monaten des Zweiten Weltkriegs gibt es zunächst nichts, was auf die Wiederholung der dramatischen Ereignisse der Kriegsneurosenfrage des Ersten Weltkriegs hindeutet. »Da die Klienten vorerst«

20 Bilz, in den späten zwanziger Jahren Assistenzarzt bei Ernst Simmel, »bewältigt« seine Vergangenheit 1967 mit einem Buch über »Die unbewältigte Vergangenheit des Menschengeschlechts. Beiträge zu einer Paläoanthropologie«.
21 Während Pervitin bei »vagotonen Vielschläfer(n) mit Neigung zu Hypogenitalität und Adipositas« zurückhaltend gesehen wird, ist für eine »eigentliche ... Indikation ... bei den nicht häufigen Zuständen reiner allgemeiner Hemmung gegeben...«, etwa bei leichteren reaktiven Depressionen. Groß seien auch »die Bedenken bei allen weichlich lebensscheuen, verzärtelten und verwöhnten, halt- und disziplinlosen Persönlichkeiten, die erfahrungsgemäß zur Süchtigkeit disponiert sind...« (Schultz 1944). Die Beobachtung militärärztlicher Mitarbeiter, daß »nach Pervitin eine Erleichterung der Hypnotisierung« eintrete, machte den »Erfinder« des Autogenen Trainings verständlicherweise neugierig.
22 Werner Kemper, neben Harald Schultz-Hencke einer der aktivsten Dozenten, Ausbilder, Autoren und administrativ Verantwortlichen, äußerte sich ebenfalls zustimmend zur nationalsozialistischen Erbgesundheits-Gesetzgebung und Bevölkerungspolitik: »...insbesondere die ›großen‹ psychotherapeutischen Methoden sollten wirklich nur dem Kranken vorbehalten bleiben, der für das Volksganze gesehen diesen großen Einsatz lohnt« (Kemper 1938).

ausbleiben, so Roth (1987), dem wir hier weitgehend folgen möchten, können »sich die zwei Schulrichtungen der ›Kriegsneurosen-Behandlung‹« (Psychotherapeuten und Neuropsychiater) vornehm bedeckt halten und sich lange vor dem Überfall auf Polen von den militärmedizinischen Veteranen des Ersten Weltkriegs über die Erscheinungsformen der Kriegsneurose fortbilden lassen.[23] Auf diese Weise sind alle Beteiligten gewappnet und haben in Konsequenz der Erfahrungen im Ersten Weltkrieg ihre Präventionstechniken weit in die jeweils »betreuten« Truppenteile vorverlagert. Aber die Kriegsneurosen kommen anders, wie auf leisen Sohlen, als »ob ihnen bewußt gewesen wäre, daß der gut gerüstete militärmedizinische Apparat mit den ›klassisch‹ ausgestalteten Kriegsneurosen nicht zimperlich verfahren würde. Der hochmechanisierte Krieg, bei dem ohnehin zunächst alles im Fluß ist, holt die für Affektreaktionen anfälligen Soldaten über einige Organsysteme ein« (Roth 1987).

Vermehrt treten psychogene Kontrakturen, chronische Kopfschmerzen, Magen-Darmerkrankungen und funktionelle Herz- und Kreislaufstörungen auf,[24] oft kombiniert mit Ohnmachtsanfällen. Die große Zeit der psychosomatischen Erkrankungen ist angebrochen (Riedesser 1974; Roth 1987), auch wenn sich Gutzeit (1940), Beratender Internist des »Heeres-Sanitätsinspekteurs«, gleich auf der »Ersten Kriegstagung der Beratenden Ärzte« dagegen verwahrt, daß die überall diagnostizierten »Organneurosen« das »Schütteläquivalent der Kriegsneurosen« darstellen und in einer Kombination von Diät und Psychotherapie behandelt werden sollen. Der »Neurosentopf« sei schon jetzt zu voll, er müsse geleert werden. Prinzipiell gebe es nur organische Krankheiten, und beim sogenannten funktionellen Rest handle es sich um »Psychopathien«, denen gegenüber nicht therapeutische, sondern rein disziplinarische Maßnahmen angebracht seien.[25]

23 Repräsentativ sind dafür die Tagungsberichte in: »Der deutsche Militärarzt« 3 (1938), 4 (1939) und 5 (1940).
24 Wer den Neurotischen nicht erkennt, erfindet neue Diagnosen. So z. B. Thomas (1940), der das »sogenannte erregbare Soldatenherz« beschreibt.
25 Relativ früh nach Kriegsende werden von zahlreichen Beamten des CIA und FBI, z. B. auch von Leo Alexander, dem Chefankläger im Nürnberger Ärzteprozeß, deutsche Wissenschaftler zu ihrer Einschätzung und Stellung der Medizin, speziell der Psychosomatik während des Nationalsozialismus, befragt. Prof. Bumke, »Chief Consultant Psychiatrist and Neurologist« der Heeressanitätsstaffel München, im Range eines Oberstabsarztes, antwortet auf die Frage, ob das Neurosen-Problem im deutschen Heer gut gelöst worden sei: »Nein; in einer Hinsicht wurde es jedoch richtig behandelt, indem verhindert wurde, daß es eine politisch große zahlenmäßige Rolle spielte. Dies wurde dadurch erreicht, daß man die Neurotiker nicht in die Heimat evakuierte, sondern sie an der Front behielt, in einer wie auch immer

Diese Kontroverse hat jedoch keine Folgen; vielmehr ist man sich darin einig, daß zur beschleunigten diagnostisch-therapeutischen Trennung der tatsächlichen Geschwürskranken von den »psychopathischen Magenneurotikern« die Einrichtung hochspezialisierter Beobachtungsstationen erforderlich ist, die Vorstufen der späteren »Schleusenabteilungen«. Das Ziel dieser Schleusenabteilungen ist, Entlassungen aus dem Wehrdienst so weit wie möglich zu vermeiden. Als die Zahl der »Organneurosen« 1941/1942 weiter ansteigt, werden zum Zweck der Isolierung und Abschreckung, natürlich auch in der Absicht, weiteren Entlassungen wegen Dienstunfähigkeit vorzubeugen, besondere Krankenbataillone, auch »Sonderformationen der deutschen Wehrmacht« genannt, eingerichtet, von denen die Magenbataillone den größten Anteil stellen (Valentin 1981).

Nach den Frühjahrs- und Sommerfeldzügen des Jahres 1940 machen sich die ersten »Kriegsschüttler« wieder bemerkbar, wenn auch anders als im Ersten Weltkrieg. Sichtbar wird jetzt eine zunehmende Tendenz zur »psychogenen Überlagerung« von real durchgemachten Verwundungen. Panse beobachtet, daß sich die Heilungsverläufe gerade von leichten bis mittelschweren Kriegsverletzungen immer mehr in die Länge ziehen und viel Erfahrung nötig sei, um das merkwürdig gewandelte Bild der »psychogenen Reaktionen« überhaupt wahrzunehmen. »Sie sind viel weniger auffällig, larviert, schließen sich meist an einen organischen Kern an. Sie werden deshalb häufig nicht erkannt und bilden dadurch eine besondere Gefahr... Manche Ärzte werden mit ihnen nicht fertig. Entweder sie erkennen sie nicht und halten sie für organisch; oder sie erkennen die Psychogenese, ergreifen aber falsche Maßnahmen, anstatt sie einer aktiven Behandlung zuzuführen... Bei 315 von 500 mittels der Suggestivtherapie mit höheren galvanischen Strömen behandelten Kriegsneurotikern... überblicke ich den Erfolg:

begrenzten Tätigkeit. Darüberhinaus mißfiel mir die Kaufmann-Methode der elektrischen Behandlung, mit der die Leute von ihren Symptomen befreit wurden, ohne daß aus ihnen – bei guten symptomatischen Resultaten – gute Soldaten oder stabilere Persönlichkeiten wurden...« Die nächste Frage, worin seine Erfahrungen mit psychosomatischen Erkrankungen bestanden, beantwortet Bumke mit den Worten: »Die überließen wir gänzlich den Internisten. Meine Entscheidung in dieser Hinsicht beruhte auf folgender Erfahrung: Eines Tages nahmen mich meine internistischen Kollegen mit nach Bad Tölz (dort befand sich die große gastrologische Abteilung der Inneren Medizinischen Klinik) und baten mich, einige funktionelle Magen-Fälle anzusehen, um meine Meinung mit ihren organischen Befunden zu vergleichen. Der einzige Patient, den ich als wirklich psychopathisch deviant ansah, hatte einen massiven positiven Röntgen-Befund im Sinne eines definitiven Ulcus-Falles. Von da an überließ ich alle Fälle den Internisten. Sie behandelten diese, und entließen sie dann in spezielle Magen-Bataillone« (Alexander 1945).

…rund ⅔ wurden also wieder frontverwendungsfähig und waren es vorher nicht« (Panse 1943).

Erstmals wird auch ein Anstieg der Selbsttötungen beobachtet; spektakuläre Fälle von Selbstbeschädigungen treten in Erscheinung. Per Anordnung vom 31. 7. 1942 wird im Bereich des Heeres-Sanitätswesens die Meldepflicht für »psychogene Reaktionen« eingeführt (Roth 1987), um die breite Masse der psychisch aus dem Gleichgewicht geratenen Soldaten aufzufangen.[26]

Für die Wehrmachtspsychiater werden von Kemper und Schultz Richtlinien zur Beurteilung psychogener Reaktionen von Soldaten ausgearbeitet. Der Begriff »Kriegsneurotiker« soll sorgfältig vermieden werden. Ziel dieser Richtlinien ist die präventive Verhinderung psychogener Reaktionen als Massenerscheinung, weil die Zunahme psychischer Störungen bei Soldaten als politische Gefahr gefürchtet wird.

Zum innovativen Zentrum der Kriegsneurotiker-Behandlung entwickelt sich das Reservelazarett Ensen in Köln-Porz, das von Panse (Oberarzt in der Psychiatrischen Universitätsklinik Bonn und Tötungsgutachter der Reichsarbeitsgemeinschaft Heil- und Pflegeanstalten) und seinem Assistenten Günter Elsässer geleitet wird. Sie »verfeinern« das Kaufmannsche Verfahren mit »faradischem Starkstrom« aus dem Ersten Weltkrieg, das besonders die motorischen Nerven reizte, indem sie ein galvanisches Starkstromverfahren entwickeln, das in Kombination mit »suggestiven Maßnahmen« ausgedehnte schmerzhafte Hautreize erzeugt und dem so Behandelten »seine Störung im großen Stile« (Oberfeldarzt Prof. Kleist 1944) verleiden soll.

In praxi sah dies folgendermaßen aus: »Nachdem alle ärztlichen Maßnahmen wirkungslos geblieben waren, wurden Versuche mit hohen galvanischen Strömen zugleich unter Anwendung von geeigneten Suggestivmaßnahmen durchgeführt. Es wurde gesagt: ›Sie werden merken, wie der gefühllose Arm rot und heiß wird. Das ist der erste Schritt zur Heilung…‹ usw. Der galvanische Strom wurde in einer Sitzung so lange angewandt, bis eine nennenswerte Besserung oder gar Heilung eingetreten war, d. h. etwa 10 Minuten bis ¾ Stunden. Die Behandlung führte stets der Arzt persönlich aus. Es wurden zahlreiche Pausen eingeschoben, in denen der ›gelähmte‹ Körperteil geübt wurde.

26 So wird geschätzt, daß es bis zu Beginn des Jahres 1944 etwa 20000 bis 30000 klassische »Kriegsneurotiker« gegeben habe und daß ihre Zahl erst um die Jahreswende 1944/45 die 100000-Grenze überschritt (Roth 1987).

Es gelang auf diese Weise, sämtliche psychogenen Fälle, auch solche, die schon viele Monate Lazarettaufenthalt hinter sich hatten, in 1 bis 4 galvanischen Sitzungen zu ›heilen‹… Der sehr unangenehme Hautreiz ist so stark, daß die – anlagemäßig durchweg weichlichen und empfindlichen – Patienten sich zum Teil energisch zur Wehr setzen. Es läßt sich daher nicht umgehen, die Patienten auf dem Behandlungstisch durch Gurte einigermaßen zu fixieren« (Elsässer 1941). Ihr neues Verfahren geht als »Pansen« in die Geschichte ein. Auch wenn formell bis 1942 die Durchführung dieser »Therapie« von der Zustimmung des betroffenen Soldaten abhängig ist, so setzt sich doch die Auffassung durch, daß »heroische Zeiten… (m. E.) heroische oder doch drastische Maßnahmen« erfordern (Pohlisch 1941).

Der Erfolg dieser Behandlung ist so groß, daß »von der geschlossenen Verwahrung zur Vermeidung psychischer Infektionen… deshalb nur in wenigen refraktären Einzelfällen Gebrauch gemacht werden« muß. »Notwendig zum Erfolg ist die Schaffung eines suggestiven Milieus und die Gewinnung des völligen Vertrauens der Psychogenen. Trotz der Erkenntnis, daß es sich zum großen Teil um Ausweichreaktionen handelt, ist es aus praktischen Gründen falsch, dem Ausdruck zu geben. Sie werden von uns behandelt wie Organiker und zwischen sie gelegt. Verbitterung und Mißtrauen, die nur die Therapie behindern und keinen sonstigen Nutzen bringen, werden so vermieden« (Panse 1943).

Eine solche Methode erübrigt das aufwendige Verfahren, zwischen unbewußter Affektreaktion und Simulation zu unterscheiden: »Die Grenzen mancher hysterischer Reaktion zur unbewußten Simulation sind fließend, der exakte Nachweis der letzteren meist schwierig. Wir kümmern uns deshalb – von seltenen drastischen Fällen abgesehen – nicht um eine Differenzierung, sondern behandeln in jedem Falle energisch. Der Erfolg ist der gleiche« (Panse 1943).

Psychosomatik und Menschenversuche

Daß Psychosomatik durchaus mit Verbrechen gegen die Menschlichkeit zu verbinden war, läßt sich exemplarisch an Hermann Stieve[27] belegen, der ab 1935 an der Berliner Charité Anatomie lehrt und sich wissenschaftlich den psychosomatischen Bedingungen des weiblichen Zyklus zuwendet (Aly 1987). In Fortsetzung seiner tierexperimentellen Forschungen gelingt es ihm in den 40er Jahren, in Kooperation mit dem KZ Ravensbrück und der Hinrichtungsstätte Plötzensee seinen speziellen wissenschaftlichen Interessen nachzugehen: »Im Jahre 1942 hatte ich Gelegenheit, eine Frau genau zu untersuchen, bei der eine solche außergewöhnliche Blutung eingetreten war. Die Frau war 20 Jahre alt, die erste Regel war im Alter von 15 Jahren eingetreten, von da ab ziemlich regelmäßig ohne alle Beschwerden alle 28 Tage, die Frau hatte selten geschlechtlich verkehrt, Schwangerschaft war stets verhindert worden. Als Folge starker nervöser Erregung hatte sie 92 Tage lang nicht mehr menstruiert; im Anschluß an eine Nachricht, die sie sehr stark erregte, floß dann reichlich Blut aus der Scheide, die Frau glaubte, daß eine Menstruation eingetreten sei. Dies war aber nicht der Fall« (Stieve 1952). Zu dieser Schlußfolgerung (»Dies war aber nicht der Fall«) kommt Stieve über die pathoanatomische Untersuchung der hingerichteten Frau. Die »Nachricht, die sie stark erregte«,[28] ist die Ankündigung ihrer Hinrichtung, die dann doch noch einmal so lange aufgeschoben wird, bis Stieve die Blutung an der noch lebenden Gefangenen gynäkologisch untersuchte. An der Toten beweist er, daß es sich um eine Schreckblutung ohne Eisprung handelte, die sowohl psychisch als auch durch nachweisbare Veränderungen der entsprechenden Organe zustande gekommen war (Stieve 1940; 1952).[29]

---

27 Vor dem Ersten Weltkrieg hatte Stieve an Hühnern die Beobachtung gemacht, daß diese nicht mehr zur Eiablage schritten, wenn sie einen Fuchs rochen.

28 Vergleichbar mit dem Geruch des Fuchses im Hühnerstall.

29 Aly (1987) verweist darauf, daß diese Studien unter dem Titel »Der Einfluß von Angst und psychischer Erregung auf Bau und Funktion der weiblichen Geschlechtsorgane« internationale Anerkennung gefunden haben.

Zusammenfassung

Die Frage, ob es eine Psychosomatik im Nationalsozialismus gegeben habe, ist unseres Erachtens eindeutig zu bejahen. Vor 1939 ging es nicht nur um einen Zusammenschluß der verschiedensten Fraktionen der deutschen Psychosomatik, sondern auch um eine ideologische Gleichschaltung zur Ganzheit. Dieser kam die Funktion eines arischen, pragmatisch Ich-stärkenden, leistungsorientierten Harmonisierungsmodells zu, das gleichzeitig den Zweck der Verdrängung einer psychoanalytischen Psychosomatik erfüllte, die ein Konflikt- und Triebmodell repräsentierte. Mit Kriegsbeginn war das Auftreten von Konversions- und Organneurosen zu erkennen und zu behandeln. Inwieweit eine von der Psychoanalyse entkernte Psychosomatik, die während des Dritten Reichs in Uniform auftrat, personell und wissenschaftstheoretisch noch heute etwa in so unvereinbaren Fraktionen wie der ganzheitsmedizinischen Bewegung, der Neo-Psychoanalyse, der Verhaltenstherapie oder der anthroposophischen Medizin weiterlebt, bedarf der weiteren Klärung.

Literaturverzeichnis

Alexander, L. (1949), German military and neuropsychiatry and neurosurgery Clos-report, S. 61. Item Nr. 24, File Nr. XXVIII-49, berichtet von Leo Alexander 2. August 1945

Aly, G. (1987), Das Posener Tagebuch des Anatomen Hermann Voss. Beiträge zur nationalsozialistischen Gesundheits- und Sozialpolitik. 4: 15–66

Bergmann, G. v. (1922), Körper und Seele in der Inneren Medizin. Akademische Rede für die Mitglieder der Frankfurter Universität (unveröffentlicht)

Bergmann, G. v. (1954), Rückschau auf mein Leben. Autobiographie. Kindler, München

Bilz, R. (1936), Psychogene Angina. Hirzel, Leipzig

Bilz, R. (1967), Die unbewältigte Vergangenheit des Menschengeschlechts. Beiträge zu einer Paläoanthropologie. Suhrkamp, Frankfurt a. M.

Boor de, C., Künzler, E. (1973), Die Psychosomatische Klinik und ihre Patienten. Erfahrungsbericht der psychosomatischen Universitätsklinik Heidelberg, Huber / Klett, Bern, Stuttgart

Brecht, K., Friedrich V., Hermanns, L. M., Kaminer, J. J., Juelich, D. H. (1985), »Hier geht das Leben auf eine sehr merkwürdige Weise weiter...« – Zur Geschichte der Psychoanalyse in Deutschland. Verlag Michael Kellner, Hamburg

Buchholz, B. (1938), Beiträge und praktische Erfahrungen zum Ganzheitsproblem. Zbl Psychother, 11: 212–219

Christian, P. (1952), Das Personverständnis im modernen medizinischen Denken. Mohr, Tübingen

Cocks, C. G. (1985), Psychotherapy in the Third Reich – The Göring Institute. New York

Deutsch, F. (1922), Psychoanalyse und Organkrankheiten. Int Z Psychoanal, 8: 290–306

Deutsch, F. (1928), Die Stellung der Psychoanalyse in der internen Klinik. Med Klin. 10: 369–373

Eliasberg, W. (1927) (Hg.), Psychotherapie. Bericht über den 1. Allgemeinen ärztlichen Kongreß für Psychotherapie in Baden-Baden, 17.–19. April 1926. Carl Marhold Verlagsbuchhandlung, Halle a. d. S.

Elsässer, G. (1941), Erfahrungen an 1400 Kriegsneurosen (aus einem neurologisch-psychiatrischen Reservelazarett des 2. Weltkrieges). In: Gruhle, W., R. Jung, W. Mayer-Cross, M. Müller (Hg.), Psychiatrie der Gegenwart. Bd. III, 623–630. Springer, Berlin, Göttingen, Heidelberg

Farau, A. (1953), Der Einfluß der österreichischen Tiefenpsychologie auf die amerikanische Psychotherapie der Gegenwart. Sexl, Wien-Meisenheim

Freud, S. (1919), Wege der psychoanalytischen Therapie. Int Z Psychoanal, 5: 61–68

Gay, P. (1970), Die Republik der Außenseiter. Geist und Kultur der Weimarer Zeit 1918–1933. S. Fischer Verlag, Frankfurt a. M.

Geuter, U. (1984), Die Professionalisierung der deutschen Psychologie im Nationalsozialismus. Suhrkamp, Frankfurt a. M.

Goering, M. H. (1937), Über seelisch bedingte echte Organerkrankungen. Hippokrates, Stuttgart, Leipzig

Goldstein, K. (1933), Die ganzheitliche Betrachtung in der Medizin, S. 143–158. In: Brugsch, T. (Hg.), Einheitsbestrebungen in der Medizin. Steinkopff, Dresden, Leipzig

Groddeck, G. (1917), Psychische Bedingtheit und psychoanalytische Behandlung organischer Leiden. Hirzel, Leipzig

Hahn, P. (1979) (Hg.), Die Psychologie des 20. Jahrhunderts, Bd. IX (Psychosomatik). Kindler, München

Hartmann, F. (1989), Was kann Ganzheitliche Medizin sein? In: Kritische Medizin im Argument, AS 162: 7–21

Hattingberg, H. von (1943), Neue Seelenheilkunde. Buchholz und Weißwange, Berlin

Haug, A. (1982a), Neue deutsche Heilkunde, S. 90–116. In: Evangelische Akademie Bad Boll (Hg.), Medizin im Nationalsozialismus. Protokolldienst 23 / 82, Bad Boll

Haug, A. (1982b), Die »Synthese« von Schulmedizin und Naturheilkunde im Nationalsozialismus. S. 115–125. In: Brinkmann, M., M. Franz (Hg.), Nachtschatten im weissen Land. Betrachtungen zu alten und neuen Heilsystemen. Verlagsgesellschaft Gesundheit, Berlin

Heyer, G. R. (1935), Praktische Seelenheilkunde. Eine Einführung in die Psychotherapie für Ärzte und Studierende. Lehmanns, München

Heyer, G. R. (1936), Leben und Erkennen. Süddeutsche Monatshefte, 33: 279–285

Hollmann, W. (1940: ²1942), Krankheit, Lebenskrise und soziales Schicksal. Sieben Vorlesungen. Thieme, Leipzig

Kastein, G. W. (1937), Eine Kritik der Ganzheitstheorien. Ginsberg, Leiden

Kater, M. H. (1989), Die Krise der Ärzte und der Medizin im Dritten Reich. In: Ärztekammer Berlin (Hg.), Der Wert des Menschen. Medizin in Deutschland 1918–1945, S. 357–371. Edition Hentrich, Berlin

Kemper, W. (1938), Die Indikation zur Psychotherapie bei Neurosen, S. 5–19. In: Curtius, O. (Hg.), Kongreßbericht über die 2. Tagung d. Deutschen Allgemein Ärztlichen Gesellschaft für Psychotherapie. Knorsch, Düsseldorf

Kemper, W. (1942), Die Störungen der Liebesfähigkeit beim Weib. Thieme, Leipzig

Kleist (1944), Erfahrungsbericht vom 14. 1. 1944. Bundesarchiv Koblenz (BA-MA (H 20) 468/1)

Kötschau, K. (1936), Zum nationalsozialistischen Umbruch in der Medizin. Thieme, Stuttgart, Leipzig

Kraus, F. (1929), Krisis der Schulmedizin. Das Tagebuch (Berliner Wochenschrift vom 23. 2. 1929)

Krehl, L. v. (1902), Über die Entstehung hysterischer Erscheinungen. In: Volkmanns klinische Vorträge (Greifswald) 98: 727

Kütemeyer, M., U. Schultz (1984), Kurt Goldstein (1878–1965): Begründer einer psychosomatischen Neurologie? In: Pross, C., R. Winau: Nicht mißhandeln. Das Krankenhaus Moabit, S. 133–139. Edition Hentrich, Berlin

Liek, E. (1925, ¹⁰1936), Der Arzt und seine Sendung. Lehmanns, München

Liek, E. (1929), Irrwege der Chirurgie. Lehmanns, München

Liek, E. (1931), Die zukünftige Entwicklung der Heilkunde (= Zeichen der Zeit. H. 3). Fromanns, Stuttgart

Liek, E. (⁴1940), Das Wunder in der Heilkunde. Lehmanns, München

Lockot, R. (1985), Erinnern und Durcharbeiten. Zur Geschichte der Psychoanalyse und Psychotherapie im Nationalsozialismus. Fischer Taschenbuch 3852, Frankfurt a. M.

Luxenburger, H. (1936), Rückblick auf die wissenschaftlichen Sitzungen der II. Jahresversammlung der Gesellschaft Deutscher Neurologen und Psychiater in Frankfurt a. M., 22.–25. VIII. 1936. DMW 41: 1701–1703

Mohr, F. (1940), Brief an eine durch Fliegerangriff stillunfähig gewordene Mutter. Hippokrates 11: 1016

Panse, F. (1943), Hysterie, Simulation – unter besonderer Berücksichtigung der psychogenen Überlagerung bei organischen Schädigungen. Referat auf der Dritten Arbeitstagung der beratenden Ärzte vom 24.–26. 5. 43 in der Militärärztlichen Akademie in Berlin. Bundesarchiv Koblenz (BA-MA (H 20) 468)

Pohlisch, K. (1941), Schreiben an Wuth vom 31. 7. 1941. Bundesarchiv Koblenz (BA-MA, RH 12–23 (H 20) 464)

Pross, C., G. Aly (1989), Der Wert des Menschen, S. 12–15. In: Ärztekammer Berlin (Hg.), Der Wert des Menschen. Medizin in Deutschland 1918–1945. Edition Hentrich, Berlin

Riedesser, P. (1974), Militär und Medizin. Materialien zur Kritik der Sanitätsmedizin am Beispiel der Militärpsychiatrie, S. 231–279. Argument-Sonderbände AS4: Entwicklung und Struktur des Gesundheitswesens. Argumente für eine soziale Medizin. Argument-Verlag, Berlin

Roth, K.-H. (1987), Die Modernisierung der Folter in den beiden Weltkriegen. Der Konflikt der Psychotherapeuten und Schulpsychiater um die deutschen »Kriegsneurotiker« 1915–1945. 1999 – Zschr Sozgesch. 20. und 21. Jhdt 3: 8–75

Schmiedebach, H.-P. ([3]1987), Ärztliche Standeslehre und Standesethik 1918–1945. In: Baader, G., U. Schultz (Hg.), Medizin und Nationalsozialismus. Tabuisierte Vergangenheit – Ungebrochene Tradition? S. 64–72. Mabuse Verlag, Frankfurt a. M.

Schmiedebach, H.-P. (1989), Zur Standesideologie in der Weimarer Zeit am Beispiel Verweint Liek, S. 26–31. In: Ärztekammer Berlin (Hg.), Der Wert des Menschen. Medizin in Deutschland 1918–1945. Edition Hentrich, Berlin

Schultz, J.-H. (1935), Seelische Schulung, Körperfunktion und Unbewußtes. Zbl Psychother, 8: 304–318

Schultz, J.-H. (1936a), Neurose. Lebensnot. Ärztliche Pflicht. Klinische Vorlesungen über Psychotherapie für Ärzte und Studierende. Thieme, Leipzig

Schultz, J.-H. (1936b), Das Leib-Seele-Problem in der Heilkunde. Süddeutsche Monatshefte, 33: 289–294

Schultz, J.-H. (1940), Vorschlag eines Diagnosen-Schemas. Zbl Psychother, 12: 97–161

Schultz, J.-H. (1944), Pervitin in der Psychotherapie. DMW, 37/38: 519–521

Schultz, U. (1982), Fragmente zur Geschichte der deutschen Psychosomatik von 1920–1945, S. 170–187. In: Evangelische Akademie Bad Boll (Hg.), Medizin im Nationalsozialismus. Protokolldienst 23/82. Bad Boll

Schultz, U., L. M. Hermanns (1987), Ernst Simmels Sanatorium Schloß Tegel – Zur Geschichte und Konzeption der ersten Psychoanalytischen Klinik. Psychother med Psychol, 37: 58–67

Schultz, U., L. M. Hermanns (1989), Die Entdeckung der Psychosomatik. Ernst Simmels psychoanalytische Klinik in Berlin-Tegel, S. 50–66. In: Ärztekammer Berlin (Hg.), Der Wert des Menschen. Medizin in Deutschland 1918–1945. Edition Hentrich, Berlin

Schultz, U., L. M. Hermanns (in Vorbereitung), »Es ist mir schrecklich leid um Tegel als Möglichkeit…« – Zum Exodus psychosomatischer Medizin aus Berlin: Ernst Simmel und sein Sanatorium Schloß Tegel

Siebeck, R. (1934), Aufgaben der klinischen Medizin in der Gegenwart. DMW, 60: 887

Siebeck, R. (1939) 113. In: Deutsche Wissenschaft. Arbeit und Aufgabe. Leipzig

Sigerist, H. E. (1928), Vorträge des Instituts für Geschichte der Medizin an der Universität Leipzig, Bd. 1, Grundlagen und Ziele der Medizin der Gegenwart. Fünf Vorträge, gehalten im Winter 1927/28 von Theodor Brugsch, Curt Elze, Louis R. Grote, E. Liek, W. Mayer-Gross. Thieme, Leipzig

Simoneit, M. (1953), Die Seele stirbt...? Über die Krise und Wandlung der abendländischen Seele ein warnender und ermutigender Beitrag zum Menschenbild der Gegenwart. Verlag Bernard & Graefe, Berlin

Stieve, H. (1940), Nervös bedingte Veränderungen an den Geschlechtsorganen. DMW, 34: 925–928

Stieve, H. (1952), Eine Schreckblutung im Klimakterium. Anatom Anz, 98: 361–368

Thomas, D. (1940), Das sogenannte erregbare Soldatenherz. DMW, 36: 989–992

Valentin, R. (1981), Die Krankenbataillone. Sonderformationen der deutschen Wehrmacht im Zweiten Weltkrieg. Droste, Düsseldorf

Weiner, H. (1986), Die Geschichte der psychosomatischen Medizin und das Leib-Seele-Problem in der Medizin. Psychother med Psychol, 36: 361–391

Weizsäcker, V. v. (1954; ²1971), Natur und Geist. Erinnerungen eines Arztes. Vandenhoeck & Ruprecht, Göttingen

Zapp, G. (1980), Psychoanalyse und Nationalsozialismus. Untersuchungen zum Verhältnis Medizin/Psychoanalyse während des Nationalsozialismus. Inaug.-Diss. med. Kiel

Horst Petri
Vergiftete Kindheit
Zur Psychosomatik und Psychoanalyse der Zukunftsangst

Die Belastung unserer Umwelt mit radioaktiver Niedrigstrahlung und chemisch-toxischen Substanzen nimmt ein bedrohliches Ausmaß an. Trotz nationaler und internationaler Bemühungen in Politik und Wirtschaft, die bereits vorhandenen und die zu erwartenden Schäden einzugrenzen, läuft die Synthese immer neuer chemischer Verbindungen und ihre Produktion für einen vielseitigen Einsatz auf Hochtouren. Wir sind darauf vorbereitet, daß weltweite Katastrophen, bis hin zur Klimakatastrophe, jeder Zeit eintreten und die biologischen Lebensgrundlagen auf unserem Planeten zerstören können.

Als Psychoanalytiker stehen wir damit vor der Frage, wie sich diese toxische Dauerbelastung und Langzeitbedrohung durch die Umweltzerstörung als schleichende Innenweltzerstörung manifestieren. Alarmierend war für mich in diesem Zusammenhang die jüngste Entdeckung von PCP (polychlorierte Biphenyle) und die Belastung mit dem Insektengift DDT, ebenfalls ein chlorierter Kohlenwasserstoff, im Babyspeck von Neugeborenen vor der ersten Nahrungsaufnahme. Diese diaplazentar aufgenommenen Substanzen übersteigen das Dreifache der Grenzwerte nach der neuen Schadstoff-Höchstmengenverordnung von 1988 (Sondergeld 1988). Daß also nicht nur, wie bisher bekannt, der Säugling mit dem Zeitpunkt der Geburt toxisch belastete Milch über die mütterliche Brust aufnimmt, sondern bereits *ab ovo* über den mütterlichen Blutkreislauf vergiftet wird, ist von einer so schockierenden Realität, daß wir als Analytiker vor der Aufgabe stehen, die intrapsychische und interaktionelle Verarbeitung solcher exogenen Traumen im Sinne einer ganzheitlichen Psychosomatik genauer zu untersuchen.

In einem ersten Ansatz (Petri 1989a) habe ich daher einige Überlegungen zur Konfliktdynamik der Mütter angestellt, die im Bewußtsein der Gefahr, aber ihr ohnmächtig ausgeliefert, ihren Kindern während der Schwangerschaft und nach der Geburt täglich giftige Nahrung zuführen. Die Vorstellung, ihren Kindern zwei vergiftete, in der Sprache von Melanie Klein (1958) »böse« Brüste zu geben, wodurch sie in ihrem Selbstbild zu permanenten Verfolgerinnen werden, muß erwartungsgemäß zu intrapsychischen Spaltungsprozessen führen, die über projektive Abwehrmechanismen eine verschärfte Ambivalenzspannung zu ihrem Kind zur Folge haben.

In einem zweiten Ansatz (Petri 1990) bin ich unter Bezug auf die familien- und gesellschaftstheoretischen Positionen von Boszormenyi-Nagy und Spark (1973) der Hypothese von einem grundsätzlichen Wandel des Generationenverhältnisses durch unsere ökologische Situation nachgegangen. Die Verletzung elementarer Loyalitäten innerhalb eines Familienverbandes oder einer sozialen Gruppe, die Aufkündigung von Grundrechten, wie z. B. das auf eine gesunde Nahrung, eine gesunde Umwelt und den Schutz vor einer existenzbedrohenden Zukunft, sowie die Mißachtung von Grundprinzipien der Gerechtigkeit führen beim einzelnen zur Krankheit und in Bezug auf die jeweilige soziale Gruppe zu einem moralischen Verfall, der eine kollektive Vergeltungsaggression zur Folge haben kann. Was heute unseren Kindern und Nachkommen geschieht, erfüllt alle von den Autoren genannten Kriterien einer zerstörerischen Familien- und Gesellschaftsdynamik, wodurch langfristig mit tiefgreifenden Veränderungen im Verhältnis der Generationen zu rechnen ist.

An dieser Stelle möchte ich folgender Frage nachgehen: Welche psychischen und psychosomatischen Auswirkungen hat die ökologische Situation einschließlich der angedeuteten Veränderungen der Mutter- (und Vater-)Kind-Beziehung und des Familien- und Gesellschaftsgefüges auf die Kinder selbst? Die Frage ist ebenso komplex wie die beiden ersten Themenbereiche. Während die naturwissenschaftliche Forschung wenigstens einige Untersuchungen über die ätiologische Bedeutung von radioaktiver Niedrigstrahlung und chemisch-toxischen Substanzen für bestimmte Krankheitsbilder im Kindesalter vorgelegt hat (vgl. Petri 1989b), stehen wir psychologisch noch an den Anfängen. Wir müssen daher unsere theoretischen Überlegungen auf methodisch unzureichende Studien und auf klinisches Erfahrungsgut stützen.

Kürzlich interviewte DER SPIEGEL eine Gruppe von Mitgliedern der Kinderorganisation »Peace Bird«, in der sich Kinder und Jugendliche international für den Erhalt von Frieden und Umwelt zusammengeschlossen haben. Auf die Frage, was ihrer Meinung nach in den nächsten zehn Jahren passieren werde, antworteten vier Mädchen:

»Nazmiye, 15 Jahre: In zehn Jahren lebe ich nicht mehr. Das mit der Umwelt ist schlimm, das ist wirklich katastrophal. Irgendwas wird bestimmt passieren, oder ich mache Selbstmord und kapituliere. Entweder bringt mich jemand um, oder ich bringe mich selbst um.

Lisa, 11 Jahre: Das Ding wird in zehn Jahren bestimmt seine Wirkung zeigen.

DER SPIEGEL: Welches Ding?

Lisa: Na, das Ozonloch. Und vielleicht explodiert auch ein Kernkraftwerk. Ich hab' so Angst vor dem Jahr 2000. Da geht bestimmt irgendwas los, irgend so ein riesiges Chemiewerk könnte auch explodieren. Oder Politiker sagen, sie wollen etwas ausprobieren, etwas, was nicht gefährlich ist, und dann schmeißen sie 'ne Atombombe. Dann geht die Welt auseinander, sie zerbricht.

Veronika, 11 Jahre: Also, lange geht das bestimmt nicht mehr weiter, es könnte so viel passieren, vielleicht kommt eine Sintflut. Vielleicht machen sie auch einen Atombombenversuch, und dann kommt der Weltuntergang.

Güven, 14 Jahre: Ich glaube, die Menschen können sich irgendwie nicht verändern. Vielleicht sollten sich die Staaten zusammentun. Aber bis das passiert, wird es bestimmt zu spät sein, und wir stehen da im Dunkeln und sind tot.«

(*DER SPIEGEL* Nr. 43 v. 23.10.1989, S. 272).

Aus dem Begleittext erfährt man, daß allein in diesem Jahr Bundesumweltminister Töpfer 50000 Kinderbriefe erhalten hat.

Im Herbst 1988 veranstaltete die IG-Metall einen Kinderschreibwettbewerb zum Thema: »Meine Zukunft«. Über 550 Briefe von Kindern bis 14 Jahre, dreimal so viele wie bei früheren Wettbewerben, gingen bei der Redaktion ein. Eine Auswahl ist in dem Buch von Regine Rusch (1989) »So soll die Welt nicht werden« dokumentiert. Wenn man ihre Aussagen in dem heute schon geflügelten Begriff »Zukunftsangst« zusammenfassen wollte, streift man nur die Oberfläche.

Wie in den zitierten Interviews der Peace-Bird-Kinder und in den Briefen an die IG Metall in beklemmender Weise deutlich wird, geht es nicht um eine abstrakte Angst, sondern um ganz konkrete, oft erschütternde innere Bilder und Phantasien des Zerfalls, der Entmenschlichung, der Zerstörung und der verzweifelten Ohnmacht und Resignation, welche die Vision des Todes, des eigenen wie den der Menschheit, als ein langsam quälendes Sterben oder ein plötzliches, alles überwältigendes Ereignis einschließen.

Diese inneren Bilder und Phantasien sind für uns als Analytiker viel deutungsreicher als die Statistiken verschiedener Kinder- und Jugendstudien der letzten Jahre, in denen die Angst vor der Umweltzerstörung gegenüber anderen Ängsten immer höhere Skalenwerte einnimmt. Als wir 1986 mit einer Arbeitsgruppe eine bundesweite Studie mit 3500 Kindern und Jugendlichen über Zukunftshoffnungen und Ängste mit dem Schwerpunkt der nuklearen Bedrohung abschlossen, hat uns bei der Auswertung zentral die Frage beschäftigt, ob und welchen pathogenetischen Stellenwert die Angst des Kindes durch die verschiedenen Umweltbedrohungen bekommt (Petri u. a. 1986, 1987, Boehnke u. a. 1988).

Diese für psychosomatische Zusammenhänge sicher wichtige und deswegen inzwischen bis in die Öffentlichkeit hinein diskutierte Frage erscheint mir nach kritischer Überprüfung der Aussagefähigkeit von Angaben über Ängste von untergeordneter Bedeutung. Auch die in diesem Zusammenhang häufig getroffene Unterscheidung von Realangst und irrationaler Angst dient mehr der politischen Argumentation als einem besseren psychodynamischen Verständnis ihrer seelischen Auswirkungen. Neben methodischen Mängeln, z. B. dem Fehlen von klinischen, streßpsychologischen und streßbiologischen Untersuchungen über angstproduzierende Umwelteinflüsse bei kontrollierten Vergleichsgruppen im Kindes- und Jugendalter, stehen theoretische Bedenken gegenüber der unspezifischen Verwendung des Angstbegriffs bei der Ätiologiediskussion psychischer und psychosomatischer Reaktionen. Die relativ oberflächliche Verwendung des Begriffs »Zukunftsangst« hat zweifellos ihren inflationären Gebrauch und damit die Verwirrung und kontroverse Diskussion in der Öffentlichkeit gefördert.

Psychoanalytisch fassen wir Angst lediglich als ein Signal des Ichs auf innere und äußere Bedrohungen auf. Als solches sagt sie noch nichts über die durch die Bedrohung mobilisierten Konflikte aus. Erst deren genauere Betrachtung erlaubt uns einen Einblick in die intrapsychische und Objektbeziehungsdynamik.

Welche seelischen Prozesse spielen sich also in Kindern ab, die spätestens ab dem zehnten Lebensjahr und zunehmend in der Pubertät und Adoleszenz relativ präzise Vorstellungen über alle unter dem Begriff »Umweltzerstörung« zusammengefaßten Grauen unserer Zeit entwickelt haben? Sowohl die wissenschaftlichen Studien als auch unsystematische Materialien sowie klinische und außerklinische Erfahrungen mit Kindern und Jugendlichen lassen heute keinen Zweifel mehr an dem wachen Interesse und dem hohen Grad der Informiertheit in großen Teilen dieser Bevölkerungsschicht.

Ein Teil der inneren Konflikte erschließt sich aus der Betrachtung folgender zunächst äußerlich erscheinender Widersprüche. Die Kinder in den westlichen Industrienationen wachsen heute im historischen Vergleich und im Unterschied zur Lage in anderen Ländern unter den Bedingungen eines äußeren Friedens, eines ausreichenden Wohlstandes, großer Freiheitsrechte, guter Bildungsvoraussetzungen und sozialer Sicherheit auf. Diese Erfahrungen werden in Wertmuster und innere Objektbilder verwandelt, die man der Welt der »guten« Objekte zuordnen könnte. Im Widerspruch hierzu stehen die Objekterfahrungen unserer Kinder in der gegenwärtigen ökologischen Situation.

Um diese Erfahrungen hinter dem verallgemeinernden Begriff »Zukunftsangst« genauer zu erfassen, habe ich die zitierte Briefdokumentation von Rusch einer inhaltlichen Analyse unterzogen. Es handelt sich um insgesamt 128 Briefe unterschiedlicher Länge von Kindern zwischen acht und 14 Jahren. Die Verteilung zwischen Mädchen und Jungen entspricht fast genau der Verteilung sämtlicher eingegangener Briefe (Mädchen 60 %, Jungen 40 %). Bei der Liste der 19 am häufigsten gefundenen Items (Tab. 1) wird nicht zwischen Mädchen und Jungen unterschieden, da es mir mehr um einen Erfahrungsüberblick als um eine statistische Genauigkeit vortäuschende Berechnung ging.

Begriffe wie Macht, Herrschsucht, Habgier, Egoismus, Bequemlichkeit, Neid, Geiz, Rassismus, verletzte Menschenrechte, Unfriede, Streit, Haß, Wüste, kalt, öde, leer, tot, Langeweile, Einsamkeit, Alleinsein, Hölle, hilflos, ohnmächtig, kraftlos, Alpträume, Selbstmord, Katastrophe und Tschernobyl tauchen neben den in der Tabelle aufgeführten 620 negativ besetzten Items (durchschnittlich knapp fünf pro Kind) nur in geringerer Häufigkeit auf. Sie bestimmen aber die Atmosphäre der Briefe im Sinne des Umschlagens von äußerer Realität in innere Objektbilder in eindrücklicher Weise mit.

Wenn man die Gesamttendenz der einzelnen Briefe wertet, so ergibt sich für 64 von ihnen (50 %) eine ausgesprochen pessimistische Perspektive auf die eigene Zukunft und die ökologische Situation, während in der gleichen Größenordnung, nämlich bei 63 Briefen, die sich zum großen Teil mit den negativen Briefen überschneiden, auch ein produktiver, teils handlungsorientierter, teils phantasieorientierter Umgang mit der Bedrohung zu erkennen ist. Bei dem phantasieorientierten Umgang gelingt es einer Reihe von Kindern, durch Science-Fiction-Stories, Traumvisionen oder erfundene Geschichten die negativen inneren Bilder ungeschehen zu machen oder in ihr Gegenteil zu verkehren. Ob es

Inhaltsanalyse von 128 Briefen von Kindern zwischen 8 und 14 Jahren
(Rusch 1989)

Item-Angabe in absoluten Zahlen, ohne Doppelnennungen

1. Das Sterben von Natur (46), Tieren (44) und Menschen (23)	113
2. Umweltverseuchung, -zerstörung, -verschmutzung einschl. Müllhalden, -berge und -deponien	74
3. Fabriken, Hochhäuser, Beton und Plastik als bestehende und zukünftige Sinnbilder menschlicher Entfremdung	65
4. (Atom-)Waffen	34
5. (Atom-)Krieg	30
6. Atomkraftwerke	29
7. Gift	33
8. Autos, negativ besetzt	32
9. Roboter und Computer, negativ besetzt	22
10. Angst	29
11. Zweifel an der Verantwortungsfähigkeit und Handlungsbereitschaft von Politikern und Erwachsenen	28
12. Sorge um eigene spätere Kinder	21
13. Krankheit allgemein, Krebs und Aids	20
14. Zweifel am Fortbestand der Erde	18
15. Ozonloch und Klimakatastrophe	17
16. Arbeitslosigkeit	16
17. Geld, negativ besetzt	16
18. Hunger in der Welt	15
19. Gasmasken für die Zukunft	8
	620

Tab. 1: Objektbilder zur Zukunftsangst

sich hierbei im Unterschied zu dem handlungsorientierten Umgang nur um Abwehr- und Fluchtmechanismen oder nicht auch um eine kindgerechte produktive Form der Konfliktauseinandersetzung handelt, ist aus dem Material nicht zu erschließen.

Die Item-Liste zeigt, wie breit die bedrohliche Objektwelt in die heutige Kindheit einbricht. Diese Welt wird als versagende, feindliche, verletzende und verfolgende Welt verinnerlicht und konfiguriert die Welt der »bösen« Objekte. Der Grad ihrer Gefährlichkeit, das wird an der häufigsten Benennung des Sterbethemas deutlich, kulminiert in der völligen Vernichtung des Subjekts. Die intrapsychische Dynamik, auf die hier zentriert wird, besteht also im Kampf der guten mit den bösen Objekten.

Ontogenetisch entsteht dieser Kampf, wie wir von Melanie Klein (1960) wissen, mit der Geburt und bestimmt das Schicksal des Kindes zu seinen Objekten. In der paranoid-schizoiden Position spaltet das Kind, um seine Verfolgungsangst vor dem versagenden Objekt ertragen zu können, dieses in ein »gutes« und »böses« Objekt (exemplarisch am Partialobjekt der »guten« und »bösen« Brust). Aber die Gefährlichkeit des bösen Objektes entsteht nicht nur durch reale äußere Versagungen, sondern durch die Projektion eigener destruktiver Energien. Durch diese Projektion und die zusätzliche Idealisierung des guten Objektes kann dieses vor der eigenen Zerstörung geschützt werden. Die Zerstörung des guten Objektes wäre gleichbedeutend mit der eigenen Vernichtung.

In der depressiven Position wird bekanntlich diese Spaltung zurückgenommen. Klein schreibt: »Zusammen mit der wachsenden Fähigkeit zur Integration und Synthese gegensätzlicher, auf das Objekt gerichteter Gefühle wird die Schwächung der destruktiven Triebe durch die Libido möglich. Das wiederum führt zu einer wirklichen Verminderung der Angst, was eine fundamentale Bedingung für die normale Entwicklung darstellt« (Klein 1960, S. 151).

Wenn man diese Annahmen über die normale Entwicklung auf unsere Fragestellung überträgt, gelangt man zu der Hypothese, daß die ökologische Situation im Kind eine Fixierung bzw. eine Regression auf die schizoid-paranoide Position erzwingt. In der gesunden Entwicklung bekommen die normalen Versagungen durch das mütterliche Objekt ihre gefährliche Dimension erst durch die Projektion eigener destruktiver Anteile und lösen die Verfolgungsangst aus. Mit zunehmender Ich-Reife können, wie zitiert, die Projektionen zurückgenommen und die destruktiven Kräfte integriert werden.

Im Gegensatz dazu tritt durch die ökologische Situation die äußere Verfolgung durch böse Objekte bereits ab dem Zeitpunkt der Befruchtung ein und bleibt über alle kindlichen Entwicklungsphasen in unverminderter Stärke bestehen. Entsprechend intensive destruktive Energien des Kindes werden durch Projektion am bösen Objekt gebunden bleiben. Dies um so mehr, als die Spaltung zwischen guten und bösen Objekten in dem Maße mißlingt, wie eine Idealisierung mit anschließender Identifizierung mit den guten Objekten zum Identitätsaufbau durch das Versagen ihrer schutzbietenden Funktionen zunehmend erschwert wird.

Mit dieser Hypothese läßt sich jetzt die Zukunftsangst dynamisch genauer deuten. Zukunftsangst stellt intrapsychisch die Angst vor dem Zusammenbruch der integrativen Kräfte des Ich a) durch äußere Verfolger, b) durch eine Überschwemmung mit eigenen destruktiven Impulsen und c) durch den Verlust des schützenden guten Objektes dar. In diesem Kontext bedeutet Zukunftsangst also nicht nur die Angst vor dem eigenen Vernichtetwerden, sondern die Angst vor der eigenen ungesteuerten und unintegrierten Vergeltungsaggression, die, neben der äußerlich verursachten, auch der inneren Vernichtung des Ich gleichkommt. In diesem Sinne entspricht die Zukunftsangst auch einer Desintegrationsangst.

Ich habe in diesem Zusammenhang an anderer Stelle (Petri 1990) auf den Science-Fiction-Roman von Doris Lessing (1974) hingewiesen. Die Autorin beschreibt darin die Folgen einer zerstörerischen Umwelt und der Aufkündigung elementarer Loyalitäten durch die Erwachsenen für die nachfolgenden Generationen. Die in Kanalsystemen hausenden Kinder brechen wie Ratten aus ihren Löchern hervor und vernichten in einer oral-kannibalistischen Regression und einer eiskalten schizoiden Abgespaltenheit mit grenzenloser Wut und Willkür alles noch Lebenswerte und Lebendige.

Daß die beschriebene Dynamik der Zukunftsangst zu psychischen und psychosomatischen Störungen führen kann, wird uns aus unserer Kenntnis der narzißtischen und Borderline-Erkrankungen deutlich. Bezogen auf die Bedeutung der inneren Objekte schreibt Kernberg: »Eine weitere Struktur, die an der Regulation des Selbstwertgefühls beteiligt ist, das heißt als Quelle narzißtischer Zufuhr und libidinöser Besetzung des Selbst in Betracht kommt, ist die Welt innerer Objekte oder Objektrepräsentanzen, die in enger Beziehung zum integrierten Selbst stehen« (Kernberg 1975, S. 362). Er weist auf die Schutzfunktion guter Objektrepräsentanzen in Zeiten von Krisen und Objektverlusten hin; aus ihnen ziehe das Selbst »Liebe und Bestätigung als Kompensation für Enttäuschungen in der Realität« (ebd.).

Umgekehrt läßt sich schlußfolgern, daß bei der Etablierung eines Systems vorwiegend böser Objektrepräsentanzen ein stabiles Selbst erst gar nicht entsteht, da dieses nur in enger Verflechtung mit guten inneren Objekten aufgebaut werden kann.

Die Zukunftsangst durch die ökologische Situation greift also nicht nur in die Regulation der Triebvorgänge und in den Aufbau des Ich, sondern auch in die Strukturbildung des Selbst, d. h. in die Ganzheit der Person ein. Vergiftete Kindheit meint daher die Gleichzeitigkeit von

Umwelt- und Innenweltzerstörung, deren psychische, psychosomatische und psychosoziale Folgen wir bereits in der Gegenwart und verstärkt in der Zukunft zu erwarten haben.

Literaturverzeichnis

Boehnke, K., Macpherson, M., Meador, M., Petri, H. (1988), Leben unter atomarer Bedrohung – Zur Bedeutung existentieller Ängste im Jugendalter. Gruppendynamik, 19, 429–452

Boszormenyi-Nagy, I., Spark, G. M. (1973), Unsichtbare Bindungen. Klett-Cotta, Stuttgart

Kernberg, O. F. (1975), Borderline-Störungen und pathologischer Narzißmus. Suhrkamp, Frankfurt a. M. 1978

Klein, M. (1958), Neid und Dankbarkeit. In: Das Seelenleben des Kleinkindes. Klett, Stuttgart 1962

Dies. (1960), Das Seelenleben des Kleinkindes. In: a. a. O.

Lessing, D. (1974), Memoiren einer Überlebenden. S. Fischer Verlag, Frankfurt a. M.

Petri, H., Boehnke, K., Macpherson, M., Meador, M. (1986), Bedrohtheit bei Jugendlichen. psychosozial 9, H. 29, 62–71

Dies. (1987), Zukunftshoffnungen und Ängste von Kindern und Jugendlichen unter der nuklearen Bedrohung. Analyse einer bundesweiten Pilot-Studie. Psychol. u. Gesellschaftskritik, 11, H. 2/3, 81–105

Petri, H. (1989a), Vergiftete Kindheit. Ein Regressionsphänomen des Fortschritts. Unveröfftl. Manuskript

Ders. (1989b), Kinderängste in unserer Zeit. Bestandsaufnahme und psychoanalytische Gedanken zur vergifteten Kindheit. Neue Sammlung, 29, 14–26

Ders. (1990), Schneewittchen und der Apfel. Zur Psychoanalyse der vergifteten Kindheit. In: Streeck, U. (Hg.), Herausforderungen für die Psychoanalyse. Pfeiffer, München (in Vorbereitung)

Rusch, R. (1989), So soll die Welt nicht werden. Kinder schreiben über ihre Zukunft. anrich, Kevelaer

Sondergeld, K. (1988), Noch nie gefüttert – schon belastet. *DIE ZEIT*, Nr. 34

III. Blick über die Grenzen

Thomas Ots
Transkulturelle Psychosomatik
Der erkenntnistheoretische Gewinn
des chinesischen Beispiels

Das Problem

In diesem Beitrag geht es darum aufzuzeigen, daß »neues Denken in der Psychosomatik« erkenntnistheoretischer Überlegungen bedarf, sollen die gegenwärtigen theoretischen Probleme der Psychosomatik überwunden werden. Die Psychosomatik unterscheidet sich in ihren grundlegenden Paradigmata – die Organsystematik, der Begriff von »Krankheit«, die semiotische Differenzierung spezifischer und unspezifischer Symptome – nicht von der modernen Biomedizin, sondern hat deren Denkstrukturen weitgehend übernommen.

Wenn ich – ausgehend von transkulturellen Vergleichen – eine Veränderung dieser Sichtweisen für notwendig halte, dann geht es mir im Sinne des polnischen Erkenntnistheoretikers Ludwig Fleck um eine Destruktion des Glaubens an die wissenschaftliche »Tatsache«, an all die »Fakten«, die wir Forscher in der Natur, in der Biologie »entdecken«. Es geht um das Erkennen, daß diese naturwissenschaftlichen Entdeckungen soziokulturell konstruiert sind. Transkultureller Medizinvergleich hilft uns zu erkennen, daß naturwissenschaftliche Ansichten durchaus unterschiedlich konstruiert sein können, und ebnet uns damit einen Weg der Überprüfung unserer bisherigen Sichtweise.

Welche Sichtweise soll umgestaltet werden? Psychosomatische Theorien beschäftigen sich zumeist mit den Fragen des Verhältnisses von Körper und Geist/Seele. Dabei stützen sie sich im allgemeinen auf den Körperbegriff, der ihr von der Biologie und Biomedizin vorgegeben wird. Zu oft finden wir in psychosomatischen Aufnahmebögen den Passus »Patient somatisch ausdiagnostiziert«. Uexküll (1986: 4) merkt zu Recht an, daß die somatische Medizin nur behaupte, »zu wissen, was Körper sei«, und pflichtet Weiner (1986) bei, der in der herrschenden Schulmeinung eine Lehre der Strukturen, nicht aber eine Lehre der Lebensfunktionen sieht. Schonecke und Herrmann (1986: 135) halten es für denkbar, daß eine multivariate psychophysiologische Forschung, welche die »Ebene des Erlebens« einbezieht, der Frage der psychosomatischen Spezifität näherkommen könne.

Dieser Beitrag verbindet diese Überlegungen, indem der Körperbegriff der somatischen Medizin abgelehnt und einem phänomenologischen Zugang zum Patienten gegenübergestellt wird, der sich auf das subjektive Erleben stützt. Dieser erkenntnistheoretische Beitrag zum Neuen Denken in der Medizin – nicht allein der Psychosomatik! – bedient sich dabei des Beispiels der chinesischen Sichtweise leiblichen Erlebens.

Ist die Veränderbarkeit der eigenen Konzepte nicht auch ohne transkulturellen Vergleich möglich? Sicherlich! Dennoch bewegen sich die meisten Veränderungen, wie ich am Beispiel der westlichen Psychosomatik zeigen werde, innerhalb eines bestimmten Rahmens, der selbst nicht durchbrochen wird.

Wittgenstein schrieb am 23.5.1915 in sein Notizbuch: »Die Grenzen meiner Sprache bedeuten die Grenzen meiner Welt« (Wittgenstein 1979: 49). Wenn wir eine fremde Kultur untersuchen, stolpern wir zunächst über fremde Begriffe, die sich nicht oder nur sehr ungenau übersetzen lassen, bis wir feststellen, daß diese andersartigen Begriffe nicht nur Schöpfungen einer anderen Kognition, sondern Mitteilungen eines anderen Erlebens und einer anderen Wahrnehmung sind. Sprache ist kommunizierte Wahrnehmung, damit ein blasses Abbild dieser Wahrnehmung und kann diese nur behindern – begrenzen, wie Wittgenstein sagte –, nicht aber fördern. Es bietet sich an, daß wir unseren Sprachraum und damit den Raum unserer kulturell-konzeptuellen Kognition verlassen, um zu einem veränderten Erleben und Wahrnehmen zu gelangen. Erst wenn wir erkennen, daß unsere Sprache zu eng für unsere neue Wahrnehmung geworden ist, haben wir die Grenzen unseres alten konzeptuellen Rahmens überschritten und damit die Basis für grundsätzliche Veränderungen geschaffen. Ohne meine jahrelange Auseinandersetzung mit Patienten in China wäre dieser Beitrag nicht möglich gewesen.

Die ORGANSYSTEMATIK: ein ernster Widerspruch im psychosomatischen Denken

Wir verstehen unter psychosomatischen Erkrankungen grundsätzlich solche, die durch psychische Faktoren ausgelöst oder entscheidend beeinflußt und unterhalten werden. Die Systematik fast aller psychosomatischen Lehrbücher – und unserer Diagnosen – entspricht dieser Annahme aber keineswegs. Wir sprechen nicht von Erkrankungen der Emotionen (»Erkrankungen der Angst, des Ärgers, der Mißgunst, des Neids« etc.), sondern von Erkrankungen von Körperstrukturen (»psychosomatische Störungen des Magen-Darm-Traktes, des Herz-Kreislaufsystems« etc.). Unsere Systematik orientiert sich somit an der organpathologischen Systematik der Biomedizin und widerspricht den Forderungen Balints nach einer patientenzentrierten Medizin sowie der Forderung Weizsäckers, nicht die Krankheit, sondern das Kranksein des Patienten in das Zentrum ärztlichen Interesses zu stellen.

Die Aufteilung des Menschen in Organe ergibt topographisch-anatomisch, chirurgisch etc. durchaus einen Sinn, es fragt sich aber, welche Bedeutung Organe für die Lebenswelt des Menschen haben. Agiert und reagiert der Mensch auf Organebene? Bilden Organe quasi geschlossene Systeme? Sind Krankheiten Organ- bzw. Organsystem-krankheiten oder nicht eher organübergreifend? Sind die Grenzen zwischen Organen und Strukturen wie Knochen-, Muskel- und Bindegewebe wirkliche oder von uns gesetzte Grenzen? Es ist vorstellbar, daß solche Strukturen für körperliches Geschehen weitaus unwichtiger sind als hormonale Steuerungen, die Organgrenzen mit Leichtigkeit überwinden. Hier hat die Psychoneuroimmunologie bereits wertvolle Hinweise gegeben.

Was ist KRANKHEIT?

Das Duodenalulcus gilt als ein klassisches Beispiel einer psychosomatichen Krankheit. Wir müssen uns die legitime Frage stellen, ob es sich nicht vielmehr nur um ein Symptom – wenn auch führendes Symptom – eines Geschehens handeln kann, das sich nicht nur am Duodenum, sondern organ- und grenzübergreifend im Sinne eines Symptomkomplexes abspielt? Wir sind uns mit den Pathologen und Chirurgen einig über das nachweisbare Ulcus am Duodenum. Wir sind uns jedoch uneinig darüber, ob dies schon die Krankheit oder nur ein Teil einer Krankheit ist. Doch die generelle Argumentationstendenz in der modernen Biomedizin – und leider auch in der Psychosomatik – weist in Richtung auf Monosymptomatik: Das führende Symptom gilt mehr und mehr als die Krankheit selbst. Hierin unterscheiden sich beide von der traditionellen chinesischen Medizin. Krankheitsentitäten sind kulturelle Konstrukte, nicht etwa reale, entdeckbare Fakten.

Uexküll (1986: 5) sieht in der empirischen Datengewinnung die »erste Schwachstelle der Wissensgewinnung«. In der Biomedizin werden die vielfältigen Beschwerden des Patientes semiotisch unterteilt in (objektive) Zeichen und (subjektive) Symptome. Zeichen sind meist durch Maß und Zahl definiert, Symptome nicht. Letztere werden deswegen immer mehr an den Rand der ärztlichen Aufmerksamkeit geschoben und als »funktionelle«, »subjektive« oder »unspezifische« Symptome abgewertet.

Es sei die ärztliche Aufgabe, so Dahmer in seinem Lehrbuch »Anamnese und Befund«, zwischen Haupt- und Nebenbeschwerden zu differenzieren, indem der Arzt den Patienten bittet, »aus der möglichen Vielfalt seiner Beschwerden selbst das auszuwählen, was ihm am wichtigsten erscheint« (Dahmer 1988: 31). Unter Leitsymptomen versteht Dahmer vor allem »lokalisierbare, definierbare und quantifizierbare Beschwerden, die sich bestimmten Organen zuordnen lassen«. In dieser Aussage schließt sich der Kreis zwischen Organsystematik, symptomatischem Reduktionismus und Konstruktion ontologischer Entitäten.

MONOSYMPTOMATIK als Grundlage symbolischer Krankheitsdeutung

Von dieser Sichtweise unterscheidet sich die gängige Psychosomatik nicht grundsätzlich. Das führende Symptom – definiert als psychosomatische Krankheit – wird biographisch und symbolisch gedeutet. Der chronisch obstipierte Darm gewinnt Symbolcharakter für einen verstopften Menschen, der nicht nur seinen Stuhlgang zurückhält, sondern auch »alle gefühlshaften Äußerungen« (Jores 1981: 163). Entspricht diese Deutung der Realität des Patienten? Sie wird ja nur deswegen möglich, weil wir uns innerhalb eines sehr begrenzten Konstruktes von Monosymptomatik und Organsystematik bewegen. Vielleicht leidet der Patient nicht nur an einem verstopften Darm, sondern ist gleichzeitig gebläht, hat Migränebeschwerden, leidet ferner an Schwindel, Übelkeit, Brechreiz und Globus hystericus (siehe Fallbericht).

Es ist offensichtlich, daß die obige symbolische Deutung versagt, sowie wir uns auf die Gesamtheit des Erlebens des Patienten einlassen. Wir müssen uns leider eingestehen, daß wir uns unseren Patienten mit dem Werkzeug Monosymptom / Organsystematik selbst geschnitzt haben. Unsere Kritik an der somatischen Medizin betrifft somit nicht nur ihre reduktionistische Sicht von dem »biopsychosozialen« Wesen Mensch (G. Engel), sondern ihre reduktionistische Sicht des Allerheiligsten selbst, des Körpers.

KÖRPER oder LEIB?

Obwohl sich die Psychosomatik gegen die Psyche-Soma-Trennung und einseitige Soma-Präferenz der somatischen Medizin wendet, ist ihr Denken dennoch geprägt durch ein elementares Paradigma westlicher Kultur: die Unterwerfung des Fleisches unter den Geist. Es ist der Geist, der dem empfindenden, wahrnehmenden und sich ausdrückenden Leib eben diese Qualität abspricht, ihn zum dumpfen Körper degradiert. Dies zeigt sich am deutlichsten in der Leugnung der Spezifität somatischen Geschehens in psychosomatischen Erkrankungen, in der Ablehnung, daß Vorgänge auf psychischer Ebene im Leiblichen ihre Entsprechung finden. Wenn sie sich dennoch im Körperlichen »widerspiegeln« sollten, dann eben nur als körperlicher – bewußt oder unbewußt gewollter – Ausdruck des Psychischen; ansonsten sind körperliche Symptome eben »unspezifisch«: der Leib als Erfolgsorgan, als Imprint des Geistes.

Ein psychosomatisches Modell, das versucht, Körper und Geist, oder Körper und Psyche, oder Körper und Seele miteinander zu verbinden, wird so lange scheitern, den gesamten Menschen in seiner Realität zu erfassen, wie es sich den Menschen als Menschen vorstellt, der einen Körper hat, und nicht als jemanden, der sein eigener Leib ist. Die Differenzierung zwischen Körper und Leib ist nicht eine linguistische Spielerei, sondern eine Frage prinzipieller Direktionalität: Körper als Objekt und Spielfeld der Psyche, des Geistes, der Seele, also unserer Welt der Vorstellungen, Gedanken und Konzepte, unserer Kultur, oder der Leib als erlebendes, empfindendes, wahrnehmendes, bewußtes und intelligentes Subjekt seiner selbst und damit Basis und Ausgangspunkt kognitiver und kultureller Prozesse, so wie es die Phänomenologen sahen.

Merleau-Ponty (1962: 79) beschrieb Erkenntnis als die phänomenologische Projektion des Leibes in diese Welt. Als zeitgenössischer deutscher Anwalt des Leibes bzw. einer Archäologie der vergessenen Dimensionen der Leiblichkeit ist Heinrich Schipperges zu nennen, der hier mit einem längeren Passus zitiert werden soll:

»Was weder von einer biologischen Morphologie noch von einer philosophischen Phänomenologie jemals systematisch aufgearbeitet wurde, eine erschöpfende Kategorienlehre der Leiblichkeit, könnte am ehesten von der modernen Wissenschaftsgeschichte entworfen werden. Die Entdeckung des Geistes würde dann aufgedeckt als die Verdeckung des Leibes, an der Platon ebenso mitgewirkt hatte wie Descartes oder Hegel. Es kann nicht länger bezweifelt werden, daß auch scheinbar rein empirischen Befunden ein anthropologisches Apriori zugrunde liegt; es sollte aber auch eingesehen werden, daß alles Suchen nach dem jeder Philosophie eingeborgenen Menschenbild die konkrete Faktizität leibhaftiger Befindlichkeit zur Voraussetzung hat. Leibhaftigem Existieren kommt eine prinzipielle, fundamentale Bedeutung zu.

Mit einer solchen Philosophie des Leibes wäre wohl der entscheidende Schritt über die ›Psychosomatik‹ hinaus getan. Nicht mehr der ›Körper‹ (als materielles Naturprodukt) und die ›Seele‹ (als abstrahierte Psyche) stehen zur Debatte, sondern der Mensch mit seinem ›Leib‹ in der ›Welt‹« (Schipperges 1981: 27).

SUBJEKT – OBJEKT

Der Unterschied zwischen Körper und Leib kann auch als Beziehung Subjekt – Objekt ausgedrückt werden. Nehmen wir den Patienten in seinem leiblichen Erleben ernst, dann erkennen wir seine Beschwerden als Quelle unserer Erkenntnis. Seine subjektiven Beschwerden erhalten eine neue, positive Bedeutung, die sie bislang nicht hatten. Seine Beschwerden werden nicht gedeutet als Ausdruck und Imprint der Kultur (des Geistes) im Körper, dem damit nur eine Objektfunktion zugebilligt wird, sondern als genuine Ausdrucksform des Leibes selbst.

Diese Sichtweise beinhaltet die Aufgabe der semiotischen Differenzierung zwischen Symptom und Zeichen, so wie dies in der chinesischen Medizin weitgehend gegeben ist. Hier hat die überwiegende Mehrzahl wahrnehmbarer Beschwerden Eingang in die traditionelle Diagnostik gefunden. Das führende Lehrbuch der traditionellen Differentialdiagnose enthält 500 Symptomeingänge (Zhao 1984). Der chinesische Patient gibt sich in der ärztlichen Sprechstunde ungezwungen polysymptomatisch und wird nicht vom Arzt – wie bei uns – zu einer Reduzierung der Beschwerdenzahl gedrängt. Die Beschwerden werden vom Arzt mosaikartig zu einem Gesamtbild, zu einer Patienten-»Gestalt« zusammengesetzt, da ein bestimmtes Symptomraster einer bestimmten Emotion entspricht. Diese Entsprechung ist Ergebnis jahrhundertelanger Beobachtung.

Während wir heute unsere Patienten – wenn wir ihren Redefluß nicht schon vorher haben stoppen können – fragen: »Ja, was steht denn nun im Vordergrund?«, fragt der chinesische Arzt; »Was noch? Haben Sie noch weitere Beschwerden?« Die durchschnittliche Symptommenge chinesischer Patienten lag in einer von mir in Nanking durchgeführten Untersuchung an 106 psychosomatisch erkrankten Patienten bei 6,4 Symptomen pro Patient (Ots 1990).

Die chinesische Diagnostik: das Denken in SYMPTOMKOMPLEXEN

Dieser Artikel bietet nur Raum für einen sehr groben Überblick über psychosomatisches Denken in der chinesischen Medizin. Ich werde hier nicht auf therapeutische Maßnahmen und theoretische und nosologische Besonderheiten der chinesischen Medizin – z. B. die Theorie der Funktionskreise – eingehen können (genauere Angaben hierzu bei Ots 1987).

Die häufigsten psychosomatischen Störungen werden in China den Funktionskreisen Leber, Herz und in zweiter Linie der Milz (Hubei zhongyi xueyuan 1979: 49) zugeordnet. Der Funktionskreis Leber steht für Aggression, vor allem aber unterdrückte Aggression oder Ärger. Dem Herzen entsprechen Nervosität, Angespanntheit und Ängstlichkeit. Die Milz entspricht dem Grübeln, der depressiven Introversion. Auffällig ist die Beziehung zum hippokratischen Choleriker (Galle) und zum Melancholiker (Milz). Die Organnamen bedeuten nicht, daß diese Organe erkrankt sind. Sie stehen vielmehr im Sinne von Metaphern für funktionelles Geschehen, das sich über unterschiedliche Organsysteme und Körperregionen erstrecken kann.

Wir wissen heute nicht im einzelnen, wie diese Entsprechungen entwickelt wurden. Das folgende Beispiel versucht aufzuzeigen, wie es sich zugetragen haben könnte: Ein Arzt der chinesischen Antike untersucht einen Patienten, der unter dem rechten Rippenbogen krampfartige Schmerzen empfindet. Der Arzt weiß, daß dort Leber/Gallenblase liegen, hat aber keine Kenntnis von pathologischen Vorgängen. Er befragt den Patienten über weitere Symptome: Blähungen, Aufstoßen, bitterer Geschmack im Mund, Kloßgefühl im Hals, früher häufiger Migräne. Dem Anfall voraus ging starke seelische Erregung, Ärger, den der Patient nicht äußern konnte. Fast allen früheren Anfällen ging solcher Ärger voran.

Was lag also näher, als den beobachteten Komplex individuell wahrgenommener Symptome (mit dem führenden Schmerz über Leber/Galle) dem Ärger, also einer für jedermann erfahrbaren emotionellen Qualität zuzuschreiben. In der chinesischen Medizin gibt es dafür bestimmte Lehrsätze: gan zhu nu = die Leber beherbergt die Wut; nu xi tiao da = die Wut liebt es, sich auszubreiten. Wird sie daran gehindert, kommt es zu Schmerzen; die entsprechende chinesische Diagnose heißt ganqi yujie = Blockade und Verknotung des Leber-qi. Die folgende Tabelle auf S. 123 gibt einen Überblick über die häufigsten Symptomkomplexe der drei genannten Emotionen.

TRANSKULTURELLE ÜBERTRAGBARKEIT
oder kulturspezifische Symptomatik?

Handelt es sich bei diesen Symptomrastern nun um etwas kulturspezifisch Chinesisches oder um universales leibliches Erleben, das auch für unsere Patienten gilt? Es gilt. Ich arbeite mit dieser Diagnostik seit mehreren Jahren. Natürlich muß einschränkend gesagt werden, daß es sich bei der Beschreibung der drei emotionellen Qualitäten nur um ein sehr grundlegendes und durchaus ausweitbares Modell handelt. Es entspricht dem von dem Harvard-Physiologen Walter B. Cannon und dem großen Psychoanalytiker und Psychosomatiker Franz Alexander erarbeiteten Grundmodell menschlichen Verhaltens: das sympathisch innervierte Kampf- und Fluchtverhalten (fight and flight = Leber und Herz) und die parasympathische Regression (withdrawl-regression = Milz).

Dieses Grundmodell bedarf der Erweiterung, insbesondere muß es zur Vielfalt emotioneller Verhaltensweisen und Affekte wie Neid, Eifersucht, Ehrgeiz, enttäuschte Liebe, Mißtrauen, Selbstzweifel, Minderwertigkeitsgefühl etc. in Beziehung gesetzt werden.

Aggressivität, Wut, unterdrückter Ärger (Leber)	nervöse Angespanntheit, Ängstlichkeit (Herz)	Depressivität (Milz)
Kopfschmerzen	Schlafstörungen	Appetitverlust
Migräne	vermehrtes Träumen	allg. Kältegefühl
Schwindel	Herzrhythmus-	Durchfall
Augenflimmern	störungen	körperliche Abgeschla-
Übelkeit	Herzverkrampfung	genheit
Erbrechen	Schwitzen	trockener Mund
Seufzen	Nackenschmerzen	Parästhesien der
Globus hystericus	Schwindel	Extremitäten
thorakales Druckgefühl	Augenflimmern	Ameisenlaufen
retrosternales Kloß-		abdominelles Unwohl-
gefühl		sein
epigstr. und rechts-		Erbrechen
seitiger subcostaler		geblähtes Abdomen
Druck und Schmerz		retrosternales Kloß-
geblähtes Abdomen		gefühl
abdominelles Unwohl-		
sein		
Meteorismus		
Verstopfung		
Hypertonus		

Tab. 1: Zuordnungen von Symptomen zu Emotionen bei 106 psychosomatisch erkrankten Patienten, Nanjing, 1984/85

Erklärung: Die Aufstellung zeigt, daß bestimmte Symptome nicht nur einer Emotion zugeordnet werden konnten. Es gab z. B. Übergänge von verhaltenem Ärger zu Depressivität. Entscheidend für die jeweilige Diagnose der chinesischen Ärzte war das jeweilige Symptomraster (Durchschnitt: 6,4 Symptome/Patient), nicht das einzelne Symptom.

Fallbeispiel:

Im Rahmen des Kassenärztlichen Notdienstes wurde ich zu einer Patientin gerufen, die selbst über Telefon den Verdacht einer schweren Angina pectoris ausgesprochen hatte. Die Patientin saß seufzend am Küchentisch, stützte den Kopf auf eine Hand und machte einen sehr mißmutigen Eindruck. Sie bot keine Kaltschweißigkeit, keine perorale Blässe, die Hände waren warm. Sie gab Herzschmerzen und Herzrasen an. Die Auskultation ergab einen deutlichen Zwerchfellhochstand;

statt des Herzens hörte ich starke Luftgeräusche. Das Abdomen war massiv gebläht. Auf mein Befragen, was für weitere Beschwerden sie hätte, gab die Patientin an, zur Zeit auch unter Kopfschmerzen und einem Kloßgefühl im Hals zu leiden. Sie sei auch Migränikerin.

Für mich stand außer Zweifel, daß es sich um ein Ärgergeschehen handele. Ich sagte der Patientin, daß sie keine Angst vor einem Herzinfarkt haben müsse, daß die Herzschmerzen nicht ursächlich vom Herzen, sondern von dem geblähten Bauch ausgingen, und fragte sie, ob sie schon einmal den Begriff »Roemheld« von ihrem Arzt gehört hatte. Sie verneinte. Auch schien sie durch meine Erklärung nicht befriedigt (der Sprung vom drohenden Herzinfarkt zu so etwas Profanem wie »festgesetzter Luft« ist denn auch zu groß). Sie seufzte noch lauter. Als ich sie nun fragte, ob sie sich heute im Laufe des Tages geärgert habe, ob ihr »etwas auf den Magen geschlagen« sei, begann sie spontan zu weinen. Sie sei Bibliothekarin und hätte gerade ihren Urlaub beginnen sollen, auf den sie sich schon sehr gefreut hätte. Heute nun wurde eine Kollegin krank und ihr Chef habe sie gebeten, für jene einzuspringen und ihren Urlaub zu verschieben. Sie habe nein sagen wollen, sich aber nicht getraut. Sie habe sich wahnsinnig über sich selbst geärgert, und dann hätte alles mit dem Herzen angefangen.

Weiterhin erfuhr ich, daß sie seit Jahren bei verschiedenen Fachärzten in Behandlung sei: wegen der Migräne bei einem Neurologen, wegen des Halskloßes bei einem HNO-Arzt, wegen ihrer Herzanfälle bei einem Kardiologen und wegen der Blähungen und der chronischen Verstopfung bei einem Gastro-Enterologen. Alle Ärzte hatten ihr gesagt, daß in ihrem Fachgebiet nichts zu finden sei, daß sie organisch gesund sei, keine Krankheit habe. Alle Ärzte waren in ihrer Argumentation der Logik des Organdenkens und der Monosymptomatik gefolgt. Keiner der Ärzte hatte die Patientin in ihrer Ganzheit betrachtet und festgestellt, daß sie vor allen daran litt, daß sie wieder und wieder ihren »Ärger herunterschluckte«.

Ist die Wahrnehmung des Patienten, der ja genau wie der Arzt in derselben begrenzten Kultur aufgewachsen ist, nicht ebenfalls eingeschränkt? Sie ist es. Jores (1981: 29) weist darauf hin, daß Patienten mit psychovegetativen Störungen »gewöhnlich auf ein Organ fixiert« sind. Unsere Patienten werden ja konsequent durch uns Ärzte dazu erzogen, ihrem Leib kaum Aufmerksamkeit zu schenken. Ich hatte die Bibliothekarin auch gefragt, ob sie öfter aufstoßen müsse, denn das gehört zum Symptomkomplex unterdrückter Aggression. Sie verneinte.

Kurze Zeit später betrat ihr erwachsener Sohn die Wohnung. Als die Patientin ihn kommen sah, stand sie auf, lehnte sich gegen den Wohnzimmerschrank und begann laut und deutlich zu rülpsen. Nun fragte ich sie wieder, aber auch dieses Mal verneinte sie meine Frage. Sie nahm das Rülpsen nicht wahr. Noch nie hatte ein Arzt sie danach gefragt. Arzt und Patient werden lernen müssen, leiblich wahrzunehmen.

Exkurs: Die chinesische psychosomatische Sichtweise ist KEINE »ORGANSPRACHE«

Jores (1981: 30) schrieb unter dem Oberbegriff der »Organsprache«, daß jeder Affekt und jedes Gefühl eine »bestimmte organische Repräsentanz« hätten und daß Gefühle auch »regelhaft mit verschiedenen Organen« verbunden seien. Er führte als Beleg das Herz an, »das über das vegetative Nervensystem zum Ausdrucksorgan für die Liebe geworden ist«. Die größte Zahl der Redensarten in unserer Sprache betreffe das Herz. Dagegen gehörten die Milz und die Leber zu den Organen, die nur wenig »Ausdruckswert« besäßen. So gäbe es für die Leber nur die Redensart von der Laus, die darüber krabbelt.

In dieser Einschätzung zeigt sich die Verwechslung leiblichen Geschehens mit kultureller Konstruktion. Nicht das Herz ist »über das vegetative Nervensystem« zum Ausdrucksorgan für die Liebe geworden, sondern eine bestimmte kulturelle Sichtweise hat das Herz dazu erklärt. In der chinesischen Medizin wird das Herz ganz anders gedeutet, nämlich als Sitz des rationalen Geistes »shen«. Die herzbezogene Benennung der Liebe besagt nicht, daß sich die Liebe dort abspielt. Wir dürfen davon ausgehen, daß hier lediglich das hervorstechendste Zeichen leiblicher Liebesgefühle – Herzklopfen – als *pars pro toto* für den weitaus größeren Komplex steht, dem ein leibliches Durchwallen, weiche Knie, Erröten, Zittern, ein Kloßgefühl im Magen, Versagen der Stimme etc. angehören.

Wenn wir organfixiert sprachliche Redewendungen für die Leber suchen, dann kommen wir über die berühmte Laus nicht hinaus, suchen wir aber Ausdrücke für (unterdrückte) Aggression, dann zeigt sich uns ein großer Komplex von Redewendungen, die sich alle auf leibliches, aber eben nicht organfixiertes Geschehen beziehen: »sauer sein«, »zornfunkelnde, vor Wut blitzende Augen«, »etwas auf den Magen schlagen«, »der Bissen, der im Halse steckengeblieben ist« etc. Sogar

125

eine scheinbar der Welt der Technik entlehnte Redensart wie »Dampf ablassen« ist lediglich eine moderne Metapher für das bei unterdrückter Wut auftretende Stauungsgefühl im Kopf, das ja oft durch eine hypertone Situation und Augenflimmern charakterisiert ist.

Die chinesische Entsprechung zwischen Leber und Wut ist somit keine »Organsprache«, sondern im obigen Sinne hat die Leber lediglich Metapherfunktion für einen großen Symptomkomplex. Derselbe Patient kann zu unterschiedlichen Zeiten unterschiedliche Symptomkombinationen aufweisen. Bei diesem Symptomwandel handelt es sich jedoch nicht um den Wechsel verschiedener Krankheiten, wie es die organfixierte Medizin sieht. Allerdings kann auch die chinesische Medizin nicht die Frage beantworten, warum bei einem autoaggressiven Menschen das Symptom Migräne z. B. von einem Duodenalulcus abgelöst wird.

Die Theorie der »Organsprache« weist eine weitere erkenntnistheoretische Fragwürdigkeit auf. Einem Organ wird unterstellt, daß es sprechen, d. h. sich mitteilen möchte. Es wird somit in den Kreis kognitiver Wesen aufgenommen, und es wird ihm eine Sinnhaftigkeit attestiert. Diese Sinnhaftigkeit wird aber dem Bereich unserer Kultur entlehnt. Woher weiß das Organ, was in unserer Kultur sinnhaft ist? Die Kehrseite der Medaille ist denn auch, daß das Organ nicht als sprechend bzw. mitteilend angesehen wird, wenn in dem Symptom kein Sinn erkannt wird. Das Konstrukt der »Organsprache« führt also geradewegs zur semiotischen Differenzierung von spezifischen und unspezifischen Symptomen, zur Differenzierung von Zeichen und Symptom und letztlich zur Negierung von bestimmten Symptomen. Die Symptome leiblichen Geschehens sind nicht sinnhaft (mit Ausnahme der Konversion bei willkürlicher Innervation), sie sind nur beobachtbar und korrelierbar.

Ausblick

Möglicherweise kommt durch das chinesische Beispiel die Diskussion zur psychosomatischen Spezifität wieder in Gang, deren Anwalt im Westen Franz Alexander war, die aber in den letzten drei Jahrzehnten dem naiven Dualismus, den Daniel Moerman (1983: 162) die »Ethnometaphysik unserer Epoche« nannte, weichen mußte. Heute wissen wir, daß Alexander und seine Mitarbeiter – obwohl es ihnen in einer sehr aufwendigen Versuchsreihe in statistisch relevanter Weise gelang, anschließend an psychoanalytisches Vorgehen bestimmte somatische Krankheiten vorauszusagen – deswegen scheitern mußten, weil sie die gängigen Konzepte der Organsystematik und des Krankheitsbegriffes nicht in Frage stellten.

Eine der wesentlichen Grundlagen neuen Denkens in der Medizin sehe ich in der Kritik der reduktionistischen Sicht der Biomedizin vom Körper. Transkulturelle Medizinanthropologie erscheint mir als ein probates Mittel der Erkenntnisgewinnung, kulturell begrenzende Sichtweisen erkennbar zu machen und überwinden zu helfen.

Eine neue Theorie des Leibes bedeutet bewußte Hinwendung zum »Subjekt Mensch« (v. Weizsäcker). Die Quelle unseres Lernens ist der lebendige – der leibende – Mensch. Die hierbei anzuwendende wissenschaftliche Methode ist die denkbar einfachste: Der Arzt braucht nur zuzuhören und zu fragen. Sie ist gleichzeitig praktische Diagnostik, und indem der Patient zur Selbstdarstellung seines Erlebens kommt, bereits ein Teil der Therapie.

Literaturverzeichnis

Alexander, F. (1951), Psychosomatische Medizin. Berlin: Springer

Alexander, F., French, T. M., and Pollock, G. H. (Hg.) (1968), Psychosomatic Specificity. Bd. 1 Chicago: Univ. of Chicago Press

Balint, M. (1957), Der Arzt, sein Patient und die Krankheit. Stuttgart: Klett

Cannon, W. B. (1939), The Wisdom of the Body. New York: Norton

ders. (1953), Bodily changes in pain, hunger, fear, and rage. (2. Aufl.) Boston: Branford

Dahmer, J. (1988), Anamnese und Befund. Stuttgart, New York: Thieme

Engel, G. L. (1982), The biopsychosocial model and medical education. The New England J. of Med. 306: 802–805

Fleck, L. (1980), Entstehung und Entwicklung einer wissenschaftlichen Tatsache. Frankfurt a. M.: Suhrkamp

Hubei zhongyi xueyuan (Hg.) (1979), Zhongyi jichu gailun (Einführung in die Grundlagen der chinesischen Medizin). Shanghai: Shanghai kexue jishu chubanshe

Jores, A. (Hg.) (1981), Praktische Psychosomatik (2. Aufl.). Bern, Stuttgart, Wien: Verlag Hans Huber

Leder, D. (1984), Medicine and Paradigms of Embodiment. The Journal of Medicine and Philosophy, 9,1: 29–44

Merleau-Ponty (1962), Phenomenology of Perception. London: Routledge and Kegan Paul

Moerman, D. E. (1983), Physiology and Symbols. The Anthropological Implications of the Placebo Effect. In: L. Romanucci-Ross, D. E. Moerman, L. R. Tancredi (Hg.), The Anthropology of Medicine – From Culture to Method. Massachusetts: Bergin and Garvey

Ots, T. (1987), Medizin und Heilung in China: Annäherungen an die traditionelle chinesische Medizin. Berlin: D. Reimer

ders. (1990), The Angry Liver, the Anxious Heart, and the Melancholy Spleen – Phenomenology of Perceptions in Chinese Culture. Culture, Medicine and Psychiatry, Nr. 2, 1990

Schipperges, H. (1981), Kosmos Anthropos: Entwürfe zu einer Philosophie des Leibes. Stuttgart: Klett-Cotta

Schonecke, O. W. u. J. M. Herrmann (1986), Psychophysiologie. In: Th. v. Uexküll (Hg.): Psychosomatische Medizin: 103–140

Straus, E. (1966), Phenomenological Psychology. New York: Basic Books

Uexküll, Th. v. (1965), Grundfragen der psychosomatischen Medizin. Reinbek: Rowohlt

ders. (1986), Psychosomatische Medizin (3. Aufl.). München: Urban & Schwarzenberg

Uexküll, Th. v. und W. Wesiack (1988), Theorie der Humanmedizin: Grundlagen ärztlichen Denkens und Handelns. München: Urban & Schwarzenberg

Weiner, H. (1986), Die Geschichte der psychosomatischen Medizin und das Leib-Seele-Problem in der Medizin. Psychother. med. Psychol., 36: 361–391

Weizsäcker, V. v. (1949), Arzt und Kranker. Stuttgart: Koehler

Zhao, J. D. et al. (1984), Zhongyi zhengzhuang jianbie zhenduanxue (Lehrbuch der differentialdiagnostischen Symptomatik der chinesischen Medizin). Beijing: Renmin weishang chubanshe

Michael Geyer
Psychoanalytisches Denken
in der Psychosomatik der früheren DDR
Das Subjektive in der Medizin

Einleitung

Angesichts einer politischen und gesellschaftlichen Umwälzung im Osten Deutschlands, deren Ausmaß weder vorhersehbar war noch jetzt schon abzusehen ist, mag es vermessen erscheinen, Beziehungen zwischen dieser »Revolution« und der Entwicklung psychoanalytischen Denkens herzustellen. Die Entwicklungsgeschichte dieses Denkens in der DDR gibt jedoch Einblicke in jene grundlegenden Widersprüche zwischen Individuum und Gesellschaft, die letztlich zur aktuellen Situation geführt haben. Möglicherweise wird dabei auch sichtbar, daß psychotherapeutische Konzepte diese Entwicklung nicht nur abbilden.

Ein wichtiges Moment in diesem Prozeß ist zweifellos der bis zuletzt unversöhnliche Charakter des Verhältnisses von staatstragender Ideologie und Psychoanalyse, obwohl in den letzten Jahren die politische Gängelung der Wissenschaft nachgelassen bzw. subtilere Formen angenommen hatte. Hier einige Beispiele dieser widersprüchlichen Situation.

In der 1989 erschienenen »Enzyklopädie zur bürgerlichen Philosophie im 19. und 20. Jahrhundert« ist folgende Bestimmung des Stichwortes »Psychoanalyse« zu lesen: »Die Psychoanalyse gehört zu den einflußreichsten Strömungen innerhalb der spätbürgerlichen Ideologie. Sie übt nicht nur einen weitreichenden Einfluß auf alle bürgerlichen Sozial- und Geisteswissenschaften aus, sondern ist auch tief im Massenbewußtsein der kapitalistischen Hauptländer verankert« (Braun, S. 400).

Im gleichen Jahr konnte in einer Gemeinschaftsaktion zwischen Karl-Marx-Universität und Gesellschaft für Psychotherapie, Psychosomatik und medizinische Psychologie im ausdrücklichen Auftrag des Ministerrates der DDR ein Symposium anläßlich des 50. Todestages Sigmund Freuds in Leipzig veranstaltet werden, das weite Beachtung fand. Zwei Jahre vorher – 1987 – hatten Borbely und Erpenbeck in der »Zeitschrift für Philosophie« die Psychoanalyse als eine der bedeutsamsten Subjektwissenschaften des 20. Jahrhunderts bezeichnet. Es war der gleiche Zeitraum, in dem Kurt Hager, der ehemalige Chefideologe des Politbüros der SED, nach Angaben von Augen- und Ohrenzeugen beim Anblick des Titelblattes einer geplanten Freud-Edition mit den Worten »Wir haben doch schon genug Irrationales in unserer Literatur« deren Erscheinen immerhin um Jahre verzögerte. Erst im Sommer 1989, anläßlich des Symposiums zum 50. Todestag Freuds in Leipzig, brachten es Medizinhistoriker der DDR fertig, einige klare Worte zu den stalinistischen Formen des Umgangs mit der Psychoanalyse in der Sowjetunion in den 20er und 30er Jahren zu artikulieren.

Die stalinistischen, vulgär materialistischen Entstellungen des Marxismus hatten in den 50er Jahren die Grundlage für die Ausmerzung selbst psychoanalytischer Begriffe geliefert und eine lang anhaltende Furcht vor dieser Art zu denken bewirkt.

Die Denkweise der Psychoanalyse, ihr Menschenbild und ihre Zielvorstellungen von einem selbstbestimmten autonomen Individuum enthalten zweifellos ein politisch brisantes, sozialkritisches Potential, das einem totalitären Regime durchaus subversiv anmuten kann. Trotzdem war auf wissenschaftlicher Ebene die Situation spätestens seit Anfang, Mitte der 70er Jahre bereits gekennzeichnet durch eine stetige, relativ unsystematische Annäherung an die Psychoanalyse.

Zum Rezeptionsprozeß der Psychoanalyse

Unsere Praxis war, obwohl wir auch Freud und seine orthodoxen Nachfolger studiert hatten, vornehmlich durch die Theorien und Techniken der Abweichler von der »reinen Lehre« (ich verwende den Begriff »Abweichler« im theoretischen Sinne, nicht im Verständnis der IPV), also von Ferenczi und Balint, Schultz-Hencke und anderen Neoanalytikern, Boss, Kohut und Kernberg bis hin zu den modernen angloamerikanischen Schulengründern auf dem Gebiet der Kurztherapie (Malan, Bellak, Luborsky, Strupp u. a.) geprägt.

Die Art und Weise der wissenschaftlichen Beweisführung in der Psychoanalyse und besonders die psychoanalytische Metapsychologie machten es seinerzeit den Gegnern der Psychoanalyse nicht sehr schwer, die Lehre *in toto* als unwissenschaftlich, abenteuerlich und unbeweisbar abzuqualifizieren. Als in den letzten Jahrzehnten erst zögernd, im letzten Dezennium dann rasant *die* theoretischen Neuerungen um sich griffen, die es erlaubten, die Ansätze der Psychoanalyse mit schulpsychologischen Mitteln zu fundieren, und sich der Paradigmenwechsel ankündigte, der die Psychoanalyse wieder an die Seite der akademischen Disziplinen stellt, fragten sich viele, ob es sich überhaupt lohne, sich in diesen überaus schwierigen Umbauprozeß einzulassen, wo doch moderne handlungs- bzw. tätigkeitsorientierte Persönlichkeitstheorien ohne den Ballast überholter Konzepte existieren, die als Basis einer psychodynamischen Therapie durchaus in Frage kämen.

Versuche, den empirischen Erfahrungsschatz der Psychoanalyse in diesem Sinne also selektiv und innerhalb anderer theoretischer Konzepte zu nutzen, hat es denn auch gegeben.

Das von Höck, Szewczyk und Wendt 1971 publizierte Buch »Neurosen« enthielt bereits einen Artikel Königs (1971) mit der Aufforderung, psychoanalytische Erfahrungen und Konzepte in diesem Sinne zu nutzen. Die folgenden Versuche dieser Art blieben im Ansatz stecken.

Tatsächlich sieht es so aus, als könnten die verschiedenen miteinander organisch gewachsenen und verwachsenen Elemente des Gebäudes der Psychoanalyse – Persönlichkeitstheorie, Krankheitslehre, Therapietheorie und Technik – nicht getrennt voneinander verwertet werden. Borbely und Erpenbeck (1987, S. 1017) hatten »eine ›Reinterpretation‹, Erweiterung, Umdeutung oder auch partielle Ablehnung so entscheidender Kategorien wie Abwehr und Abgewehrtes, Unter- und Unbewußtes, Über-Ich, Identifizierung, Übertragung usw.« gefordert, da niemand darauf hoffen sollte, »solche und weitere Kategorien aus der Psychologie definitorisch wieder eliminieren zu können…« Vermutlich, so scheint es jedenfalls die jetzige Situation des Umbaus der psychoanalytischen Theorie und Praxis zu bestätigen, ist ein solcher Modernisierungs- und Differenzierungsprozeß in erster Linie konzeptintern zu gestalten. D. h., es dürfte nur unbefriedigend gelingen, den klinisch-empirischen Gehalt der Psychoanalyse in fremden Konzepten anzusiedeln.

Nur so ist es auch zu erklären, welche ungemeine Attraktivität die klassische Freudsche Literatur bei Laien und Experten in der DDR besitzt. Entwicklungsschritte lassen sich eben nicht überspringen. Es sieht so aus, als ob ohne die Aneignung der klassischen Theorien der Rezeptionsprozeß der modernen Konzepte in der Breite des Fachgebietes disharmonisch verläuft. Insofern erscheint es auch problematisch, den Anschluß an moderne Entwicklungen zu suchen, ohne sich am konzeptinternen Differenzierungs- und Modernisierungsprozeß der psychoanalytischen Theorie, wie er sich gegenwärtig international vollzieht, zu beteiligen.

Reinstitutionalisierung psychoanalytischer Therapie in der DDR

Zweifellos läßt sich der zu schildernde Prozeß nicht unabhängig von den tiefgreifenden sozioökonomischen Wandlungsprozessen in der DDR-Gesellschaft betrachten, der seit Anfang der 70er Jahre zu einer erweiterten Sicht von der Rolle des Subjekts und der Individualität führte. Aus heutiger Sicht ist zu sagen, daß damals die DDR Anschluß fand an die zivilisatorischen Prozesse, die wir als »Kultivierung von Subjektivität« in der soziologischen Literatur bezeichnet sehen. Wir würden diesen Prozessen eine die Reinstitutionalisierung der Psychotherapie erleichternde Funktion zuweisen.

Tatsächlich vollzog sich auch in der DDR in dieser Zeit eine massenhafte Zuwendung zu den Aspekten des Individuellen und der Individuation. Das drückt sich auch in der Philosophie, für *alle* erkennbar jedoch in Literatur und Kunst aus. Die bis dahin absolut dominierenden sozial-interaktionellen Gesichtspunkte in Einzel- wie Gruppentherapie wurden relativiert. Damit blieben zwar die Gruppenmethoden weiterhin bedeutungsvoll; die Einzeltherapie wurde jedoch für viele Psychotherapeuten interessant.

Bemühungen um die Reinstitutionalisierung einer psychoanalytischen Einzeltherapie gingen von wenigen Personen bzw. Gruppierungen aus. An erster Stelle ist Wendt zu nennen, der bereits seit den 60er Jahren in Uchtspringe eine psychoanalytisch orientierte Therapie etablierte, diese einer relativ großen Gruppe von Mitarbeitern und Schülern vermittelte und den Anstoß zur Gründung einer entprechenden Arbeitsgemeinschaft und späteren Sektion innerhalb der Gesellschaft für ärztliche Psychotherapie gab, deren erster Vorsitzender er wurde. Aus dieser Gruppierung sind besonders Tögel (inzwischen Dresden) und Schulz als Aktivisten dieser Schulrichtung zu nennen, aber auch Kulawik (Berlin), der sich Wendt anschloß und später an der Charité eine psychoanalytisch orientierte Therapie einführte. Geyer und Maaz entstammen einer Gruppierung, die sich ab Ende der 60er Jahre unter Führung von Ott um die Rezeption psychoanalytischer Konzepte bemühte.

Diese Gruppierung, die als Selbsterfahrungsgruppe Erfurt-Leipzig-Bernburg bis Mitte der 70er Jahre die Psychotherapie in der DDR nachhaltig beeinflußte, integrierte verschiedene psychodynamische Konzepte in ihrer Arbeit. Geyer entwickelte das Konzept der dynamisch-interaktionellen Psychotherapie als psychoanalytisch orientierte Kurztherapie. Maaz legte 1984 die erste Ausbildungskonzeption der Sektion »Dynamische Einzeltherapie« vor, innerhalb deren bisher gemeinsam mit Wendt, Kulawik und Tögel etwa 250 Ärzte und Psychologen ausgebildet wurden.

Inzwischen hat sich herausgestellt, daß seminaristische Übungen, Supervision und Gruppenselbsterfahrung durch Formen vertiefter und dyadischer Selbsterfahrung zu komplettieren sind. Dazu liegen gegenwärtig zwei Ansätze vor. Maaz schlägt eine »Therapie der Therapeuten« als vertiefte Selbsterfahrung vor, in der gruppendynamische und körpertherapeutische Ansätze dominieren. König und Geyer haben kürzlich das Konzept einer sog. fokalen Lehranalyse zur Diskussion gestellt, das auf die von Geyer entwickelte dynamisch-interaktionelle Kurztherapie bezogen ist.

Wie beeinflußt psychoanalytisches Denken die DDR-Psychotherapie insgesamt?

Um diese Frage zu beantworten, muß betrachtet werden, was als verbindliches Lehrziel seit 1978 in den staatlichen Bildungsprogrammen für den Psychotherapie-Facharzt und einer der Zusatzbezeichnung vergleichbaren Qualifizierung bis heute immer deutlicher ausformuliert wird. Es werden in diesen Bildungsprogrammen essentielle Fähigkeiten und solche, die wünschenswert bzw. austauschbar sind, verankert. Das Essentielle bezieht sich auf die Wahrnehmung und Handhabung der Übertragungs-/Gegenübertragungs-Konstellation in Einzel- und Gruppentherapie. Das theoretische Grundmodell entspricht dabei dem, was Kächele (1985) als den kleinsten gemeinsamen Nenner psychodynamischer Therapie bezeichnet hat, nämlich

1. Probleme und Symptome des Patienten verweisen auf Konflikte zwischen bewußten und unbewußten Persönlichkeitsanteilen;
2. Diese Konflikte sind im Umgang mit entwicklungspsychologisch frühen, wichtigen Bezugspersonen entstanden und werden in gegenwärtigen Beziehungen re-inszeniert. Dabei verhindert Angst eine

bessere Lösung als die zur Symptomatik führende. Von daher hat der Therapeut das Ziel, einerseits eine Beziehung herzustellen, in der diese Wiederholung zumindest tendenziell stattfinden kann, andererseits jedoch diese Beziehung im Sinne einer besseren Konfliktlösung zu verändern. Um dieser Aufgabe gerecht zu werden, ist die Bereitschaft zur komplementären Rollenübernahme der dem Therapeuten vom Patienten unbewußt zugeschriebenen Rollen ebenfalls essentiell.

3. Jede psychodynamische Therapie enthält als grundlegendes Element das Konzept der hilfreichen Beziehung. Dieses Konzept (siehe Luborsky 1984) enthält die Erfahrung des Patienten, daß der Therapeut unterstützend und hilfreich ist, sowie das Erleben, aktiv innerhalb einer Kooperationsbeziehung an der Lösung seiner Probleme arbeiten zu können. Diese Beziehung unterscheidet sich von den Konzepten der Arbeitsbeziehung der Psychoanalyse, da hier keine prinzipielle Scheidung zwischen Übertragungsbeziehung und Arbeitsbeziehung getroffen wird.

Es ist unschwer zu erkennen, daß hier eine deutliche Orientierung an dem dynamisch-interaktionellen Aspekt der Therapietheorie erfolgt und ihre von der Triebtheorie abgeleiteten Bestandteile unterrepräsentiert sind, was sich auch in der Therapietechnik zeigt, die bei uns vermittelt wird.

Legitimationsprobleme einer psychoanalytischen Therapie in der DDR

Es liegt in der Konsequenz der geschilderten Entwicklung, daß die Personen, in deren Verantwortung dieser Prozeß der Reinstitutionalisierung psychoanalytischer Therapie geführt wurde, sich um eine Legitimation ihres Tuns auch im internationalen Rahmen bemühten und weiterhin bemühen. Als internationale Anschlußstellen sind die Internationale Psychoanalytische Vereinigung (IPV), die Europäische Psychoanalytische Assoziation (EPF), aber auch nationale psychoanalytische Vereinigungen naheliegend. Nach einer Periode, in der das Bewußtsein einer Außenseiterrolle der psychoanalytischen Bewegung in der DDR eher mit Gefühlen der Minderwertigkeit und Beschämung verbunden war, wächst derzeitig ein Identitätsgefühl, das die Besonderheiten einer solchen Rolle nicht nur akzeptiert, sondern auch als Chance begreift.

Psychotherapie und das Subjektive in der Medizin

Psychotherapie und Psychosomatik stehen in der früheren DDR vor der Notwendigkeit, die anstehenden gesellschaftlichen Wandlungsprozesse zu unterstützen und analysierend zu begleiten. Ein bedeutsamer Ausschnitt dieser Aufgabe ist die Wiedereinführung des Subjektes in die moderne Medizin. Es geht um »Neues Denken« auch in der Medizin, und es gibt Anzeichen dafür, daß auf Dauer die entstandenen Widersprüche zwischen den Ansprüchen des Subjektes und dem Charakter der Medizin Veränderungen erzwingen werden.

Ganz offensichtlich hinkt die Medizin den Tendenzen soziokulturellen Wandels in den Industriegesellschaften hinterher, die als zunehmende Kultivierung von Individualität bzw. Subjektivität in Erscheinung treten. Erstmals in der Menschheitsgeschichte wird ein massenhaftes Bedürfnis einzelner Menschen erzeugt, ihre Individualität zu erfahren, »sich selbst zu verwirklichen«, »Entfremdung« zu verringern: also eine Position in der Gesellschaft einzunehmen, die gleichermaßen Bestätigung ihrer Individualität wie Teilnahme an der Kontrolle der Vorgänge beinhaltet, die sie als Subjekt dieser Gesellschaft betreffen. Probleme, die sich auf die Selbstthematisierung des Menschen in seiner leiblichen Befindlichkeit wie in seinem sozialen Umfeld beziehen, wären bereits jetzt ein Hauptgegenstand ärztlicher Tätigkeit.

Aber wo bleibt das Subjektive in der Medizin? Nimmt die Medizin bislang die Erlebniswelt des Menschen, seine biosoziale Natur und insbesondere sein Leiden in Beziehungen als wesentlichen Faktor für Gesundheit und Krankheit ernst?

Diese Fragen können nicht positiv beantwortet werden, aber sie werden immerhin bereits in traditionellen Kernbereichen der Medizin als legitim akzeptiert. Die Zeiten sind offenbar vorbei, wo solche Fragen auf Nebenschauplätze der Medizin, nämlich die eher randständigen »Psychofächer«, delegiert werden konnten. Dort drückt sich »Neues Denken« nicht zuletzt dadurch aus, daß diese Fächer die Rolle eines »Feigenblattes«, das die Seelenlosigkeit der Medizin verdeckt, nicht mehr weiterspielen wollen. Die künstlich hochstilisierte Polarität »Psyche versus Soma«, deren Dualismus bislang die Situation als einen Diskurs der Spezialisten untereinander kennzeichnete, wird durch den Widerspruch »Ganzheitlichkeit versus Reduktionismus« ersetzt, der die gesamte Medizin bestimmt, d. h., die integrative Perspektive des Arztes der Grundversorgung steht der auf Ausschnitte reduzierten Sichtweise des Spezialisten gegenüber. Die Grundversorgung wird das »Neue Denken« in die Medizin bringen.

Der allgemeine Widerspruch zwischen einer Ideologie, die alles für technologisch machbar hält, und ökologischer Sorge um das Ganze findet seine Analogie in der Medizin:

Das herrschende Maschinenmodell des menschlichen Körpers, die davon abgeleitete Organisation der Medizin als Reparaturbetrieb und die dazugehörige Idee der grundsätzlichen technischen Beherrschbarkeit dieser Maschine kontrastiert weithin sichtbar – aber von der Medizin weithin unbemerkt – zur wirklichen Komplexität der menschlichen Natur.

Die gesellschaftliche Institution Medizin hatte zu allen Zeiten zwei Funktionen. Zum einen ist sie eine Instanz sozialen Ausgleichs. In dieser Funktion nimmt sie Krankheit als Einzelschicksal hin, organisiert dem Betroffenen soziale Vergünstigungen, entschädigt ihn in gewisser Weise durch Leistungen der Gesellschaft und stellt ihn ihr wieder zur Verfügung. Dies ist unbestritten ihre legitime und vordergründige Aufgabe. Kurative Heilkunde verliert jedoch ihren humanen Charakter, wenn sie sich als Dienstleistungsbetrieb prostituiert, wenn sie Konflikte durch medizinische Maßnahmen nivelliert, ohne gleichzeitig deren Ursachen im Charakter unseres Gemeinwesens wahrzunehmen. Wer, wenn nicht die Medizin, besäße die Kompetenz, die biologischen Grenzen aufzuzeigen, die einer Anpassung des Menschen an nicht menschengerechte Verhältnisse entgegenstehen.

Das biologische Erbe erlaubt keineswegs jede kulturelle oder soziale Manipulation. Die in unseren Konsum- und Leistungsgesellschaften erzwungene Loslösung der Absichten, Ziele und Ideale des einzelnen von seinen elementaren, biologisch verwurzelten Trieben, Affekten, sexuellen und sinnlichen Erfahrungen, seinen Bedürfnissen nach Bindung und Vereinigung wie denen nach Autonomie und Selbstintegrität ist der Boden, auf dem Krankheit gedeiht. Es wäre dies die zweite, komplementäre Funktion der Medizin, der Gesellschaft diesen Spiegel vorzuhalten, aber dazu braucht sie unsere Disziplinen.

Unsere moderne Medizin verfehlt diese Aufgabe. Sie hat sich im Osten den Zielen totalitärer Machthaber ebenso widerstandslos untergeordnet, wie sie sich im Westen vom Wohlstand korrumpieren läßt.

Der Umgang mit dem in der Medizin ruhenden sozial- und kulturkritischen Potential scheint problematischer denn je. Ärzte hätten auch dafür zu sorgen, daß die Konflikte des Individuums mit der Gesellschaft zur Sprache kommen, daß aus Symptomen wieder Probleme werden, die verstanden werden und soziale Veränderungsprozesse anregen können. Der Arzt käme wieder in jene unbequeme, aber progressive Rolle, die ihm gestatten würde, jenseits des Konsenszwanges einer demokratischen Gesellschaft einen Anspruch an diese Gesellschaft auch dann aufrechtzuerhalten, wenn er (noch) nicht eingelöst werden kann.

Daß Ärzte dies kaum lernen und daß dies auf Kosten des Patienten geht, wird seit langem beklagt. Erst allmählich setzt sich die Erkenntnis durch, welche moralischen und psychophysischen Schäden der Arzt selbst erleidet, dessen wesentliches Ausbildungsziel darin besteht, seine elementaren mitmenschlichen Gefühle geringer zu schätzen als die Attitüde des »objektiven Wissenschaftlers«. Kommt sein Handeln nicht leicht in die Nähe dessen, was bereits Kant als den moralischen Kardinalfehler und als Quelle der größten sozialen Gefahr erkannte, nämlich andere zu Objekten zu machen? Wird er nicht gezwungen, seine natürlichen mitmenschlichen Gefühle einer professionellen Identität zu opfern? Muß er dann nicht ebenso zwangsläufig den Bezug zur Realität seiner eigenen Bedürfnisse verlieren, d. h. die »Normalität« eines seiner Natur entfremdeten Menschen mit allen gesundheitlichen Risiken ausbilden?

Und ging nicht zu allen Zeiten Gefahr von solcher »Normalität« aus, von Menschen, die ihre »Pflicht« abgekoppelt von jenem Mitgefühl taten, das doch zur menschlichen Natur gehört – ein Handeln, das nur möglich ist, wenn dem anderen – sei es aus rassischen, politischen oder wissenschaftlichen Motiven – die Subjekthaftigkeit abgesprochen wird?

»Neues Denken« in der Medizin braucht keine neuen Ideale, aber deren klare Rangordnung, die sichert, daß das Subjekt Vorrang hat vor Wissenschaftsidealen und den Ansprüchen eines mächtigen, profitorientierten, medizinisch-industriellen Komplexes. Besonders notwendig ist jedoch die Verankerung ärztlicher Ideale in den Bedürfnissen und Gefühlen, die unser natürliches Verhältnis zum anderen bestimmen. Eine personale Begegnung ohne professionellen Aktionismus auszuhalten, will gelernt sein. Der Versuchung zu widerstehen, persönlicher Berührung durch das Rezept oder andere medizinische Maßnahmen auszuweichen, wäre ein wichtiges Ausbildungsziel. Nur so entstände jene Sorge oder Betroffenheit, die den Arzt fähig macht, die psychische und soziale Wirklichkeit seines Patienten anzuerkennen, anstatt sie gleich mit medizinischen Maßnahmen zu verschleiern. So könnte eine gemeinsame Verantwortung dafür entstehen, wie mit der Wirklichkeit umgegangen wird.

»Neues Denken« in der Medizin beginnt, wenn an die Stelle von Resignation und dem unserem Berufsstand eigenen Zynismus die Hoffnung tritt, daß sich die Verhältnisse im Großen wie im Kleinen ändern lassen. Psychotherapie und Psychosomatik könnten und sollen dazu beitragen.

Literaturverzeichnis

Borbely, A., Erpenbeck, J. (1987), Vorschläge zu Freud, Dtsch. Zschr. f. Philosophie, 35, 1016–1024

Braun, K.-H. (1988), Enzyklopädie zur bürgerlichen Philosophie im 19. und 20. Jahrhundert, VEB Bibliographisches Institut Leipzig, S. 400–410

Geyer, M. (1989), Methodik des psychotherapeutischen Einzelgesprächs, VEB Johann Ambrosius Barth, Leipzig

Kächele, H. (1985), Was ist psychodynamische Kurztherapie? Prax. Psychother. Psychosom. 30, 119–127

König, W. (1971), Zur Notwendigkeit weiterer Auseinandersetzungen mit der Psychoanalyse und anderen psychotherapeutischen Schulen. In: Höck, K., Szewczyk, H., Wendt, H. (Hg.), Neurosen, VEB Deutscher Verlag der Wissenschaften. Berlin, S. 59–75

Maaz, H.-J. (1984), Unveröffentlichte Lehrmaterialien

IV. Soziale und ökologische Medizin

Emanuela Maria Leyer
Zwischen »Morbus Bosporus« und »Zivilisationsmarionette«?
Ein Beitrag zur Psychodynamik der Migration am Beispiel der türkischen Arbeitsemigranten

> »Wir können die Perspektive eines Fremden mit der eines Eingesessenen konfrontieren und so eine alarmierende geistige Beunruhigung säen, die sich häufig als produktiv und für beide Seiten fruchtbar herausstellt.«
> *Leszek Kolakowski*

Folgen wir Elias (1980), so hat der Prozeß der Zivilisation in unserer westlichen Gesellschaft zu zunehmender Affektkontrolle, Individualisierung und sozialer Isolation geführt. Die anatolische agrarische Kultur, aus der viele türkische Arbeitsimmigranten stammen, trennt zwischen Körper und Psyche bzw. zwischen dem einzelnen und der Gemeinschaft, dem Sozialkörper, weit weniger, als dies in unserer Kultur der Fall ist. Der einzelne unterliegt in Familie und Gemeinschaft einer starken äußeren Kontrolle, die auf die Einhaltung strenger Verhaltensregeln im Umgang der Geschlechter (Ehr- und Schamkonzept), der Generationen und sozialen Schichten achtet.

Mit dem Wechsel in einen anderen Kulturbereich, der zudem häufig an den sozialen Rändern unserer Industriegesellschaft angesiedelt ist, ist in der Regel ein weitgehender Verlust an sozialen Beziehungen und Kompetenzen, an Symbolisierungsfähigkeit und Sinnorientierung verbunden. Dies führt zu einer Labilisierung und Entwertung der in familiärer Sozialisation und im ethnokulturellen und sozialen Kontext erworbenen Ich-Funktionen. Die bisherigen psychosozialen Orientierungs- und Handlungsmuster vermitteln in der neuen fremden Umwelt nicht mehr ausreichend und befriedigend zwischen innerseelischen Bedürfnissen und äußeren sozialen Anforderungen. Je größer die kulturelle und soziale Distanz zwischen verlassener und neuer Umwelt ist, um so schwieriger gestalten sich die notwendigen Anpassungsprozesse im Migrationsprozeß (vgl. Pfeiffer 1989), wobei soziale Benachteiligung weitaus größeren Einfluß hat als kulturelle Differenzen.

Die Erfahrung des »Kulturschocks« erfordert von dem Immigranten eine psychische Reorganisation, d. h. Anpassung und Integration neuer, zunächst fremder und unter Umständen bedrohlicher Erfahrungen. Dieser Vorgang gleicht einem Trauerprozeß, in dessen Verlauf die eintretende Depression mit Hilfe verinnerlichter guter Objektbeziehungen und der Aufnahme neuer guter Beziehungen zur fremden Kultur verarbeitet wird. Im günstigen Fall werden die Trauer um die verlorene Heimat durch ein wachsendes Zugehörigkeitsgefühl zur neuen Gemeinschaft und die aufgegebenen Beziehungen durch selbstgewählte neue Interaktionen ersetzt. Am Ende des Entwicklungsprozesses steht ein unter dem Einfluß seiner ethnokulturellen Erbschaft an die neue Kultur selektiv angepaßtes Ich (Garza-Guerrero 1974).

Der von Garza-Guerrero idealtypisch geschilderte Verarbeitungsprozeß des kulturellen Wechsels mißlingt im Falle vieler türkischer Immigranten, die sich teilweise bis heute in einer krisenhaften Situation der persönlichen, familiären und sozialen Isolation, Diskrimierung und Unsicherheit befinden. Die zwangsläufig auftretenden psychosozialen Konflikte werden in dieser Gruppe häufig somatisiert und über funktionelle Störungen und psychosomatische Leiden verarbeitet. Sprach-, Schicht- und Kulturbarrieren reduzieren die medizinische Behandlung zumeist auf eine »stumme Medizin« (Lüth 1974), für die, wie v. Uexküll (1985, S. 38) ironisch feststellt, »so etwas wie Seele nicht, oder nur als ›Gespenst in einer Maschine‹« existiert – mit teilweise fatalen Folgen für Diagnosestellung und Behandlung.

Es wäre aber statt dessen denkbar, die in unserer Behandlungspraxis mit andersartig sozialisierten und »zivilisierten« Menschen provozierte Verunsicherung und Unzufriedenheit mit den verfügbaren Behandlungsmöglichkeiten zu nutzen und diese Schwierigkeiten als Kritik an unserer eigenen Lebens- und Arbeitsweise und am Umgang mit unseren »Gästen« zu entschlüsseln. Sind wir selbst »Zivilisationsmarionetten« geworden, wie Kutter (1984) uns vorwirft, affektfrei, kontrolliert, rationalisierend, deren »Verschwinden der Sinne« (Kamper und Wulf 1984) von einer Zunahme psychosomatischer Erkrankungen begleitet wird? Liegt in der beklagten tiefreichenden Verdrängung von Körperlichkeit und Affekterleben die Ursache dafür, daß somatisierende und wehklagende türkische und südländische Patienten von uns »Diagnosen« wie »Morbus Bosporus«, »Türkenbauch« und »Mamma-mia-Syndrom« erhalten? Immerhin weisen derartige Etiketts noch auf den emotionalen Gehalt eines Leidens hin, wenn auch auf entwertende und distanzierende Weise. Die höhere kulturelle Ordnung der De-Somatisierung, in der Kutter (1984) den narzißtischen Objektbeziehungstypus als den vorherrschenden findet, stellt derart die somatisierende Kultur mit eher gemeinschaftlichen oralen Beziehungsmodi auf eine »primitive« Entwicklungsstufe (vgl. Douglas 1986).

Die folgenden Überlegungen haben zum Ziel, einen Einblick in die Psychodynamik und Psychosomatik des kulturellen und sozialen Wandels anhand von Vignetten und Zitaten aus psychotherapeutischen Behandlungen türkischer Arbeitsemigranten zu geben. Welche Hinweise auf die Bewerkstelligung der Anpassung an industrielle Arbeitsabläufe und welche Umgangsweisen mit körperlichen Beschwerden und psychosozialen Konflikten lassen sich in psychotherapeutischen Gesprächen mit türkischen Patienten finden?

Psychosoziale Verarbeitungsprozesse müssen geschlechtsspezifisch untersucht werden. Hier sollen die türkischen Männer im Mittelpunkt stehen. Männer und Frauen unterscheiden sich sowohl im Hinblick auf das Erscheinungsbild auftretender Erkrankungen wie auch in der damit verbundenen Konfliktdynamik. Erdheim (1982) hat Geschlechter- und Kulturdifferenz sehr treffend verknüpft: »Fremd wie das eigene Unbewußte sind die anderen Kulturen und das andere Geschlecht« (S. 13), und er bestimmt die Aufgabe ethnopsychoanalytischer Arbeit als »Auseinandersetzung mit Herrschaft und Aggression« (a. a. O. S. 11).

Von 1984 bis Ende 1987 habe ich im Rahmen eines Modellprojekts zur Verbesserung der psychosomatischen Versorgung türkischer Emigrantenfamilien weit über 100 türkische Patienten und Patientinnen, großenteils zusammen mit Angehörigen, auf den Stationen des Klinikums und in der Ambulanz der Psychosomatischen Universitätsklinik Gießen gesehen. Die mit Hilfe türkischer studentischer Übersetzerinnen geführten Gespräche erlaubten mir einen tiefen Einblick in das innere Erleben der türkischen Emigranten wie auch in die häufig gesellschaftlich randständige, sozial und rechtlich benachteiligte Lebens- und Arbeitssituation der meisten meiner Patienten.

Psychosomatische Symptome erscheinen hier als eine adäquate Verarbeitung von sozial nicht beachteten, nicht verstandenen und als nicht übereinstimmend mit der sozialen Gruppe aus der Verständigung ausgeschlossenen »eigensinnigen Erlebnisanteile« (Volmerg 1984, S. 109). »In der Somatisierung der psychischen und sozialen Konflikte und ihrer Versorgung durch die zuständigen medizinischen Institutionen eröffnet sich zugleich ein Weg, den Konflikten – ohne Widerspruch zu den herrschenden Normen – Ausdruck und Entlastung zu verschaffen« (a. a. O., S. 118).

Ich gehe davon aus, daß die »Fremdkörper« der türkischen Arbeiter eine störende, aber nichtsdestotrotz beeindruckende Sprache sprechen, die sich im psychotherapeutischen Dialog überraschend schnell in ausdrucksstarken Sprachbildern entfalten läßt. Hier unterscheiden sich meine Erfahrungen mit deutschen und türkischen psychosomatisch Kranken dann auch erheblich.

Kasuistik I

Herr M., ein 35jähriger Fabrikarbeiter mit ungewöhnlichem Bildungshintergrund (in der Türkei war er zeitweise als Lehrer tätig), lebt seit 14 Jahren mit Ehefrau und vier Kindern in Deutschland, wo er seinen Vater ablöste, der seit dem sechsten Lebensjahr des Herrn M. hier Gastarbeiter war. Er wurde von seinem Neurologen wegen chronischer multipler Schmerzzustände und depressiver Verstimmung an mich überwiesen.

Herr M. spricht immer wieder von Wärme und Kälte in seinen Beziehungen. Er ist übezeugt, »daß wir Türken das wärmere, herzlichere Volk sind und daher auf die Deutschen zugehen müssen, weil diese kalt sind«. Mißlingen seine warmherzigen Angebote, zum Beispiel an Arbeitskollegen, gerät er schnell in einen Zustand, den er mit einem »Ballon kurz vorm Zerplatzen« vergleicht. Wie Rumpelstilzchen möchte er dann lostoben. Nach dem Erstgespräch, das in vorwurfsvoller aggressiver Stimmung verläuft, ist der Therapieverlauf durch starke Idealisierung und Nähewünsche an die Therapeutin bestimmt. Herr M., ein Angehöriger der zweiten Migrantengeneration, verfügt über Intelligenz, Begabung und die Fähigkeit, immer neue faszinierende Bilder für seine Erfahrungen im Anpassungsprozeß in Deutschland zu entwerfen (vgl. Leyer 1989).

In einer Stunde setzt er sich mit dem System von Gesetz und Strafe auseinander und zieht die öffentliche Kontrolle in der islamischen Türkei der unsichtbaren Kontrolle in Deutschland vor. In der Türkei wisse man stets, woran man sei, in Deutschland könne man oft weder Gesetz noch Strafandrohung, obwohl sie streng seien, wahrnehmen. »Allah kann nicht so grausam sein wie die Phantasie der Menschen«.

Er beschäftigt sich dann höchst ambivalent mit der modernen Technik, die unsichtbar alle Gesetzesübertretungen erfasse, und sagt »hier ist alles unterschwellig, man tut so, als gebe es keine Verbote, aber es gibt sie doch«. Dann findet er diese Art von unsichtbarer Herrschaftsausübung auch an seinem Arbeitsplatz: »Das Ziel ist hier, oder was den Fortschritt ausmacht, den Menschen gleichzusetzen mit einer Maschine. Und ihn so funktionstüchtig zu machen, daß er wie eine Maschine handelt und Arbeiten ausführt. Sie (die Therapeutin) kann sich dessen vielleicht erwehren, aber von mir wollen sie, daß ich wie eine Maschine werde, sonst werde ich weggesetzt«. Er klagt sehr über das »Festgenageltsein an der Maschine« und genießt es, als es seinem Psychiater, der Betriebsärztin und mir gelingt, eine Arbeitsplatzumsetzung zu erreichen, wo er während des Tages den Platz wechseln kann.

Seine eigene Faszination gegenüber moderner Technik und seine Ambivalenz gegenüber der warmen, aber technisch rückständigen Türkei wird deutlich: So wandelt sich zum Beispiel das in den ersten Sitzungen von ihm verwendete Bild für sein bedrohtes narzißtisches Gleichgewicht. Er sieht sich auf der Spitze eines hohen Minaretts stehend, und die Rettung muß von mir kommen, die ihn dort oben in letzter Sekunde festhalten kann. Nach einigen Sitzungen ist davon nicht mehr die Rede. Jetzt wünscht er mit einem tollen Sportwagen vorzufahren, »einem Porsche, einem Cadillac, mein Gott, das wär was Feines!«, »um die Frauen zu beeindrucken«. Er phantasiert, im Lotto den Hauptpreis zu gewinnen und in der Türkei eine Art Arche Noah zu bauen, in die er die Übersetzerin und mich einladen wird. Er will in einem Harem von Frauen mit erlesenen Speisen verwöhnt werden und grämt sich später darüber, daß ich ihn nicht zum Essen einlade, während er uns mit selbstgeschriebenen Gedichten verwöhnt.

Herr M. beendete die Therapie entgegen meinem Rat. Wegen der nicht ausreichend aufgelösten und bearbeiteten Idealisierung und der damit abgewehrten Enttäuschung und Trauer um Aufgegebenes sowohl in seiner Kindheit als auch als Türke in Deutschland, der sich anpassen will und muß, führte ein Rückfall in die Depression dann zu einer erneuten stationären Behandlung, die, wie ich hörte, erfolgreich verlief.

Das Bild vom Auto, das bei Herrn M. immer wieder auftauchte, spielte als Symbol des narzißtischen Selbst und des wie eine Maschine zu ständiger Arbeit angetriebenen Körpers in vielen Behandlungen türkischer Männer eine wichtige Rolle. Zwischen »Fahrt ohne Grenzen« und »Motor kaputt« wurde jahrelang aufs Gas getreten, bis Erschöpfung und Krankheit endlich zum Auf-die-Bremse-Treten zwangen. »Der Schmerz, wenn ein Ast vom Baum abbricht« (Herr M.), die

Trauer um den Verlust mütterlicher Wärme in der verlassenen Kultur, die vom Vater für die Söhne nicht ausreichend ausgestattet wurde, so daß Enttäuschung über den schwachen türkischen Vater zur Idealisierung der deutschen Gesellschaft als einzigem Hoffnungsträger wird, die daher nicht in Frage gestellt werden darf, kann durch manisch wirkendes Leistungsstreben und rücksichtslose Selbstabnutzung sozusagen überfahren, übergangen werden.

Kasuistik II

Herr E., ein 45jähriger Fabrikarbeiter mit eigenem Schustereibetrieb, seit 15 Jahren mit Familie in Deutschland lebend, litt unter chronischer Migräne. Er hatte sich völlig mit einem unerreichbaren Migrationsziel identifiziert, für dessen Erreichung alle in der Familie sich fast zu Tode arbeiteten. Der Satz mancher Männer: »Wir sind Soldaten an der Front der Arbeit«* tauchte hier als Bild einer pausenlos kämpfenden und vorrückenden Truppe auf, von der niemand ungestraft desertieren durfte. Beide Eltern arbeiteten in Akkord- und Schichtbetrieb und führten außerdem zwei eigene Geschäfte. »Wir sind nur zum Arbeiten in Deutschland. Wir haben keine Zeit zum Schwätzen!« hielt der Vater meinem Therapieangebot entgegen.

Die Familie hatte sich als Festungsfamilie (vgl. Richter, 1972) gegen die feindselig erlebte Umwelt abgeschottet. Die 13jährige Tochter Sirin, seit frühester Kindheit zwischen Deutschland und Türkei hin- und hergeschoben, dekompensierte mit schweren psychosomatischen Symptomen und Suizidversuchen und wurde wegen familiärer Vernachlässigung und Mißhandlung in eine deutsche Pflegefamilie gegeben. Die von beiden Eltern manisch abgewehrte tiefe Depression war an die Tochter delegiert und abgespalten worden, wo die Eltern ihre eigene Hilf- und Hoffnungslosigkeit unter Kontrolle halten und mit Vorwürfen verfolgen konnten.

Herr E. hatte sich über alle Maßen verschuldet, um sozialen Erfolg und narzißtische Vollkommenheit zu erreichen. Ich war sprachlos, als er mir gehetzt beteuerte, wäre nicht die Belastung durch seine Familie,

---

* Öztürk und Volkan (1977) verweisen auf die patriotische Verherrlichung von Militarismus und Heldentum bei türkischen Männern als Ergebnis einer früh im Erziehungsprozeß einsetzenden Identifikation mit dem Aggressor, d. h. dem Gehorsam und Unterwerfung fordernden Vater.

wäre er nicht nur in der Lage, eine Fabrik mit tausend Mitarbeitern, sondern wie der Bundeskanzler die ganze Bundesrepublik zu leiten. Diesem grandiosen Selbstbild entsprach die gnadenlose Selbstausbeutung beider Eltern, die, vorzeitig gealtert, ihre Erschöpfung und Depression nur noch in organdestruktiven Erkrankungen verarbeiten konnten.

Kasuistik III

Herr S., 55 Jahre alt, seit 22 Jahren Fabrikarbeiter in Deutschland, litt unter einer koronaren Herzkrankheit, degenerativen Rückenbeschwerden, Diabetes, psychosomatischen und funktionellen Beschwerden sowie depressiver Verstimmung. Er war, im Gegensatz zu Herrn E. und Herrn M., immer in sein türkisches Heimatdorf und in die türkische Gemeinde am deutschen Wohnort integriert. Seine Motive zur Migration waren äußere wirtschaftliche Gründe ohne großen Ehrgeiz. So mußte er nicht, wie Herr E., unter der Diskrepanz zwischen Real- und Idealselbst leiden. Er war im Sinne Parins (1978) mit der ihm zugewiesenen Rolle als Fabrikarbeiter der Eisengießerei zufrieden, fühlte sich in Übereinstimmung mit seinem deutschen Meister und den Kollegen. Seine Loyalität gegenüber der Firma, die er wie das dörfliche Patronagesystem erlebte, wo Angehörige und Führer der Gemeinschaft füreinander einstehen, ließ er nur ungern infragestellen: Einmal, nach einer höchst kränkenden Zurechtweisung durch den Meister, die ihn sprach- und hilflos zurückließ, schnitt er sich kurz danach aufgrund eines Fehlgriffs an der Maschine einen Finger ab. Erst im späteren Therapieverlauf, als er sich bei mir aufgehoben und verstanden fühlte, sprach er über diesen Vorfall.

In einer Stunde brachte der Bericht über die prunkvolle Ehrung eines früheren Kollegen im Betrieb Ehefrau, Übersetzerin und Therapeutin unwillkürlich zum Lachen, weil diese Ehrung wie eine Beerdigungsszene erschien, eine absurde Farce der Belobigung angesichts realer Mißachtung der Bedürfnisse der türkischen Arbeiter. Das Lachen der Frauen bahnte auch Herrn S. einen Zugang zu seinen abgewehrten Wahrnehmungsanteilen, die er bisher als zu schmerzlich und kränkend nicht zulassen konnte. Seine mütterliche und handfeste Ehefrau ergänzte aber die Ausblendungen seiner Wahrnehmung durch realistische Hinweise, wobei Streit von beiden Partnern nicht vermieden wurde (vgl. Leyer 1989).

Herr S. als »depressiver Mutter- und Objektsucher« schuf sich mit seinem Festhalten an traditionellen Werten, zum Beispiel der traditionellen Gruppensolidarität, aber nicht nur Wahrnehmungsbehinderungen, sondern trug auch dazu bei, sich in einem sozialen Netz wechselseitigen Austauschs Orientierung und Lebenssinn zu erhalten. Wo er seine Position als türkischer Arbeiter nicht wie Herr M. wahrnehmen und begreifen konnte, hatte er diesem seine Fähigkeit zum Eintauchen in die familiäre und soziale Gemeinschaft voraus. Während Herr M. die Möglichkeit der Emanzipation von traditionellen Zwängen und Beengtheit schätzte, trauerte Herr S. um den auch im türkischen Heimatdorf beobachteten sozialen Wandel, der sich zum Beispiel an veränderten Ritualen der Gastfreundschaft und der im Dorf gefeierten Festlichkeiten zeigt, die nun aus den privaten Haushalten in das neue Dorfgemeinschaftshaus verlegt werden. Die Beschneidung seiner Söhne ließ er im Heimatdorf durchführen und mit einem großen Fest feiern. So steht neben jeder Trauer um etwas Verlorenes doch wieder die Freude darüber, daß nicht alles aufgegeben und verändert werden muß und Neues bereichernd hinzukommt.

Theoretische Überlegungen

Gemeinsam ist den drei Patienten, trotz deutlicher Unterschiede in der Verarbeitung des migrationsbedingten Anpassungsprozesses, die Somatisierung psychosozialer Konflikte, vor allem in Schmerzsymptomen. Die körperliche und seelische Anpassung an die zunächst ungewohnte Fabrikarbeit erleben sie allerdings unterschiedlich: Während Herr S. sich mit der zugewiesenen sozialen Rolle identifiziert und später erfahrene Kränkung und Entwertung in psychosomatischen Symptomen verarbeitet, durchschaut Herr M. sein Schicksal sehr genau, was ihm aber zunächst auch keinen anderen Ausweg als die Flucht in körperliche Beschwerden eröffnet. Er steht sozusagen zwischen Herrn S. und Herrn E., der zur Abwehr drohender Hilf- und Hoffnungslosigkeit (vgl. Engel und Schmale, 1978) und depressiver Dekompensation alle Begrenzungen verleugnet und sich einem gnadenlosen Leistungsstreben zur Erreichung eines idealisierten Selbstbildes unterwirft.

Erdheim (1982) hat dargestellt, wie die narzißtischen omnipotenten Größenphantasien des Adoleszenten entwicklungsfördernd auf die Gesellschaft wirken und andererseits durch die eigene Arbeit an die

Realität angepaßt und realitätsgerecht modifiziert werden. Auf diese Weise lassen sich Größenphantasien und Realität versöhnen.

Viele türkische Arbeiter wurden direkt nach ihrem Militärdienst, ehe sie eine soziale Position in ihrer Herkunftsgemeinde einnehmen konnten, ins Ausland angeworben. Stellt schon eine adäquate Umwelt eine Voraussetzung für die individuelle Bewältigung des sozialen und kulturellen Wandels dar (Parin 1977, 1978, 1986; Garza-Guerrero 1974), so erschwert das Fehlen einer tragfähigen kulturellen Gemeinschaft, in die der Adoleszente schließlich initiiert und integriert wird, den Abschluß der Adoleszenz und den Übergang in eine ausreichend befriedigende soziale Position. Die adoleszentären narzißtischen Größenselbstphantasien bleiben dann unmodifiziert wirksam und fördern die Identifikation mit einem idealisierten Migrations- und Lebensziel und mit einem manischen Leistungsstreben, das durch keine Realitätsprüfung und -anpassung korrigiert wird.

Herr E. muß als ein extremes Beispiel für viele andere türkische Patienten gelten, wo sich äußerer sozialer Druck mit einem verinnerlichten Leistungs- und Aufstiegswillen verbindet, dessen destruktive körperliche, seelische und familiäre Folgen aufgrund der hier meist angetroffenen sozialen Isolation durch keine, immer ja kulturell vermittelte Ökonomie körperlicher und seelischer Kräfte gebremst wird. Zerbrechen die auf die Zukunft projizierten Illusionen an der mit Zeit und Alter veränderten Lebensrealität, kommt es zur narzißtisch-depressiven Dekompensation, meist mit psychosomatischen Erkrankungen und, bei den über 45jährigen, körperlichen Verschleißkrankheiten. Eine fehlende soziale und kulturelle Einbindung bedingt also einerseits eine höchst unzureichende psychische Verarbeitung der Migration, wie andererseits den Verlust traditioneller und sozialer Schutzmechanismen vor zu großer Fremd- und Selbstausbeutung (vgl. Karsten 1987, Leyer 1990).

Auffällig viele der zu Patienten der Psychosomatischen Klinik gewordenen Türken haben meinem Eindruck nach frühkindliche Verluste und Traumatisierungen erlitten. Dabei scheint der Verlust des Vaters (bei Herrn M. und Herrn E.) für den Jungen weitaus gravierendere Folgen als der Tod der Mutter (bei Herrn S.) zu haben. Der Vater ist nicht nur Identifikationsfigur und Autoritätsperson in der Familie, sondern fördert die Integration des Sohnes in die Geschlechtergemeinschaft der Männer. Sein Fehlen scheint bei den Jungen eine kaum füllbare Lücke zu hinterlassen, wobei diese dann auch noch mit häufig unrealistischen sozialen (Herr E. verdiente im Alter von zwölf Jahren den Unterhalt für Mutter und Geschwister), aber auch narzißtischen Anforderungen konfrontiert wurden. So erzog Herrn M.s Mutter diesen in Abwesenheit des Vaters zu einem »Bild von Mustersohn«.

Es ist meine These, daß bei türkischen Männern, die traumatisierende frühkindliche Verluste – hierzu gehört auch die Sozialisation ohne Vater – ohne hinreichende Kompensationsmöglichkeiten erlebt haben, die Migration im Jugendlichenalter zu einer »unabgeschlossenen Adoleszenz« führt. Die von der Aufnahmegesellschaft weiter geförderten und geforderten Mechanismen der Selbstausbeutung bei gleichzeitig erfahrener Diskriminierung der türkischen Minderheit unterstützen den Rückzug von der neuen Lebenswelt und die Aufrechterhaltung der narzißtischen Größenphantasien, welche die Kränkung des Unerwünschtseins verleugnen helfen sollen.

Die psychotherapeutische Bearbeitung dieser ungelösten seelischen Konflikte ist notwendig. Sie ist leichter mit Patienten wie Herrn S. oder Herrn M. durchzuführen, die mein Beziehungsangebot mit früheren Erfahrungen von guten Objektbeziehungen verknüpfen können. In längerfristigen Behandlungen treten bei den Männern (bei den Frauen habe ich dies nicht beobachtet) unausweichlich und notwendig aggressiv-depressive Krisen auf, die die jahrelang unterdrückten Triebimpulse aus ihrer somatisierten Verarbeitungsform wieder in zwischenmenschliche Beziehungen einbringen. Die narzißtischen Größenphantasien, die verleugnende und idealisierende Abwehr der Depression, können schließlich doch noch an der enttäuschenden und unvollkommenen, aber immerhin »ausreichenden Realität« (vgl. Winnicotts Konzept der »hinreichend guten Mutter« und Umwelt, 1956) infragegestellt und bearbeitet werden.

Dabei kann es nicht das Ziel sein, körperliche und körperbezogene Erkrankungen möglichst bald zu beseitigen. Diese müssen vielmehr in vielen Fällen als gesundheitsförderndes Auf-die-Bremse-treten bewertet und als sinnvolle Leistung und Konfliktlösung geschätzt werden, die zum einen die Anpassung des Körpers an äußere Anforderungen und zugleich das Leiden daran und die Rebellion dagegen verkörpern.

Literaturverzeichnis

Douglas, M. (1986), Ritual, Tabu und Körpersymbolik. Sozialanthropologische Studien in Industriegesellschaft und Stammeskultur, Frankfurt a. M.

Elias, N. (1980), Über den Prozeß der Zivilisation. Soziogenetische und psychogenetische Untersuchungen, Frankfurt a. M.

Engel, G. L., Schmale, A. H. (1978), Eine psychoanalytische Theorie der somatischen Störung. In: Overbeck, G. u. Overbeck, A. (Hg.) (1978), Seelischer Konflikt körperliches Leiden. Reader zur psychoanalytischen Psychosomatik, Reinbek bei Hamburg

Erdheim, M. (1982), Die gesellschaftliche Produktion von Unbewußtheit. Eine Einführung in den ethnopsychoanalytischen Prozeß, Frankfurt am Main

Erdheim, M. (1982), Psychoanalyse für Gesunde. Gespräch mit Mario Erdheim. In: Heinrichs, H.-J. (Hg.), Das Fremde verstehen; Gespräche über Alltag, Normalität und Anormalität, Frankfurt a. M., S. 9–13

Garza-Guerrero, A. C. (1974), Culture Shock: Its Mourning and the Vicissitudes of Identity. In: American Psychoanalytical Ass. VI, Bd. 22,2: 408–429

Kamper, D., Wulf, Ch. (Hg.) (1984), Das Schwinden der Sinne, Frankfurt a. M.

Karsten, M.-E. (1987), Die Bedeutung der Zeit im Migrationsleben. In: Migration: A Europ. Journal of Internat. Migration and Ethn. Relations, Nr. 1, S. 109–137, Berlin

Kolakowski, L. (1988), Lob des Exils. In: die tageszeitung vom 21.9.1988

Kutter, P. (1984), Psychoanalyse in der Bewährung. Methode, Theorie und Anwendung, Frankfurt a. M.

Leyer, E. M. (1989), Thematisierung von Diskriminierung in psychosomatischen Gesprächen mit türkischen Arbeitsemigranten. In: Söllner, W.; Wesiack, W.; Wurm, N. (Hg.), Sozio-Psycho-Somatik. Berlin, Heidelberg, New York, London, Paris, Tokyo, S. 159–165

Leyer, E. M. (1989), Der Schmerz im therapeutischen Dialog mit türkischen Patienten der Psychosomatischen Klinik. In: Curare, Sonderband: »Schmerz – Interdisziplinäre Perspektiven«, Wiesbaden, S. 35–41

Leyer, E. M. (1988), Altwerden in der Fremde. Psychosoziale Aspekte des Alterns türkischer Frauen in der Bundesrepublik Deutschland. Vortrag in der Arbeitsgemeinschaft Soziale Gerontologie an der Gesamthochschule Kassel am 15.12.1988.

Lüth, P. (1974), Sprechende und stumme Medizin. Über das Patienten-Arzt-Verhältnis. Frankfurt a. M., New York

Öztürk, M. O.; Volkan, V. (1977). The Theory and Practice of Psychiatry in Turkey. In: Brown, C. L; Itzkowitc, N. (Hg.), Psychological Dimensions of Near Eastern Studies. Princeton, S. 330–361

Parin, P. (1977), Das Ich und die Anpassungsmechanismen. In: Psyche, 31, S. 481–515

Parin, P. (1978), Der Widerspruch im Subjekt. Ethnopsychoanalytische Studien, Frankfurt a. M.

Parin, P., G. Parin-Matthèy (1986), Subjekt im Widerspruch. Aufsätze 1978–1985, Frankfurt a. M.

Pfeiffer, W. M. (1989), Beitrag der vergleichenden Psychiatrie zum Problem der Unterteilung endogener Psychosen. Vortrag auf dem Symposion »Klassifikationsprobleme in der Psychiatrie IV«, Wien, November 1989

Richter, H.-E. (1972), Patient Familie. Entstehung, Struktur und Therapie von Konflikten in Ehe und Familie. Reinbek bei Hamburg

Uexküll, Th. von (1985), Der Körperbegriff als Problem der Psychoanalyse und der Somatischen Medizin. In: Praxis der Psychotherapie und Psychosomatik, 30, S. 95–103

Volmerg, B. (1984), Zur Sozialisation psychosomatischer Symptome in der Arbeitssituation von Bandarbeiterinnen. In: Psychosozial, 23, S. 91–119

Winnicott, D. W. (1956), Primäre Mütterlichkeit. In: Winnicott, D. W., Von der Kinderheilkunde zur Psychoanalyse. München 1976, S. 153–160. Fischer Taschenbuch 42249

Hartmut Radebold
Identitätsprobleme von Frauen
im höheren Erwachsenenalter

1. Vorbemerkungen

Frauen im höheren Erwachsenenalter (hier definiert als Gruppe der 50 bis 70jährigen) stellen, mit dem 55. Lebensjahr beginnend, einen immer größeren Anteil der jeweiligen Altersgruppen: so bei den 55- bis 59jährigen 56 Prozent und bei den 65- bis 69jährigen 63 Prozent. Schließlich steigt der Anteil auf über 70 Prozent bei den 80jährigen und Älteren (Statistisches Jahrbuch 1985). Bei Untersuchungen der bio-demographischen Lebenslauf-Gliederung (Imhof 1981), d. h. des Lebenslaufes im Vergleich der Jahrhunderte zeigt sich im Vergleich der Jahre 1900 bis 1972/74 ein zunehmend jüngeres Alter bei der Erst-Heirat (1974 von 22,9 Jahren) bei ansteigendem Alter des Eintritts der Menopause (1974 mit 51 Jahren).

Das Alter dieser Frauen beim 20. Geburtstag des letztgeborenen Kindes lag 1974 bei zwei Kindern bei 47,3 und bei drei Kindern bei 50,3 Jahren. Damit umfaßte die beginnende »kinderlose« Zeit bis zum Tode (1974) bei zwei Kindern insgesamt 29,1 Jahre (38 Prozent der Lebensspanne) und bei drei Kindern insgesamt 26,2 Jahre (34,2 Prozent der Lebensspanne). Ihr durchschnittliches Alter beim Tod des Mannes lag 1974 bei 68,2 Jahren, d. h., die nachelterliche Gefährtenschaft umfaßte (1974) bei zwei Kindern 20,9 Jahre (25,3 Prozent der Lebensspanne) und bei drei Kindern 17,9 Jahre (23,4 Prozent der Lebensspanne). Daran schloß sich eine Witwenzeit von 8,3 Jahren (1974), also 10,9 Prozent der Lebensspanne. Nach der Modellbiographie einer Familie (Grunow 1984 in Vierter Familienbericht) verläßt mit knapp 50 Jahren das letzte Kind das Elternhaus, tritt die Verrentung mit knapp 60 Jahren und der Tod des Mannes mit 67 Jahren ein. Die Lebenserwartung der 50jährigen Frauen betrug 1977/1979 (Hinschützer, Momber 1982) 24,0 Jahre, die der 60jährigen 16,2 und die der 70jährigen noch 9,8 Jahre.

Historisch gesehen, handelt es sich um die zwischen 1919 und 1939 geborenen Jahrgänge, d. h., es handelt sich um Frauen, die nach den Beziehungsformen und Wertvorstellungen der Weimarer Republik und des Dritten Reiches erzogen wurden, zwischen früher Kindheit und

153

jüngerem Erwachsenenalter den Zweiten Weltkrieg, die anschließende Aufbauphase und die weiteren Entwicklungsschritte der Bundesrepublik bis heute erlebten. Diese historische Situation hat nicht nur Auswirkungen auf ihre frühkindliche und kindliche Entwicklung, sondern ebenso auf ihre Schulabschlußquoten, wie sie die vorliegenden Daten für die Jahrgänge 1925 und 1945 (4. Familienbericht 1986) zeigen: 1925 (Volks- und Berufsschule insgesamt 79, Mittlere Reife 9, höhere Abschlüsse 9 Prozent) und 1945 (Volks- und Berufsschule 66, Mittlere Reife 15 und höhere Abschlüsse 11 Prozent).

Diese wenigen Daten belegen bereits, welchen Lebenssituationen diese in einer spezifischen historischen Situation großgewordenen Frauen zwischen ihrem 50. und 70. Lebensjahr begegnen (können).

2. Rückgriff auf Lebenszyklus-Konzepte und anstehende psychosoziale Aufgaben

Das von Erikson (1968) entwickelte Konzept des Lebenszyklus geht von aufeinander folgenden Phasen aus. Die Lösung jeweils anstehender psychosozialer Aufgaben erlaubt den erfolgreichen Eintritt in die nächste Phase. Lösungsschwierigkeiten führen zur Krise, die sich entweder in Form eines Moratoriums oder in Form von regressiven Schritten manifestiert. Ihre Lösung erlaubt dann wieder entsprechende progressive Schritte und den Eintritt in die nächste Phase. Die erfolgreiche Lösung der anstehenden psychosozialen Aufgaben vermittelt jeweils eine stabile Ich-Identität. Unbefriedigend gelöste psychosoziale Aufgaben wirken sich entsprechend auf spätere Phasen aus.

Mehrfach wurde versucht, dieses – inzwischen auch kritisierte (vgl. Lehr 1972, Thomae 1978) – Konzept auf die Phasen jenseits des 50. Lebensjahres anzuwenden, so von Peck (1956) und Lidz (1968); allerdings wurde dieses Konzept eher auf das mittlere Lebensalter, insbesondere von Männern (Vaillant 1977, Levinson 1978), seltener auf das von Frauen (Sheehy 1974) übertragen. Ebenfalls darauf aufbauend, legten Colarusso u. Nemiroff (1982) ein psychoanalytisches Konzept der Entwicklung des Erwachsenen vor. Nur vereinzelt wurden bisher psychosoziale Aufgaben für die Lebensspanne vom 50. bis 70. Lebensjahr beschrieben (Peck 1954, Radebold 1979, King 1980, Sandler 1982). Folgende lassen sich benennen:
– Für verheiratete Frauen mit Kindern liegen der Eintritt der Meno-

pause und der Weggang des letzten Kindes zeitlich nahe beieinander. Ihre Situation erfordert als psychosoziale Aufgabe die Überprüfung ihrer bisherigen psychosexuellen und psychosozialen Identität; sie bietet einen neuen Freiraum (berufliche Tätigkeit und weitere Interessen) und verlangt eine Neudefinition der Partnerbeziehung.

– Verheiratete Frauen ohne Kinder und ledige werden durch den Eintritt der Menopause ebenfalls genötigt, sich mit ihrer psychosexuellen und psychosozialen Identität auseinanderzusetzen und sie gegebenenfalls neu zu definieren.

– Für beide Gruppen besteht zusätzlich die sich schon abzeichnende spätere Aufgabe der Vorbereitung auf die Alterssituation.

– Die nächste Aufgabe steht zwischen dem 58. und 65. Lebensjahr an, wenn die Frau selbst oder ihr Partner aus dem Arbeitsprozeß ausscheiden.

– In absehbarer Zeit folgt für die Hälfte der Frauen, d. h. also als relativ üblicher Bestandteil des Lebenszyklus, die Aufgabe der Bewältigung des Partnerverlustes.

– Zunehmend tritt dazu die Aufgabe, in Form der »filialen Reife« (Blenkner 1967, Schultze-Jena/Bruder 1984) die jetzt altgewordenen Eltern als Töchter/Schwiegertöchter zu betreuen, zu pflegen und unter Umständen zu verwahren.

– Schließlich fällt in diesen Zeitraum die Aufgabe, die Realität des unübersehbar näherrückenden Lebensendes anzuerkennen.

Die genannten Zeitangaben dürfen nicht als absolute Festlegungen verstanden werden, sondern weisen auf mögliche Zeitpunkte hin, in denen diese Aufgaben eintreten können. Viele sozial-gerontologische Forschungen belegen (vgl. Lehr 1979) die mit ansteigendem chronologischen Lebensalter immer größere interindividuelle Schwankungsbreite von Lebensläufen.

Von einer Reihe von Untersuchungen der Bewältigung von Lebensereignissen (Übersicht bei Lehr 1979) sei insbesondere auf die von Neugarten, Datan (1973) verwiesen. Diese Studie ergab, daß bereits damals (1960/1961, bei 50jährigen Amerikanerinnen) die Menopause, der Weggang der Kinder (»empty-nest«-Periode) und die Berentung als anstehende psychosoziale Aufgaben in der Regel nicht als Bedrohung und damit als Krise erlebt wurden, wenn sich diese Frauen auf diese Aufgabe innerlich vorbereiten konnten und sie sich zum richtigen, d. h. erwarteten Zeitpunkt stellten. Ebenso wies Parkes bereits 1964 bei Untersuchungen zur Verwitwung darauf hin, daß somatische Symptome bei unter 65jährigen Witwen in den Monaten nach dem Tod des Ehepartners anstiegen (insbesondere ärztliche Behandlung von psychiatrischen Symptomen), jedoch nicht bei Frauen über 65; offensichtlich hatten sich diese Frauen bereits innerlich auf den Partnerverlust als anstehendes voraussehbares Ereignis eingestellt.

Alle älteren Menschen werden mit diesen psychosozialen Aufgaben – wenn auch zu unterschiedlichen Zeitpunkten – konfrontiert und müssen sie lösen. Unter welchen Bedingungen kommt es jetzt zur Dekompensation der bisherigen Ich-Anpassung oder Ich-Abwehrstruktur (Berezin 1982), d. h., wodurch wird die bisher stabil erscheinende psychosexuelle und psychosoziale Identität infrage gestellt?

3. Unterschiedliche Identitätsprobleme

Aufgrund meiner bisherigen Behandlungserfahrungen mit Frauen im Alter von 50 bis 75 Jahren lassen sich – also aus klinischer Perspektive – folgende Gruppen unterscheiden:

Eine erste Gruppe bilden diejenigen Frauen, die von Kindheit an in unverändert weiterbestehenden, infantilen (einzigen) hochbesetzten Beziehungen weiterleben, die nicht reifer, d. h. erwachsenengerechter umgeformt werden konnten (oder sollten!). Diese können entweder zu dem Vater in Fortsetzung einer ödipalen Beziehungskonstellation bei deutlichem Befriedigungscharakter oder zu der Mutter in gemeinsamer Ausklammerung des Mannes bestehen. Teilweise wurden die ödipalen Wünsche auf einen sehr viel älteren Partner (15 bis 20 Jahre) übertragen, teilweise diente die Eheschließung dazu, die intensive Beziehung zu der unverändert mit in der Wohnung lebenden Mutter aufrechtzuerhalten und sie gleichzeitig nach außen hin zu kaschieren.

Diese Männer erleben sich dann zu Recht als »Anhängsel« dieser intensiven Tochter-Mutter-Beziehung. Dieser Vater oder diese Mutter verändern sich jetzt unübersehbar bezüglich geistiger und körperlicher Leistungsfähigkeit, zeigen deutliche dementielle Erscheinungen, werden hilfs- und pflegebedürftig und sterben, d. h., ihre Idealisierung kann nicht mehr aufrechterhalten werden. Der zur inneren Ablösung benötigte Trauerprozeß kann nicht erfolgen, da die intensive Beziehung in der Phantasie unverändert aufrechterhalten wird, zum Teil lebenslang.

Eine Teilgruppe stellen diejenigen Frauen dar, die mit Hilfe der intensiven Beziehung zur Mutter die eigenen libidinösen Wünsche an männliche Partner abwehren mußten und jetzt als Ausdruck einer »Torschlußreaktion« bei unverändert gebliebener Beziehung zu dieser Mutter plötzlich – unterstützt durch entsprechende Verführungsangebote – realisieren, welche Lebensbereiche bisher nicht vorhanden waren bzw. sie nun endgültig verloren haben.

Eine weitere Gruppe umfassen diejenigen Frauen, die ihre Identität über Identifizierung mit der Mutter mit bruchloser unreflektierter Übernahme der »klassischen« mütterlichen und hausfraulichen Aufgaben (in der Regel ohne Beruf oder außerhäusliche Aktivitäten) bei gleichzeitiger Verdrängung der eigenen sexuellen (insbesondere der phallischen) Bedürfnisse fanden. Ihre Ehe war häufig von Anfang an eine »Ehe zu dritt« (mit mindestens einem Kind) oder wurde wegen der Schwangerschaft geschlossen. Eintritt der Menopause, Weggang des letzten Kindes und die jetzt erstmals bestehende Zweierbeziehung erschüttern die bisher so verläßlich erscheinende Identität.

Für beide Geschlechter stellt sich spätestens im höheren Lebensalter (Jaques 1965, 1981) die Einsicht ein, daß der eigene Tod näherrückt, gleichzeitig die Wahrnehmung, daß man selbst über Haß und destruktive Regungen verfügt. Der Tod wird hier in seiner unbewußten Bedeutung als Verfolgung durch tote Objekte und als Verlust von guten inneren und äußeren Objekten verstanden. Die Anerkennung des Todes und der menschlichen Destruktivität bewirkt dann oft eine depressive Reaktion.

Eine letzte Gruppe (von Frauen und Männern), für die das höhere Lebensalter ihre Identität infrage stellt, wird durch den Begriff »pathologischer Narzißmus« (Kernberg 1988) charakterisiert. Das Größen-Selbst dieser Patientinnen, dem verinnerlichte Objektrepräsentanzen und Wertsysteme fehlen, nähert sich in dieser Altersphase auf schmerzliche Weise einem Vakuum. Sie beginnen in der Vergangenheit zu leben, als sie besaßen, was sie nun nicht mehr besitzen. Unbewußte Aggression und Wut über vergangene Enttäuschung sind in Verbindung mit Gier und Neid die Quelle für die Zerstörung dessen, was zunächst verzweifelt begehrt, dann begierig einverleibt und schließlich abgewertet werden muß. Statt mit ewiger Gegenwart werden diese Patienten mit dem Vergehen ihrer Zeit und dem Alter konfrontiert, die sie auf bestürzende Weise überwältigen. »Wohin ist das Leben denn entschwunden?« (Kernberg 1988)

Inwieweit führen diese neurotischen Dekompensationen zu den genannten Krankheitsbildern? Vorliegende Zahlen sprechen für ein hohes Maß an Morbidität: z. B. zeigt der Mini-Finland-Health-Survey (Häfner 1989) für die Gruppe der 58- bis 64jährigen neurotische Depressionen bei 8, Angst- und phobische Neurosen mit abnehmender Tendenz bei 8 bis 4 und andere Neurosen bei 4,5 Prozent, insbesondere bei den Frauen. Dilling (1981) schätzte den Behandlungsbedarf für die Gruppe der 50- bis 64jährigen auf 19 für psycho-/soziotherapeutische Hilfestellung und für die Gruppe der über 65jährigen immerhin noch auf 7 Prozent, langfristig psychoanalytisch 2, soziotherapeutisch/beratend 5 Prozent bei allgemein psychiatrischer Hilfestellung und jeweils 13 Prozent für beide Gruppen. Demgegenüber steht die Aussage der Praxisstudie der DGPPT (1988), daß lediglich 4,9 Prozent der psychoanalytisch behandelten Patienten in die Altersgruppe von 50 bis 60 Jahren und 0,9 Prozent auf die Altersgruppe der über 60jährigen entfallen.

4. Typische Abwehrreaktionen

Die in diesen Situationen benutzte Abwehr zeigt meines Erachtens einige charakteristische Merkmale:
– Die bisher benutzten, relativ unreifen Abwehrmechanismen (Vaillant 1978) werden verstärkt eingesetzt (das äußere Bild der »Matrone«) und die darauf folgenden regressiven Prozesse führen in der Regel zu nachfolgenden Lebensphasen, erheblich beeinträchtigenden Ich-Einschränkungen.
– Die Identifizierung mit der Mutter wird dadurch fortgesetzt, daß neue mütterliche Aufgaben übernommen oder gesucht werden (Enkelkinder, Jüngere als Untermieter oder in der Umgebung, zu pflegende Partner oder andere Ältere) bei gleichzeitiger Behauptung (auch gegenüber dem Ehemann) der hausfraulichen Aufgaben.
– Die Betonung von Jugendlichkeit (in Leugnung des Älterwerdens) durch Auftreten, Kleidung, Einsatz von Hormonen, Kosmetika, Operationen, Rivalität mit Jüngeren (Töchtern und Frauen) geht oft Hand in Hand mit einem »Neuanfang« einher, z. B. durch Wechsel des Partners (meist Auswechseln des Älteren gegen einen Jüngeren), durch Start einer neuen beruflichen Karriere oder durch »Aussteigen« (aus der Gesellschaft und dem gewohnten Lebensrahmen).
   Gleichzeitig wird neben der Bearbeitung der spezifischen von Kindheit und Jugend an fortbestehenden ungelösten unbewußten Konflikte

die notwendige Trauerarbeit über das Verlorene nicht möglich. Pollock (1981) hat die Chance des »Trauerns« und die dadurch neu zu erreichende Freiheit für neue Bindungen als die entscheidende ständige Aufgabe für die zweite Lebenshälfte des Erwachsenen beschrieben.

5. Die Bedeutung von Bedrohungen, Verlusten und Kränkungen

Verluste und die damit verbundenen Trennungen, insbesondere in Kindheit und Jugendzeit, werden als stärkste psychische Stressoren angesehen. Die beschriebenen psychosozialen Aufgaben bestehen gerade darin, sich mit zunehmenden Verlusten (physische und psychische Veränderungen, Aussehen / Attraktivität und Potenz, veränderte Beziehungen mit Trennung von Kindern und Eltern) auseinanderzusetzen, die als Drohung, aber ebenso auch als narzißtische Kränkung erlebt werden können. Normalerweise ist der psychosexuell und psychosozial reife Erwachsene in der Lage, diese mit Hilfe des Trauerprozesses zu bewältigen.

Neugarten (1970) wies darauf hin, daß nicht so sehr das anstehende Ereignis, sondern der Zeitpunkt des Eintritts krankheitsfördernd sei. Insbesondere wirken sich die Kombination von unverhergesehenem Ereigniseintritt (Tod eines Kindes anstatt eines Elternteils) und die Kumulation (Verluste an Beziehungen, an physischen und psychischen Fähigkeiten sowie an sozialer Sicherheit) innerhalb eines kurzen Zeitraumes aus. In der Regel kann das reife erwachsene Ich nach einer krisenhaften Reaktion, die sich häufig als depressive Verstimmung manifestiert, mit Hilfe des Trauerprozesses auch diese Herausforderung bewältigen. Bei von Kindheit an bestehenden defizitären, bereits langfristig eingeschränkten oder durch die Situation des Älterwerdens zusätzlich beschädigten Ich-Funktionen vermag das Ich diese Aufgabe nicht zu bewältigen. In der Folge zeigen sich verstärkte Abwehr, Benutzung »unreifer« Abwehrmechanismen und eine zunehmende Regression im Dienste des Ich (Radebold 1973, 1979, 1985).

6. Psychosomatische Aspekte

In dem Zeitraum zwischen dem 50. und 60. Lebensjahr liegt der zweite Manifestationsgipfel psychosomatischer Erkrankungen. Nach dem 60. Lebensjahr bestehen diese einerseits fort, andererseits kommt es aber nur noch in geringem Umfang zu psychosomatischen Neuerkrankungen (Radebold 1979, 1985). Gleichzeitig lassen sich nach dem 50. bis 55. Lebensjahr in zunehmendem Maße »larvierte« Depressionen beobachten, die gerade durch eine überwiegende oder fast ausschließlich körperliche (funktionelle) Symptomatik charakterisiert sind. Man hat den Eindruck, daß nach unbewältigten Bedrohungen, Verlusten und Kränkungen im Verlauf der einsetzenden regressiven Prozesse vorhandene körperliche Einschränkungen / Symptome im Sinne einer unspezifischen psychosomatischen Reaktion (Radebold 1990) genutzt werden. Diese unspezifische psychosomatische Reaktion signalisiert gleichzeitig die stärkere Besetzung des Körper-Selbst als dem in diesen Identitäts-Krisen auch verbleibenden einzig verläßlichen Partner.

7. Psychotherapeutische Behandlungsmöglichkeiten

Überblickt man vorliegende Forschungsergebnisse und insbesondere Behandlungserfahrungen (Radebold 1989a, b), so ist die generelle Aussage erlaubt, daß Psychotherapie (nach unterschiedlichen theoretischen Konzepten und mit unterschiedlichen Behandlungsformen) auch bei über 50jährigen bis mindestens zum 80. bis 85. Lebensjahr bei unterschiedlichen Erkrankungen gute und langfristig anhaltende Behandlungsergebnisse bringt.

Auf psychodynamische und psychoanalytische Konzepte entfallen ca. 60 Prozent der Publikationen, unter dem Begriff der Interventionsgerontologie folgen zu etwa 25 Prozent lerntheoretische und kognitive Konzepte; dazu treten Erfahrungen mit weiteren Verfahren, insbesondere dem Autogenen Training, der Gesprächspsychotherapie, dem Psychodrama, der Gestalttherapie. Über alle weiteren Verfahren liegen nur vereinzelte Publikationen vor.

Für die hier beschriebenen Frauen im höheren Erwachsenenalter, deren Identitätsprobleme auf neurotischen oder reaktiven Erkrankungen beruhen, bieten sich insbesondere die psychoanalytische Einzel-, Gruppen- und Paarbehandlung an:

a) Die psychoanalytische Einzelpsychotherapie mit zwei Wochenstunden über einen längeren Zeitraum bis zu zwei Jahren erweist sich bei neurotischen Erkrankungen erfolgreich bis zum 70. bis 75. Lebensjahr, die Kurztherapie im Umfang von fünf bis 20 Behandlungsstunden bei reaktiven Erkrankungen, insbesondere pathologischen Trauerreaktionen und Krisen, bis zum 80. Lebensjahr. Interessanterweise werden Psychoanalysen über 60jähriger bisher kaum durchgeführt (in der gesamten Weltliteratur unter zehn Fälle).

b) Gemessen an der Gesamtzahl vorliegender Publikationen entfällt ein auffallend großer Teil auf die über Gruppenverfahren. Als die besonderen Vorteile der Gruppe gegenüber einer Einzelbehandlung werden für die über 50jährigen neben zeitökonomischen Gesichtspunkten insbesondere folgende gesehen: Angstverminderung in der Gruppensituation, Aufspaltung der Übertragung auf Therapeuten und andere Gruppenmitglieder, Gewährung von Schutz vor dem als mächtig erlebten Therapeuten durch die Gruppe, Erlebnis gemeinsamer Probleme und Fragestellungen sowie ein Gefühl der Geborgenheit gegen die zunehmende Vereinsamung bei unterschiedlichen Identifizierungsmöglichkeiten mit Therapeuten und Gruppenmitgliedern.

Für die Klinik lassen sich außerdem als Funktionen einer Gruppe die Unterstützung der Sozialisation, die Kontaktverbesserung zum Personal, die Diskussionsmöglichkeiten von Problemen, die Möglichkeit zur Realitätsprüfung und die Anregung der Motivation nennen; das Gruppenangebot kann dann neue Aufgaben und Rollen vermitteln. Psychotherapeutische Hilfe wird gerade von Frauen im höheren Lebensalter gesucht, während Männer diese scheuen (Radebold 1986). Damit besteht die als Chance zu sehende Notwendigkeit, geschlechtshomogene Gruppen zu bilden. Diese Situation erlaubt einerseits, im Schutze der Gruppe gerade die spezifischen Problemkonstellationen dieser Frauen zu bearbeiten. Andererseits besteht die bekannte Gefahr, daß sich die Gruppe (teilweise noch unter dem Einfluß von Gruppentherapeutinnen) darin bestärkt, männliche Aspekte und Partnerbeziehungen für die weiteren (zeitlich unbekannten) Lebensjahre auszuklammern. Gemischte Gruppen oder zumindestens ein Therapeuten-»Paar« können diese Gefahr verringern.

Neben die erfolgreich genutzte langfristige psychoanalytische Gruppenpsychotherapie treten psychodynamisch orientierte Gruppenkonzepte in Beratungsstellen, sozialpsychiatrischen Diensten, Tageskliniken und Kliniken für neurotisch/reaktiv Erkrankte.

c) Bisher liegen nur vereinzelte Publikationen zur Paar- und Familientherapie vor. Offenbar werden für 30-, 40- oder sogar 50jährige Ehen sowohl von seiten der Therapeuten als auch von seiten der Älteren kaum Veränderungsmöglichkeiten gesehen. Hilfe wird entweder für neue Beziehungen jenseits des 50. bis 60. Lebensjahres oder bei sich verändernden Beziehungen (z. B. aufgrund der Krankheit eines Partners) gesucht. Die familientherapeutischen Ansätze berücksichtigten bisher zu wenig die Situation des psychisch Alterskranken. In der Regel wurden Ältere eher zur Hilfestellung für die jüngere Kernfamilie miteinbezogen, aber nicht umgekehrt die Kernfamilie für die Hilfestellung bei einem Älteren. Zusätzlich scheiterten familientherapeutische Ansätze oft daran, daß sich die jungen Therapeuten mit den jüngeren Familienmitgliedern verbündeten, und die Kinder nicht bereit waren, ihren Älteren zu helfen.

Weiterhin kennen wir erfolgversprechende Behandlungserfahrungen mit der Gesprächspsychotherapie sowie dem Psychodrama und der Gestalttherapie bei 50- bis 80jährigen mit depressiven Reaktionen. Die Verfahren können zur Auseinandersetzung und Bewältigung von organischer und hirnorganischer Erkrankung und insbesondere zur Unterstützung von Rehabilitationsmaßnahmen nützlich sein.

Literaturverzeichnis

Berezin, M. A. (1982), Discussion: Sandler, A. M.: A Development Crisis in an Aging Patient: Comments on Development and Adaptation. J. Geriat. Psychiat., 15, 33–42

Blenkner, M. (1965), Social Work and Family Relationships in Later Life with some Thoughts on Filial Maturity. In: Shanas E., Streib, G. (Hg.), Social Structure and the Family: Generational Relations. Prentice Hall, Englewood Cliffs. NY 1965

Colarusso, C. A., Nemiroff, R. A. (1982), Adult Development. Plenum Press, New York

Deutsche Gesellschaft für Psychotherapie, Psychosomatik, Tiefenpsychologie (DGPPT) (1988), Praxisstudie zur psychotherapeutischen Versorgung, Hamburg

Dilling, H. (1981), Zur Notwendigkeit psychotherapeutischer Interventionen zwischen dem 50. und 80. Lebensjahr. Vortrag Weltkongreß für Gerontologie, Hamburg

Erikson, E. H. (1968), Kindheit und Gesellschaft. Klett, Stuttgart

Häfner, H. (1989), Psychiatrische Aspekte: Epidemiologie und Klinik. In: Karl

F., W. Torkarski (Hg.), Die »neuen« Alten. Kasseler Gerontologische Schriften, 6, Kassel, Gesamthochschulbibliothek

Hinschützer, U., Momber, H. (1982), Basisdaten über ältere Menschen in der Statistik der Bundesrepublik Deutschland. Deutsches Zentrum für Altersfragen, Berlin

Imhof, A. E. (1981), Die gewonnenen Jahre. Beck, München

Jaques, E. (1965), Death and the mid-life crisis. J. Psychoanl., 46, 502

Jaques, E. (1981), The Midlife Crisis. In: Greenspan S. I., Pollock, G. H. (Hg.), Adulthood and the Aging Process. Bd. III The Course of Life. US Department of Health, Washington

Kernberg, O. F. (1988), Innere Welt und äußere Realität. Verlag Internationale Psychoanalyse, München-Wien

King, P. (1980), The life cycle as indicated by the nature of the transference in the psychoanalysis of the middle-aged and elderly. Int. J. Psycho-Anal., 61, 153

Lehr, U. (1979), Psychologie des Alterns. Quelle & Meyer, Heidelberg

Levinson, D. J. et al. (1979), Das Leben des Mannes. Köln

Lidz, T. H. (1970), Das menschliche Leben. Suhrkamp, Frankfurt a. M.

Neugarten, B. L. (1970), Adaptation and the Life Cycle. J. Geriat. Psychiat., 4, 71-87

Neugarten, B. L., Datan, N. (1978): Lebenslauf und Familienzyklus – Grundbegriffe und neuere Forschungen. In: Rosenmayr, L. (Hg.), Die menschlichen Lebensalter. Piper, München

Parkes, C. M. (1964), The Effects of Bereavement on Physical and Mental Health: A Study of the Case Records of Widows. Brit. med. J., 2, 274

Peck, R. (1972), Psychologische Entwicklung in der zweiten Lebenshälfte ff 530–544. In: Thomae, H., U. Lehr (Hg.), Altern – Probleme und Tatsachen. Akademische Verlagsgesellschaft, Frankfurt a. M.

Pollock, G. H. (1981), Aging or aged: Development or Pathology. In: Greenspan, S. I., G. H. Pollock (Hg.). The Course of Life, Bd. III, Adulthood and the Aging Process. Mental Health Study Center, Maryland

Radebold, H. (1973), Regressive Phänomene im Alter und ihre Bedeutung in der Genese depressiver Erscheinungen. Z. Geront., 6, 409–419

Radebold, H. (1979), Psychosomatische Aspekte in der Geriatrie. In: von Uexküll, T. H. (Hg.), Psychosomatische Medizin. Urban & Schwarzenberg, München

Radebold, H. (1985), Die psychosomatische Sicht alternder Patienten. In: von Uexküll (Hg.), von Adler, R. et al., Psychosomatische Medizin, 3. Aufl., München

Radebold, H. (1986b), Spezifische Konflikte und Verhaltensweisen alternder Männer – Erfahrungen aus der (psychoanalytischen) Psychotherapie. Z. Geront., 19, 240–243

Radebold, H. (1989a), Psycho- und soziotherapeutische Behandlungsverfahren. In: Platt, D., K. Oesterreich (Hg.), Handbuch der Gerontologie, Bd. 5, Neurologie, Psychiatrie. Fischer, Stuttgart

Radebold, H. (1989b), Psychotherapie. In: Kisker, K. P., H. Lauter, J. E. Meyer, C. H. Müller, E. Strömgren (Hg.): Psychiatrie der Gegenwart, 3. Aufl., Bd. 8, Alterspsychiatrie. Springer, Berlin, Heidelberg

Radebold, H. (1990), Psychosomatische Sicht des höheren Lebensalters. In: von Uexküll, T. H. (Hg.), Lehrbuch der Psychosomatischen Medizin, 4. Aufl., Urban & Schwarzenberg, München

Sandler, A. M. (1982), A Development Crisis in an Aging Patient: Comments on Development and Adaptation. J. Geriat. Psychiat., 15, 11–32

Schultze-Jena, H., Bruder, J. (1984), Hilfestellung für Familien mit alterskranken Angehörigen. In: Radebold, H. (Hg.): Gerontopsychiatrie. Janssen, Düsseldorf

Sheehy, G. (1976), In der Mitte des Lebens; Die Bewältigung vorhersehbarer Krisen. Kindler, München

Thomae, H. (1978), Vergleichende Psychologie der Lebensalter. In: Rosenmayr, L. (Hg.), Die menschlichen Lebensalter. Piper, München

Vaillant, G. E. (1980), Werdegänge. Rowohlt, Reinbek

Vierter Familienbericht (1986), Die Situation der älteren Menschen in der Familie. BMJFFG, Bonn. Deutscher Bundestag, 10. Wahlperiode, Drucksache 10/6145

Elke Weinel
Zur Indikation von psychoanalytisch orientierter Psychotherapie bei HIV-/AIDS-Patienten

Folgen wir Schiefer-Hofmann, dann muß das klassische medizinische Paradigma – ein Virus gleich eine Infektion – und damit eine ausschließlich organmedizinisch orientierte Behandlung HIV-infizierter Personen als nicht ausreichend angesehen werden. Amerikanische Autoren (Mandel et al. 1987), aber auch die Mitarbeiter der mittlerweile in der Bundesrepublik etablierten Forschungsprojekte, die sich schon seit längerer Zeit mit den psychosozialen Konsequenzen und psychischen Auswirkungen der HIV-Infektion und mit ihrer Verarbeitung beschäftigen, sind (soweit ich das übersehen kann) übereinstimmend der Meinung, daß sich eine angemessene psychosoziale Unterstützung positiv auf das psychische Befinden und möglicherweise auch den immunologischen Zustand HIV-infizierter Personen auswirkt.

In meiner eigenen psychotherapeutischen Arbeit mit dieser Patientengruppe – auf sexuellem Wege infizierte homo- und bisexuelle Männer und heterosexuelle Frauen – hat mich von Anfang an die Frage beschäftigt, in welchen Fällen über das Angebot an Laienhilfe oder Selbsthilfegruppen hinaus professionelle therapeutische Betreuung angezeigt ist und in welcher Form diese Unterstützung sinnvollerweise angeboten werden kann. Sollte sich zum Beispiel – vor dem Hintergrund der von einigen Autoren beschriebenen Verschränkung von innerer und äußerer Bedrohung, Verfolgung und Zerstörung (Reiche 1989, Becker u. Clement 1989, Weinel 1989) und aufgrund des Ineinandergreifens von Abwehr- und Bewältigungsprozessen (Weimer et al. 1989) – das psychotherapeutische Angebot überwiegend auf Kriseninterventionen und eher kurzfristige Psychotherapien beschränken, die durch stützende und schützende Interventionen im Sinne einer »holding function« des Therapeuten das Ziel haben, die drohende Desintegration aufzuhalten und die Ich-Funktionen zu stärken, um so einen weiteren regressiven Prozeß und eine damit möglicherweise verbundene Schwächung der psychischen und physischen Abwehr zu vermeiden? Oder gibt es Patienten, bei denen trotz Infektion oder Erkrankung und der damit verbundenen Gefahr der psychischen Regression sehr wohl eine langfristige psychoanalytisch orientierte Einzeltherapie sinnvoll und indiziert ist? Mit psychoanalytisch orientierter Therapie meine ich hier die Aufdeckung unbewußter Konfliktanteile durch Deuten und Durcharbeiten der in der Interaktion mit dem Therapeuten inszenierten Übertragungs- und Widerstandsphänomene, die sich thematisch um das Krankheitserleben zentrieren können.

Am Anfang meiner Überlegungen zu diesen Fragen möchte ich zwei Fallbeispiele skizzieren:

Fallbeispiel 1

Ein vierzigjähriger homosexueller Mann, der seit 1986 von seiner Infektion weiß (jetzt im Krankheitsstadium III), sich medizinisch gut versorgt fühlt und seit eineinhalb Jahren an einer psychoanalytisch orientierten Gruppentherapie teilnimmt, wird wegen des Gefühls, er sei verwirrt und könne nicht mehr klar sehen – ein Zustand, den er selbst mit viel Angst verbindet –, zu einem Einzelgespräch überwiesen. Er wirkt angespannt und angestrengt. Diese Spannung löst sich erst auf, als sich im Gespräch herausarbeiten läßt, daß Angst, verknüpft mit Scham- und Schuldgefühlen, ein ihm wohlvertrautes, sein ganzes bisheriges Leben begleitendes Gefühl ist, welches sich intensiv verstärkte, nachdem er zwei Wochen zuvor ein Gespräch mit seinen Eltern erzwungen hatte, in dem er ihnen mitteilte, daß er HIV-positiv sei. Trotz seiner Ängste war ihm dieses Gespräch deshalb so wichtig, weil er – wie er sagt – doch endlich einmal zu sich stehen müsse.

Vor dem Hintergrund eines bigotten, intoleranten, uneinfühlsamen bis feindseligen Klimas im Elternhaus und einer zwar äußerlich stabil wirkenden, aber hochgradig ambivalenten Partnerbeziehung (in einer Trennungssituation unternahm der Patient zwei Suizidversuche) erscheinen Ausmaß und Intensität seiner »Verwirrung«, Isolierung und Depressivität durchaus verständlich.

Fallbeispiel 2

Ein sechsunddreißigjähriger homosexueller Mann kommt, noch bevor er von seiner Infektion weiß, auf eigenen Wunsch wegen Schlaflosigkeit (»Ich kann mich nicht entspannen«) zu einem Erstgespräch. Mit diesem Symptom, das in seinem Erleben auftrat, als er sich erstmals mit seiner für ihn konflikthaften Homosexualität konfrontiert sah, bringt er Angstzustände, Zweifel, Einsamkeits- und Schuldgefühle, die er nirgendwo zuordnen kann, in Zusammenhang. Er schildert sich als Außenseiter, dessen emotionale Entwicklung durch einen Heimaufenthalt im Alter von zwei bis vier Jahren kompliziert wurde. Anlaß dafür war eine Lungentuberkulose, die stationär behandelt werden mußte (diese Ursache für den Heimaufenthalt klärt sich für den Patienten erst nach dem Gespräch mit mir auf – ein Tabuthema in der Familie!). Bereits zuvor waren Mutter und Großmutter nacheinander an Tbc erkrankt, vom Patienten getrennt und in verschiedenen Institutionen behandelt worden. Er selbst kommentiert die von ihm als eng beschriebene Beziehung zu seiner Mutter mit dem Satz: »Ich will immer mehr, als sie mir geben kann.« Seinem Coming-out begegneten beide Eltern mit völliger Verständnislosigkeit: Die Mutter war voll von Vorwürfen, hat es aber dann hingenommen; der Vater reagierte mit eisiger Ablehnung und Verachtung (»Dich hätte man früher vergast«).

Eine Stunde vor dem dritten Gespräch mit mir wird der Patient mit seinem positiven HIV-Ergebnis konfrontiert. Er ist schockiert und verzweifelt und erzählt, daß er in der Nacht davor folgendes geträumt habe: »Ich befand mich auf einem Schiff, offensichtlich ganz allein, und fühlte mich verzweifelt. Das Schiff steuerte dem Ufer zu, aber plötzlich kam eine riesenhohe Welle, die alles zu begraben schien.« Nach einer Schweigepause: »Dann plötzlich war ich zu Hause bei meiner Mutter, dort weinte ich hemmungslos, was sehr erleichternd war. Meine Mutter sagte beruhigend zu mir, sie habe von dieser Katastrophe gewußt, sie habe im Radio gehört, daß ich auf diesem Schiff sei.« – Ich denke, der Traum bildet den inneren psychischen Zustand des Patienten genau ab und spricht an dieser Stelle für sich.

Was verbindet nun diese beiden Patienten trotz der Verschiedenheit des biographisch-psychodynamischen Hintergrundes und – bezogen auf die Infektion – des Krankheitsstadiums? Gemeinsam sind ihnen – und das ist exemplarisch auch für die übrigen Patienten, die ich betreue – das Ausmaß und die Intensität an langanhaltender Angst, einer Angst, die sich zeitlich bis lange vor das Wissen um die Infektion zurückverfolgen läßt. Die Patienten zeigen außerdem eine Depressivität mit Suizidgedanken und -impulsen, die in diesen Fällen nicht ausgelöst wird durch ein hirnorganisches Psychosyndrom im Sinne cerebraler Begleitkomplikationen der HIV-Infektion, und eine spezifische Passivität, die subjektiv oft in Gefühlen von Isolierung, mangelnder Lebendigkeit und Lähmung ihren Ausdruck findet (»Ich bin schon immer wie unter einer Glasglocke, wo die Verbindung zur Außenwelt durchschnitten ist«; »Ich darf nicht selbst für mich aktiv werden«). Als eine weitere Gemeinsamkeit vermittelt sich dem Betrachter auch die ungeheure emotionale Spannung, die durch den Mitteilungswunsch und Mitteilungsdruck bei gleichzeitigem Unvermögen, sich wirklich mitteilen zu können, noch verstärkt wird.

Es gibt Hinweise darauf, daß alle Patienten, die zum erstenmal mit der Diagnose HIV-positiv konfrontiert werden, mit einer traumatischen Reaktion antworten – wie das auch sonst von lebensbedrohlich Erkrankten bekannt ist –, da in jedem von uns durch eine solche Mitteilung Todes- und Vernichtungsängste mobilisiert werden. Diese erfahren offensichtlich noch dadurch eine Verstärkung, daß über die individuelle Betroffenheit hinaus HIV-Patienten ebenso zu Projektionsträgern sozialer Verbote gegenüber der Sexualität werden wie eines gesellschaftlichen Tabus gegenüber Tod und Sterben.

Schon für Freud haben die Menschen »die unverkennbare Tendenz gezeigt, den Tod beiseite zu schieben, ihn aus dem Leben zu eliminieren«. Nach seinem Verständnis ist Todesangst, unter deren Herrschaft wir häufiger stehen, als wir selbst wissen, oft nichts Primäres und geht meist aus Schuldbewußtsein hervor, das er auf den Kastrationskomplex bezieht. Stern zufolge ist die Angst vor dem Tod – die schon sehr früh im Kind auftaucht – im wesentlichen die Angst vor der Wiederholung einer von jedem Individuum erlebten traumatischen Situation des Verlustes des mütterlichen Objektes, in der unter Todesgrauen etwas wie die Vernichtung des Selbst erlebt wurde: Da dieser Situation des Strebens dessen Abwehr unterliegt, beinhaltet die Angst vor dem Tod die vor der Wiederholung einer solchen Situation. Und schließlich stellt nach Stern die Anpassung an diese Angst, die unser Leben formt, einen wichtigen Teil der seelischen Entwicklung dar, und ein Mißlingen kann als eine wichtige Ursache der Neurose angesehen werden.

Den Patienten, von denen ich hier spreche, gelingt weder eine solche Verarbeitung von Todesangst noch eine Bewältigung des Krankheitsgeschehens. Offenbar bleibt die traumatische Reaktion auf die Mitteilung der Diagnose bei ihnen fixiert; das neue traumatische Ereignis führt zu einer Reaktivierung alter Traumatisierungen, zumeist wohl eines kumulativen Traumas, wodurch die kompensatorische Abwehrorganisation gegen die ursprüngliche Traumatisierung zusammenzubrechen droht oder zusammenbricht.

Im Verständnis der psychoanalytischen Theorie Freuds gehören zu einem Trauma zwei Momente: ein späteres Ereignis, das eine Wiederbelebung des ursprünglichen verursacht, und dieses ursprüngliche, das dann nachträglich eine traumatische Wirkung erhält (Laplanche u. Pontalis 1967). Der Begriff des »kumulativen Traumas« umgreift nach Khan bestimmte psychische und physische Ereignisse, die sich im Stadium überwiegend präverbaler Beziehungen zwischen Mutter und Säugling abspielen. Die Mutter versagt hier vor allem in ihrer Funktion als Reizschutz.

Das kumulative Trauma zeigt sich nun darin, daß die auf solche Art gestörte Mutter-Kind-Beziehung sich später als störende Beeinflussung der Ich-Entwicklung und der psychosexuellen Entwicklung auswirkt. Khan schreibt:

»Der Säugling kann sich trotz der Durchbrechungen des Reizschutzes nicht nur erholen, was er in den meisten Fällen auch tut, sondern er kann die Umwelteinflüsse und Spannungen sogar als ›Nährstoff‹ (Rapaport 1985) verwenden, um sein eigenes Wachstum und die Strukturierung seiner Energien zu beschleunigen. Dennoch dürfen wir folgendes nicht aus dem Auge verlieren: Selbst wenn das Ich derartige Spannungszustände überleben und sie überwinden kann, wenn es sie zum Guten zu wenden versteht, wenn es ihm gelingt, das kumulative Trauma in einen Schwebezustand zu verwandeln, und wenn das Ich normal funktioniert und ziemlich gesund und leistungsfähig ist – selbst wenn all dies der Fall ist, kann es dennoch im späteren Leben zu einem Zusammenbruch des Ich kommen, und zwar dann, wenn eine krisenhafte Situation akute Überanstrengung mit sich bringt.«

Nach meiner Erfahrung spricht manches dafür, daß sich im therapeutischen Umgang mit Patienten, deren psychische Störung überwiegend um einen traumatischen Kern zentriert ist, ganz bestimmte Formen von narzißtischer Übertragung entwickeln, die ich hier als Hinweis auf die Existenz einer spezifischen intrapsychischen Konstellation im Sinne eines psychischen Todes- und Vernichtungskomplexes verstehe. Dieser Komplex, der Todesangst und (Selbst-)Vernichtungswünsche bei gleichzeitigen Unsterblichkeits- und omnipotenten Rettungsphantasien beinhaltet, bindet die abgespaltenen destruktiven und libidinösen Impulse. Auf einer symbolischen Ebene geht es den Patienten ständig um Leben und Tod, um psychisches Überleben, womit sie den immer drohenden Selbstverlust zu verhindern suchen (»Ich muß immer erst ganz, ganz tief unten sein, dann weiß ich, daß es wieder besser wird, dann darf ich für mich aktiv werden«), und auf diese Weise ist das intrapsychische Erleben durch ein ständiges Hin- und Herpendeln gekennzeichnet, wobei die Rettungswünsche oft an das primäre Objekt gebunden scheinen, mit dem die Patienten identifiziert sind. Die ständige Inszenierung dieses Komplexes dient allerdings der Aufrechterhaltung des psychischen Gleichgewichts, also der Selbstregulation (Grotstein 1978; Mentzos 1982) und der Spannungsabfuhr. Die konkrete Todesbedrohung durch das HIV-Virus stellt nun diese Abwehr- und Stabilisierungsprozesse infrage.

Die beiden Fälle können aber nicht nur als Beispiele für eine solche intrapsychische Konfliktkonstellation dienen, sondern auch dafür, wie diese Dynamik auf die Gestaltung der äußeren Lebensumstände und der psychosozialen Situation in einer spezifischen Weise einwirkt. Beide Patienten vermögen nicht wie viele der betroffenen HIV-Infizierten auf gute innere und äußere Objekte und Ressourcen zurückzugreifen und – wie es von Mandel beschrieben wurde – trotz dem Wissen um die Infektion nicht zum Teil befriedigende, neue Lebensperspektiven zu entwikkeln. Moulton berichtet, daß auf die Frage: »Was hat Ihnen bei der Bewältigung Ihrer Probleme am meisten geholfen, seitdem Sie von der Infektion wissen?«, die Teilnehmer einer amerikanischen Studie überwiegend antworteten, es sei die emotionale Unterstützung von Partnern, Familie und Freunden gewesen (vgl. Mandel et al. 1986).

Bei den beiden beschriebenen Patienten fällt dagegen auf, daß sie keine Unterstützung aus ihrer engeren Umgebung erfahren. Sie stehen zwar unter einem starken Mitteilungsdruck, dieser aber erscheint hochambivalent und konflikthaft, eine Ambivalenz, die zusätzlich zu einer durchaus denkbaren ablehnenden Haltung der anderen die Möglichkeit äußerer Unterstützung behindert. Der eine der beiden Patienten gerät in eine schwere Krise, nachdem er sich den Eltern eröffnet hat; der andere wagt weder seinem engsten Partner noch den Eltern gegenüber von der Diagnose zu sprechen, voller Angst, nur Ablehnung und Zurückweisung zu erfahren. Für mich ist dies ein deutlicher Hinweis, in welchem Maße zum Teil neurotisch bedingte Ängste eine konflikthafte äußere Situation beeinflussen können. Beiden Patienten wird – im Unterschied etwa zu Krebskranken – kein sekundärer Krankheitsgewinn zuteil. Eine solche Feststellung soll hier jedoch unter keinen Umständen so verstanden werden, daß das Therapieziel ausschließlich darin bestehe, die Patienten zu befähigen, sich mitzuteilen; vielmehr kommt es vor allem darauf an, den neurotischen Anteil an ihrem Verhalten der Umwelt gegenüber zu bearbeiten, um ihnen überhaupt erst einen Entscheidungsspielraum zu ermöglichen.

Unter diesen Umständen scheint mir gerade bei Patienten wie den zuvor beschriebenen über Kriseninterventionen und Kurztherapien hinaus eine langfristige, aufdeckende Einzeltherapie sinnvoll und indiziert, um die abgespaltenen destruktiven Anteile und die häufig damit verknüpften pathologischen Schuldgefühle, die um den psychischen Todes- und Vernichtungskomplex zentriert sind, zu bearbeiten und zu integrieren. Denn die geglückte Verarbeitung eines Traumas trägt bei zu einem Differenzierungsprozeß, welcher der Stärkung von persönlicher Identität, der Entwicklung von Ich-Autonomie und der psychischen Reifung dient. In diesem Sinne fördert die Behandlung auch die Verarbeitung des aktuellen Krankheitsgeschehens. Damit nehme ich allerdings zum gegenwärtigen Zeitpunkt, schon aufgrund unseres geringen Verständnisses bio-psycho-sozialer Zusammenhänge, nicht in Anspruch, den physischen Krankheitsverlauf günstig beeinflussen zu können, vielleicht sogar im Sinne einer Verlängerung des Lebens, sondern es kann hier zunächst einmal nur um eine Verbesserung der Qualität dieses Lebens gehen.

Literaturverzeichnis

Becker, S., Clement, U. (1989), HIV-Infektion – Psychische Verarbeitung und politische Realität. Psyche, 43, 698–709

Freud, S. (1915), Zeitgemäßes über Krieg und Tod: Unser Verhältnis zum Tode, Gesammelte Werke, Bd. 10, S. Fischer, Frankfurt a. M.

Grotstein, J. S. (1978), Inner space: its dimensions and its coordinates. Int. J. Psycho-Analysis, 59, 55–61

Khan, M. (1977), Das kumulative Trauma. In: Selbsterfahrung in der Therapie. Kindler Verlag, München

Laplanche, J., Pontalis, J. B. (1972), Das Vokabular der Psychoanalyse. Suhrkamp Verlag, Frankfurt a. M.

Mandel, J. S., UCSF-BAP (1986), Psychosocial challenges of AIDS and ARC. Focus (Review of AIDS Research), Bd. 1, Nr. 2, University of California, San Francisco / CA

Mentzos, S. (1982), Neurotische Konfliktverarbeitung. Frankfurt a. M., Fischer Taschenbuch 42239

Reiche, R. (1989), Zur Bedeutung von AIDS für Individuum und Kultur. In: Teichmann, A. T., Dmoch, W., Stauber, M. (Hg.), Psychosomatische Gynäkologie und Geburtshilfe 1988. Springer-Verlag, Berlin, Heidelberg

Schiefer-Hofmann, E., Jäger, H. (1989), Psychoimmunologische Aspekte der HIV-Infektion – Coping. Depressivität, Ängstlichkeit und soziale Unterstützung. In: Jäger, H. (Hg.), AIDS und HIV-Infektionen. Ecomed Verlagsgesellschaft, Landsberg, München, Zürich

Stern, M. M. (1972), Trauma. Todesangst und Furcht vor dem Tod. Psyche, 12, 901–928

Weimer, E., Nilsson-Schönesson, L., Clement, U. (1989), HIV-Infektion; Trauma und Traumaverarbeitung. Psyche, 43, 720–735

Weinel, E. (1989), Überlegungen zu Übertragungs- und Gegenübertragungsreaktionen bei der Behandlung von AIDS-Patienten. Psyche, 43, 710–718

Resümee und Ausblick

1. Vorbemerkungen: Sind die laufenden Entwicklungen im Einklang mit den Erwartungen der Psychosomatiker, der Wissenschaft und der Öffentlichkeit?

In vielen Bereichen unserer Kultur, Wissenschaft und Gesellschaft finden seit einigen Jahren Veränderungen statt, die auch von Skeptikern als revolutionär, dabei unvorhersagbar in ihrem Ausmaß und Tempo anerkannt werden. Nicht nur der Zeitgeist, sondern Weltanschauungen erfahren einen tiefgreifenden strukturellen Wandel, ein neues Denken der Menschen geht mit neuen Erfahrungen, Umgangsweisen und Organisationsformen einher.

Die Psychosomatik wird aufgrund ihrer besonderen Stellung von vielen dieser Prozesse erfaßt, und möglicherweise trägt sie selbst zum neuen Denken bei oder hat geholfen, den aktuellen Umbau einzuleiten.

Drei Schwerpunkte sind erkennbar:

a) In ihren psychologischen und sozialwissenschaftlichen Anteilen wird die Psychosomatik vor allem von den neuen systemtheoretisch und konstruktivistisch begründeten Ansätzen herausgefordert, ihre psychotherapeutischen Konzepte zu überdenken. Dabei gewinnen die traditionellen aufklärerischen und emanzipatorischen Standorte neue Bedeutung, als Gegengewichte zu einem mechanistischen und beliebigen Menschenbild.

b) In ihrer Nähe zur Biomedizin erfährt Psychosomatik den Paradigmenwechsel in den Naturwissenschaften. Autopoiese (Selbstorganisation), Semiotik (Zeichenlehre) und Eindringen in molekulare und genetische Mikrostrukturen schränken lineare und monokausale Modelle von Gesundheit und Krankheit in ihrer Gültigkeit ein. Diese sind nur noch in engen umschriebenen Situationen erkenntnis- und handlungsleitend.

c) Als Kulturanthropologie versucht Psychosomatik zu verstehen, wie Menschen aufwachsen und zusammenleben, welche Regeln, Muster und Mythen vorherrschen. Geschichte, Gegenwart und Zukunft werden als fortdauernder Prozeß erkannt, der das Leben und damit die Gesundheit des einzelnen wie der Gemeinschaft bestimmt.

An Versuchen der Zusammenschau hat es in der Geschichte der Psychosomatik nicht gefehlt. »Ganzheitlichkeit« war von Anbeginn das Leitprogramm. Ob es einer Neuen Psychosomatik gelingt, das Problem der Erkenntnis- und Handlungsfähigkeit sichernden Reduktionismen und Aufspaltungen zu überwinden und wirklich neue Einsichten und Entwicklungen zu ermöglichen, erscheint zum gegenwärtigen Zeitpunkt äußerst fraglich.

Zur Bearbeitung der in diesem Vorspann angesprochenen Fragen und Probleme will ich von bereits erkennbaren, teilweise vollzogenen Veränderungsprozessen ausgehen und nacheinander den Stand der Theoriebildung, der Praxis psychosomatischer Medizin und der Weitergabe psychosomatischer Kenntnisse und Fähigkeiten in Aus-, Fort- und Weiterbildung untersuchen. Am Ende steht ein Ausblick auf den Weg zu einer ökologischen und sozialen Psychosomatik, ein Ausblick auf eine mittlere Position zwischen selbstüberschätzenden Größenphantasien und ungerechtfertigt verzagter, selbstbeschränkender Resignation.

2. Neue psychosomatische Theorien – von monokausalen zu ökologischen Ansätzen

Können psychische und soziale Faktoren den Erhalt der Gesundheit bzw. den Ausbruch und Verlauf körperlicher Krankheiten beeinflussen? Alltagserfahrungen, klinische Fallbeispiele, Verlaufsuntersuchungen und epidemiologische Studien sprechen dafür. Bewiesen im wissenschaftlichen Sinn sind diese Zusammenhänge jedoch nicht. Folglich gibt es auch nur eine vage Annahme, daß im Prinzip bei jeder körperlichen Krankheit angeborene und erworbene biologische Prädispositionen durch zusätzliche psychosoziale Faktoren verstärkt werden können (also manifestationsfördernd, pathogen und verlaufsbeeinträchtigend wirken) oder abgeschwächt werden können (also protektiv, salutogen und verlaufsbegünstigend wirken).

Die Übergänge vom Seelischen zum Körperlichen finden bei dieser Annahme in Form psychophysiologischer Regulationen statt, wobei vor allem neuro-endokrino-immunologische Prozesse angenommen werden. Diese sind ein Teil hochvernetzter Wechselwirkungsprozesse, wobei ausdrücklich auch Rückwirkungen von den endokrinen, vermutlich auch immunologischen Zuständen auf das psychische Befinden angenommen werden, so wie natürlich jedes Krankheitssymptom und jedes Bewußtsein einer körperlichen Erkrankung psychologische Wirkungen hat.

Ein solches unspezifisches Vorstellungskonzept kann nun zu beliebiger Komplexität ergänzt und ausgeweitet werden. Wir gelangen schnell zu Netzplänen, Interaktionsspiralen, geradezu Weltformeln, die alles und nichts erklären und die auch mit unseren verfügbaren psychologischen, sozialwissenschaftlichen und naturwissenschaftlichen Methoden nicht mehr als Ganzes überprüfbar sind.

An diesem Punkt hat ein Umdenken in der Psychosomatik, eine Abkehr von alten Polarisierungen und Dogmen begonnen. Wie so oft, ist das Neue plötzlich unvermutet in Erscheinung getreten und wie jeder strukturelle Wandel in seinen Auswirkungen weithin unbemerkt geblieben. Wenn das Alte untauglich geworden ist, kann niemand sich vorstellen, daß es einmal Gültigkeit gehabt haben soll.

Drei Anforderungen bestimmen die Neuen Psychosomatischen Theorien

– Sie sind krankheitsgruppenübergreifend sowie Ursachen und Folgen verknüpfend;
– sie sind unmittelbar behandlungsleitend;
– sie sind in Einklang mit Entwicklungen in Psychologie, Naturwissenschaft und Gesellschaft.

Die neue psychosomatische Theorie geht von einem nichtlinearen Zusammenwirken angeborener und erworbener psychosozialer und biologischer Faktoren aus (Synergismen). Gesundheit stellt eine besonders günstige Variante der Vielzahl möglicher Regulationen dar. Gleichartige Regulationszustände (Syndrome) können gemeinsame Strecken sehr unterschiedlicher Prozesse sein (Äquifinalität). Qualitative Veränderungen des Systems treten sprunghaft ein (Katastrophen). Das Ergebnis der Neuorganisation ist nur mit unterschiedlicher Wahrscheinlichkeit vorhersagbar (Autopoiese). Der jeweilige Standort des Beobachters (die Theorie) bestimmt das Beobachtungsergebnis. Unterschiedliche Methoden (biologische, psychologische etc.) bringen unterschiedliche Anteile des jeweiligen Prozesses ins Blickfeld (Dimensionen), lassen andere demgegenüber verblassen. Das Hinzutreten des Beobachters, z. B. das diagnostische Gespräch, verändert den Prozeß (Relativität, Kontextabhängigkeit). Um erkenntnisfähig zu bleiben, werden Sequenzen aus dem Gesamtprozeß herausgelöst (Interpunktionen) und linearer Betrachtung zugeführt. Theoretische Schlußfolgerungen bleiben Annäherungen an Wirklichkeiten, Konstruktionen, sie sind austauschbar (Landkarten).

Solch komprimierte abstrakte Aneinanderreihung ist natürlich einigermaßen sinnlos. Sie liefert kaum mehr als das Vokabular einer Neuen Psychosomatik. Dem Kranken ist damit wenig geholfen. Stellen wir uns den 60jährigen Herrn K. vor, der erst auf Drängen seines behandelnden Dermatologen gemeinsam mit seiner Ehefrau zum Erstgespräch kam. Anlaß war eine schwerwiegende Vertrauenskrise. Herr K. war ursprünglich zum Arzt gegangen, weil er meinte, eine zunehmende Schwellung seiner Nase beobachtet zu haben. Er hatte nachgelesen und glaubte ein Rhinophym (»Knollennase«) zu entwickeln. Weil er sich nicht ernst genommen fühlte, suchte er anläßlich eines Besuches seiner herzkranken Mutter in einer norddeutschen Großstadt einen zweiten Arzt auf. Dieser entnahm eine Hautprobe und fand ein Basaliom, einen halbmalignen Hauttumor. Die Angst vor einem Rhinophym war dadurch nicht geschwunden.

Herr K. fertigte selbst wöchentliche Kontrollaufnahmen seiner Nase an, die er, zurück am Heimatort, dem ersten Arzt wieder vorlegte. Der reagierte gereizt und drängte auf Konsultation eines Psychosomatikers »gemeinsam mit der ebenfalls auffälligen Ehefrau«. Bei der Anmeldung erwies sich Herr K. als alter Bekannter. Im Verlauf der letzten sechs Jahre war er bereits dreimal in unserer Ambulanz gewesen. Damals wurde jeweils eine depressive Reaktion mit vegetativen Begleitsymptomen (vor allem Schlafstörungen) diagnostiziert. Jedesmal wurde eine andere Behandlungsmethode empfohlen (dynamische Psychotherapie, stationäre Psychotherapie, Gesprächs-Selbsthilfegruppe). Keine wurde vom Patienten angenommen. Nach zwei bis drei Gesprächen brach Herr K. den Kontakt ab, um sich einige Monate später wieder zu melden.

Soweit die Ausgangssituation.

Welchen Erkenntnisgewinn bringt hier eine Neue Psychosomatische Theorie und welche Behandlungsmöglichkeiten erschließt sie uns?

Informationen und Erklärungen werden auf verschiedenen Dimensionen angeboten. Der Arztbrief enthält Angaben zur biomedizinischen Krankengeschichte (z. B. Basaliom vs. Rhinophym) und verrät Störungen der Arzt-Patient-Beziehung. Die Akte der psychosomatischen Ambulanz enthält differenzierte psychodynamische und biographische Informationen; sie erschließt eine Sicht der intrapsychischen Konflikte und verrät zugleich Störungen der Therapeuten-Patienten-

Beziehung. Das Gesprächssetting (Paarinterview) legt die interaktionelle Sicht nahe, erlaubt einen Blick auf interpersonelle Konflikte. Wohl vor allem, weil diese letztgenannte Perspektive dem Untersucher besonders vertraut war (Schwerpunkt Familientherapie) und weil sie in der bisherigen komplizierten Vorgeschichte noch am wenigsten verbraucht erschien, wurde der beziehungsanalytischen »Landkarte« der Vorzug gegeben. Psychoanalytische und biomedizinische Zugänge wurden damit frühzeitig ausgeblendet.

Ich erfuhr und erlebte auf diese Weise, wie die Partner in ihrer Ehe verschiedene tiefgreifende Entwicklungen durchlaufen hatten.

Heute ist Herr K. wie gesagt 60 Jahre alt, seine Frau 44 Jahre. Geheiratet haben sie vor 24 Jahren, nachdem sie sich wenige Monate kannten. Damals war er eine idealisierte »Vaterfigur«. Heute hätten sie ein grundlegend gewandeltes Verhältnis. Er fühlt sich mißachtet, sie erlebt ihn als verbitterten alten Mann. Die Sorge um seine Nase ist ihre stärkste Gemeinsamkeit, auch in Abgrenzung gegen die »bösen« Ärzte. Was diesen Wandel bewirkt hätte? Zuerst war die Enttäuschung, daß sie keine Kinder bekamen. Sie seien dann viel gereist, zumal er als Fluglotse verbilligte Tickets bekam. Dann wurde er wie alle seine Kollegen mit 52 Jahren pensioniert. Sie zogen aus der Großstadt aufs Land, sie gab ihren Beruf als Verkäuferin auf. Fortan verdüsterte sich ihr Leben. Er wurde erstmals vom Hausarzt wegen Depressionen in die psychosomatische Ambulanz überwiesen. Dies hätte er ihr ebenso wie die folgenden Vorstellungstermine verheimlicht. Er wollte sich nicht für verrückt erklären lassen. Warum er dann noch hinging? Was hätte er denn sonst tun sollen?

Die paardynamische Sicht wird ergänzt durch soziodynamische Aspekte: Die Problematik »junger Alter«, die aus besonders beanspruchenden Tätigkeiten vorzeitig entlassen werden, isoliertes Wohnen auf dem Lande, Hausfrauen ohne Kinder.

Ergänzen wir jetzt noch die psychodynamisch-biographischen Anteile und die biomedizinischen Befunde, so entsteht schnell ein biopsychosoziales Gesamtbild, das dadurch kompliziert wird, daß die unterschiedlichen Dimensionen aktuell und im historischen Verlauf in Wechselwirkung stehen. Wo ist der Anfang? Welches sind Ursachen, welches Wirkungen? Unser anspruchsvolles Projekt erreicht schnell seine Grenzen. Ganzheitlichkeit wird zum Mythos, der mehr verschleiert als erklärt. Das Ganze ist das Falsche, sagt Adorno. Bescheidenheit ist angezeigt, allenfalls neue Einfachheit.

Bevor wir uns den Behandlungskonsequenzen zuwenden, ziehen wir unsere Zwischenbilanz in einer ersten These.

Neue Psychosomatik ist stark im theoretischen Entwurf, sie verblaßt vor der praktischen Anwendung. Je konkreter, fallbezogener öko-systemische Konzepte eingesetzt werden, um so konventioneller, linearer und monotoner zeigen sie sich. Die Grenzen unserer Erkenntnis- und Verstehensfähigkeit sind kaum überwunden. Theoretisch neu, praktisch alt, lautet das Fazit.

3. Neue psychosomatische Behandlungsansätze
Vom medizinischen Denken zur sozialen Psychotherapie

Was gibt es Neues in der praktischen Psychosomatik? Das Projekt einer vollständigen Integration biomedizinischer und psychosozialer Anteile in *einer* Person, mithin des ganzheitlich denkenden und handelnden Arztes, wird derzeit in der sog. psychosomatischen Grundversorgung praktiziert oder zumindest propagiert. Uns fehlen derzeit noch differenzierte Hinweise, in welchem Umfang die angestrebten psychodiagnostischen, beratenden und weitervermittelnden Leistungen im Rahmen einer somatischen Therapie körperlich Kranker wirklich stattfinden. Solange die Ausbildung der Ärzte einseitig von naturwissenschaftlichem Faktenpauken bestimmt ist und solange es keine nennenswerte Fortbildung für psychosomatische Grundversorgung gibt, dürfte die Vermutung nicht ganz falsch sein, daß sich eher die Abrechnungsmodalitäten geändert haben als das tatsächliche Verhalten des Arztes.

Sobald wir die Grundversorgung verlassen, wird es ohnehin arbeitsteilig. Spezialisierten biomedizinischen Ansätzen stehen psychotherapeutische Behandlungsspezialisten gegenüber. Wirklich neu ist, daß überhaupt Behandlungsmöglichkeiten in solchem Umfang und solcher Differenziertheit angeboten werden. Einige befürchten angesichts zweistelliger Zuwachsraten örtlicher Psychotherapeuten, die bereits die drittgrößte Gruppe nach den Allgemeinärzten und den Internisten stellen, eine »Überversorgung«. Diese Sorge wird verstärkt durch das bevorstehende Hinzutreten mehrerer tausend nicht-ärztlicher Psychotherapeuten.

Neu ist das weite Spektrum von den psychoanalytischen Standardmethoden (die allerdings zahlenmäßig nur noch eine untergeordnete

Rolle spielen) über dynamische Psychotherapien, Gruppentherapie, Paar- und Familientherapie, Verhaltenstherapie, körperbezogene Verfahren bis zu den 300 oder 400 weiteren Schulen. Die Vielfalt ist das Neue, die richtige Auswahl ist das Problem. Gefragt sind zunehmend Entscheidungshilfen, Wegweiserfunktionen. Hier haben die großen psychosomatischen Polikliniken, vor allem der Universitäten, ihre Domäne.

Dennoch gibt es weiterhin erhebliche Barrieren. Schwierige, unattraktive Patienten aus sozialen Randgruppen finden nach wie vor kaum qualifizierte Hilfe außerhalb sozial-therapeutischer Angebote, vor allem in Beratungsstellen.

Die große Zahl der im biomedizinischen System herumgeschobenen Problempatienten und psychosomatisch Kranken läßt sich ebenfalls nicht ohne weiteres zum niedergelassenen Psychotherapeuten überweisen. Zusätzlich zur für die Grundversorgung wegweisenden Integration durch Steigerung der psychosozialen Kompetenz kommen Formen der Integration durch Kooperation von biologischer und psychologischer Medizin zum Tragen. Psychosomatiker gehen neuerdings überall vor Ort auf Krankenstationen, in Körperambulanzen, sie sprechen dort mit Patienten und deren Angehörigen, beraten die behandelnden Ärzte und das Pflegepersonal.

Die psychosomatischen Konsiliar- und Liaisondienste sind ein neuer dritter institutioneller Versorgungsbereich neben der klassischen Psychotherapiestation und der Poliklinik geworden. Und dennoch bleibt es meist bei einem bloßen Umorganisieren, findet ein Umdenken nicht statt. Im Gegenteil, die Psychosomatik paßt sich den Erwartungen und Bräuchen der Biomedizin an, ohne ihren ganz besonderen eigenständigen Beitrag zu bewahren. Sie wird Teil des Behandlungssystems und damit den gleichen Regeln und Beziehungsmustern unterworfen, wie die übrigen Fächer, ein Rädchen, das den Betrieb am Laufen hält und das von allen anderen in Schwung gehalten wird.

Was fehlt? Aufklärung und Emanzipation! Psychosomatiker können aus zu großer Nähe ebenso wie aus zu großer Distanz ihre Aufgabe nicht erfüllen, Konflikte herausarbeiten und lösen zu helfen, Autonomie anstelle unreflektierter Aktion zu fördern. Sie behandeln dann individuelle, familiäre und soziale Konflikte wie körperliche Krankheiten. Das Ziel einer sozialen Psychotherapie rückt ins Unerreichbare.

Angewandt auf unseren Herrn K., wird die Problematik noch deutlicher. Geradezu in einem Wiederholungszwang machen wir dem Patienten ein erneutes Behandlungsangebot (nunmehr das vierte in sechs Jahren!), diesmal für eine Paartherapie. Wie nicht anders zu erwarten, fehlt bereits beim dritten Gespräch die Ehefrau, beim 4. der Ehemann, beim 5. Termin kommen beide, um mitzuteilen, daß ihnen die Behandlung nichts brächte.

In unserem Bestreben, dem überweisenden Kollegen entgegenzukommen, hatten wir übersehen, daß damit dem Patienten die alleinige »Schuld« für die Schwierigkeiten in der Arzt-Patient-Beziehung zugeschoben wurde (er ist und bleibt der Patient). In unserem Bestreben, besser zu sein als die Vorbehandelnden, boten wir eine neue, noch nicht erprobte Technik an, der Patient ließ uns scheitern. In dem Versuch, das Paar für eine Behandlung zu gewinnen, sparten wir angst-, scham-, schuldbesetzte Konflikte der Ehe und der jeweiligen Lebensgeschichten aus und beschränkten uns auf die angebotene Fassade: Ein Hypochonder wird von seiner Frau zum Arzt begleitet. Das Ehepaar fühlte sich in seiner Not nicht verstanden. Schließlich blendeten wir das soziale Umfeld aus: die Arbeit, die Wohnung, das soziale Netzwerk. Das Paar fühlte sich angesichts seiner realen Einschränkungen überfordert.

Erst als die Probleme in diesem Umfang unübersehbar geworden waren, setzte bei den Therapeuten ein Umdenken ein. Wir fragten uns (endlich!), ob nicht die gezeigten psychopathologischen Symptome der Partner sehr verständliche, geradezu sinnvolle Verhaltens- und Erlebnisweisen in einer gegebenen Konfliktsituation darstellten. Wir teilten dem Paar am Ende der 5. Stunde mit, daß wir heute verstanden hätten, daß sie schon lange unter sehr belastenden Umständen lebten, daß sie, besonders aber der ältere Mann, immer wieder befürchteten, auch körperlich zu erkranken, daß der Ausgleich fehlte im Beruf und im Freundeskreis oder in der Nachbarschaft, daß sie begonnen hätten, sich selbst zu beobachten. In ihrer Sorge hätten sie immer wieder auch Ärzte eingeschaltet und letzten Endes recht bekommen. Sie würden sich auch jetzt weiter beobachten. Die Beschäftigung mit der Nase sei geradezu ihr Lebensinhalt. Alternativen seien nicht in Aussicht, wir könnten sie nur in größeren Abständen (vier bis sechs Wochen) sehen, damit sie sich nicht verrennen. Ansonsten würden wir sie auf dem gewählten Weg begleiten.

Die Reaktion auf diese Mitteilung war eine Mischung aus skeptischer Verwunderung und Erleichterung. So hatte noch kein Therapeut oder Arzt gesprochen. Sie widersprachen uns, ganz so könnte es nicht bleiben. Wir verwiesen auf einen nächsten Termin.

Ohne auf den leidlich befriedigenden weiteren Verlauf einzugehen, sei hier nur hervorgehoben, daß ein Umdenken stattgefunden hatte, das eine neue Beziehung zwischen den Therapeuten und dem Paar erlaubte. Aus dem störungszentrierten medizinischen Modell war ein ressourcen- und entwicklungsorientiertes geworden. Wir waren nicht aufgerufen, das Paar zu »heilen«, sondern erweitertes Verständnis der Zusammenhänge und damit Eröffnung bewußter Entscheidungsmöglichkeiten war unser Ziel. Für den gegebenen Fall ein wahrhaft revolutionäres Umdenken, für unser Fach ein alter Hut.

Dies leitet mich zu meiner zweiten These.

Neues Denken in der psychosomatischen Therapie bedeutet Ernstnehmen der bewährten Grundlagen: Konfliktverständnis und Autonomiestärkung (Emanzipation), medizinisches Behandlungsdenken ersetzen durch soziales Engagement. Herstellen einer hilfreichen therapeutischen Beziehung und erweitertes Selbstverständnis aller Beteiligten einschließlich der Therapeuten ist von einer neuen psychosomatischen Behandlung zu fordern.

4. Weitergabe des Wissens der Fertigkeiten und der Haltungen – Verschulung oder Problemorientierung

Ist eine solche neue Psychosomatik in ihren Grundlagen und Methoden lehr- und lernbar? Wenn ja, welches ist die geeignete Didaktik, wenn nicht im engen Lehrer-Schüler-Verhältnis Geheimnisse und Intuitionen nur tradiert werden sollen. Die Lehrbücher sind eine schwache Stütze von der Sache her, und weil sie oft so schlecht sind. Theorie, Praxis und Selbsterfahrung müssen ausgewogen sein. Zeit, Geld und Energieaufwand sollten auch Normalsterblichen zumutbar sein.

Die Grundlagen schafft das Studium etwa der Humanmedizin. Dieses ist jedoch wenig hilfreich, besteht zu über 90 Prozent aus reinen naturwissenschaftlichen Anteilen und zu zwei Drittel aus Grundlagen-Fakten-Paukerei.

Gedacht war das ganz anders, bereits vor 20 Jahren bei der letzten großen Studienreform. Geblieben sind einige spezialisierte psychosoziale Alibiveranstaltungen, oft schlecht konzipiert und unengagiert eingebracht in einen anonymen Massenbetrieb. Andere, denen eine Orientierung an den Anforderungen des Arztes in unserem Gesundheitssystem vorschwebte, haben Alternativen aufgezeigt mit einem problemorientierten (nicht fächerzentrierten) praxisnahen Studium. Aber auch McMaster's, Maastricht, Harvard, Herdecke und die anderen Reformfakultäten müssen sich sagen lassen, daß sie unter Sonderbedingungen arbeiten. Auch sie mußten Abstriche machen, Wasser auf den Mühlen derjenigen, die das Studium strukturell nicht für veränderbar halten.

Bleibt die postgraduierte Weiterbildung zum Psychoanalytiker oder als mindergeschätztes Anhängsel zum Psychotherapeuten. Hier herrscht im anderen Extrem ebenfalls eine Mißachtung der Anforderungen an den in unserer Gesellschaft psychosomatisch-psychotherapeutisch Tätigen. Alltäglich zu erwartende Handlungssituationen werden vernachlässigt zu Gunsten einer Orientierung ausschließlich an den Grundlagen unseres Faches.

Die Allgemeinmedizin als potentielle Domäne ganzheitlicher Medizin spendet wenig Trost, trotz Balints genialem Entwurf einer Gruppenarbeit, der klinische Anleitung, Selbsterfahrung und berufsbegleitende Praxis im Gleichgewicht hielt. Psychosomatische Grundversorgung wird wohl auf Dauer nur noch auf dem Krankenschein stattfinden.

Machen wir es kurz mit einer dritten und letzten These.

Neue Psychosomatik, die nicht gelehrt und gelernt wird, bleibt nur Papierwerk, gut für Kongresse und Festreden, aber nicht alltagstauglich. Wenn wir in der Studienreform und der Weiterbildungsreform erneut scheitern, wird sich auch nach der Jahrtausendwende überhaupt nichts ändern. Ob die Verhältnisse bereits so unerträglich geworden sind, daß alle Beteiligten den Mut, die Entschlossenheit und die Kraft zum Umdenken und Umorganisieren aufbringen, bezweifle ich. Allzuviel spricht dafür, daß alles (von kosmetischen Änderungen abgesehen) bleiben wird, wie es ist. Kurzfristig komfortabel, mittelfristig unbefriedigend, zusätzlich komplizierend (z. B. chronifizierend) und teuer!

5. Auf dem Wege zu einer sozialen und ökologischen Psychosomatik – eine konkrete Utopie

Nachdem sich die Aussichten auf einen schnellen oder gar schon angelaufenen strukturellen Wandel der Psychosomatik als reichlich utopisch erwiesen haben und nachdem deutlich wurde, daß manch neue Geste reichlich antiquiert ist, wollen wir uns zu guter Letzt vorstellen, wie denn ein neues Denken in der Psychosomatik gestaltet sein könnte und welche Anstrengungen wohl nötig wären, es zu realisieren, bzw. welche Hindernisse auf dem Wege stehen. Was verhindert das neue Denken?

Einige ausgewählte, in diesem Band zusammengefaßte Beiträge, die im Herbst 1989 auf dem Gießener Psychosomatik-Kongreß zum gleichen Leitthema vorgetragen wurden, geben eine gute Grundlage: Gleich zu Anfang analysiert Horst-Eberhard Richter, wie unser Fach von den Notwendigkeiten eines sozialen und ökologischen Weltverständnisses mitgetragen wird und zugleich der Ignoranz und Borniertheit einer nur technisch ausgerichteten Version der Medizin immer noch unterliegt. Mit der Gesundheitsbewegung könnte es nach Michael Moeller eine Interessengemeinschaft geben, die bislang nicht funktioniert. Der Onkologe Theml und der Psychiater Willi zeigen, jeder aus seiner Perspektive, wie sie selbst (nicht nur die verteufelten anderen) in alten Denkgewohnheiten bleiben und gehalten werden. Wie Ganzheitlichkeit für den Psychotherapeuten ebenso wie für den Biomediziner immer nur kurzzeitig annäherungsweise und im besonderen Einzelfall gelingt, daneben und dazwischen aber auf beiden Seiten durchaus spezialistisch, linear und doktrinistisch gearbeitet wird und gearbeitet werden muß. Durch von Rad wird nochmals bekräftigt, bereits das Einlösen der heute zur Verfügung stehenden Möglichkeiten wäre eine gewaltige Innovation. Psychosomatik ist neues Denken im Wartestand.

Erinnern für die Zukunft: Historisches Vermächtnis und Zukunftsbedrohung beschreiben einen Spannungsbogen, den Psychosomatik aufklären helfen kann. Schultz und Hermanns belegen die Gleichschaltung zur Ganzheit und öffnen das bislang verborgene Kapitel der Psychosomatiker im Nationalsozialismus, von denen wesentlich mehr im Lande blieben, als emigrierten. Der Blick über die Grenzen in Ethnomedizin und transkulturelle Psychosomatik mag helfen, unsere eurozentristische Denkklammer zu lockern. Ots führt unsere wissenschafts- und erkenntnistheoretischen Prämissen aufs Glatteis, wenn er sie mit den Grundannahmen der chinesischen Medizin vergleicht.

Daß neues Denken nicht intellektuelle, abstrakte Glasperlenspielerei bleiben muß, wird erst deutlich, wenn wir soziale und ökologische Ansätze zum Verständnis der Situation von Frauen im hohen Erwachsenenalter (Radebold), von türkischen Arbeitsemigranten und ihren Familien (Leyer) sowie HIV-positiver Menschen (Weinel) sehen.

Stellen wir uns vor, der Gedankenreichtum, die Sensibilität, das Engagement nur dieser drei Letztgenannten fänden Eingang in unseren medizinischen Alltag: welche Revolte! Wer wollte sich dann noch hinter Sachzwängen, Zeitmangel, ökonomischen Restriktionen verschanzen. Welchen Auftrieb bekäme die große, jetzt allzu oft schweigende Gruppe engagierter und aufgeschlossener Ärztinnen und Ärzte, Pfleger und Schwestern, Angehörigen anderer helfender Berufe, die heute vergeblich auf Unterstützung der Psychosomatik hoffen, die sich aus eigener Kraft nicht aus der Umklammerung des »Systems« zu befreien vermögen.

Michael Wirsching

Die Autorinnen und Autoren

Michael Geyer, Prof. Dr. sc. med., Jg. 1943, Facharzt für Psychiatrie und Neurologie; Facharzt für Psychotherapie, Direktor der Leipziger Universitätsklinik für Psychotherapie und Psychosomatische Medizin, Vorsitzender der Gesellschaft für Psychotherapie, Psychosomatik und Medizinische Psychologie e. V; Forschungsgebiete: Psychosomatik, Psychotherapeutische Prozeßforschung; Monographien für Ärztliches Gespräch, Psychodynamische Einzeltherapie und Psychosomatik.

Ludger M. Hermanns, Jg. 1950, Arzt und Psychoanalytiker (DPV) in freier Praxis sowie psychosomatischer Konsiliarius im Städtischen Krankenhaus Berlin-Moabit. Veröffentlichungen zur Geschichte der Psychoanalyse und zur Psychosomatik, insbesondere zur Psychoanalyse der Frühzeit und im Dritten Reich.

Emanuela Maria Leyer, Jg. 1951, Diplom-Psychologin, war von 1978 bis 1987 wissenschaftliche Mitarbeiterin am Zentrum für Psychosomatische Medizin der Universität Gießen (Schwerpunkt: psychosomatischer Konsiliardienst, Familientherapie). Sie arbeitet seit 1988 in der Abteilung für Psychotherapie und Psychosomatik des Zentrums der Psychiatrie im Universitätsklinikum Frankfurt am Main. Publikationen zu Psychodynamik und psychosozialen Aspekten der Migration.

Michael Lukas Moeller, Jg. 1937, Studium der Medizin und Philosophie, seit 1973 Professor für seelische Gesundheit in Gießen, 1983 Lehrstuhl für Medizinische Psychologie an der Universität Frankfurt am Main. Bekannt geworden durch seinen Einsatz für die Entwicklung der Selbsthilfegruppen. Seit eineinhalb Jahrzehnten widmet er sich schwerpunktmäßig der Psychoanalyse der Paarbeziehungen. Zahlreiche fachwissenschaftliche Arbeiten. Buchveröffentlichungen zu Selbsthilfegruppen, Selbstbehandlung und Selbsterkenntnis in eigenverantwortlichen Kleingruppen: »Anders helfen«. Selbsthilfegruppen und Fachleute arbeiten zusammen, Stuttgart 1981.

Thomas Ots, Jg. 1947, Arzt für Gynäkologie und Geburtshilfe. 1978 bis 1980 Studium der chinesischen Sprache und der traditionellen chinesischen Medizin in Beijing, VR China; 1984/85 Forschungsaufenthalt in Nanjing, VR China zu Fragen der psychosomatischen Diagnostik in der traditionellen Medizin. Seit 1986 Forschung über kathartische Heilmethoden in der VR China. Seit 1987 Studium der Ethnologie mit Schwerpunkt auf Medizinische Anthropologie in

Hamburg. 1988/89 als »visiting research fellow« an dem Department of Anthropology und Department of Social Medicine der Harvard-Universität. Wichtige Publikationen zum Thema: Medizin und Heilung in China – Annäherungen an die traditionelle chinesische Medizin, Berlin 1990; The Angry Liver, the Anxious Heart and the Melancholy Spleen – The Phenomenology of Perceptions in Chinese Culture, *Culture, Medicine and Psychiatry*, Bd. 14,1: 21–58.

Horst Petri, Priv. Doz., Dr. med., Jg. 1936, lehrt als Hochschullehrer für Psychotherapie und Psychosomatik am Klinikum Steglitz der Freien Universität Berlin und arbeitet als Psychoanalytiker in freier Praxis. Wichtige Buchveröffentlichungen: »Soziale Schicht und psychische Erkrankung im Kindes- und Jugendalter«, Göttingen 1979; »Angst und Frieden«, Frankfurt am Main 1987 (Fischer Taschenbuch Nr. 42294); »Erziehungsgewalt«, Frankfurt am Main 1989 (Fischer Taschenbuch Nr. 6639).

Michael von Rad, Prof. Dr. med., Jg. 1939, Arzt für Neurologie und Psychiatrie, Psychoanalytiker, Direktor des Instituts und Poliklinik für Psychosomatische Medizin, Psychotherapie und Medizinische Psychologie der Technischen Universität München; Chefarzt der Abteilung für Psychosomatische Medizin und Psychotherapie des Städtischen Krankenhauses Bogenhausen; Veröffentlichungen zur Theorie und Therapie psychosomatisch Kranker.

Hartmut Radebold, Jg. 1935, Medizinstudium in Berlin, Weiterbildung zum Arzt für Psychiatrie und Neurologie an der Psychiatrischen Universitätsklinik der Freien Universität Berlin, psychoanalytische Weiterbildung (DPV) in Berlin und Ulm, Leiter der Psychotherapeutischen Ambulanz der Universität Ulm (1970–1976), seit 1976 Professor für Klinische Psychologie an der Gesamthochschule Kassel-Universität. Forschungsgebiete: Psychodynamik, Psychotherapie/Psychoanalyse und Psychosomatik des höheren und hohen Lebensalters, Beratung und Selbstorganisation Älterer, Supervision im Altersbereich sowie gerontopsychiatrische rehabilitative und allgemeine Versorgung Älterer.

Horst-Eberhard Richter, Jg. 1923, Psychoanalytiker, Nervenarzt und Sozialpsychologe, Geschäftsführender Direktor des Zentrums für Psychosomatische Medizin an der Universität Gießen. Seit 1982 Vorstand der bundesdeutschen Sektion der Internationalen Ärzte für die Verhütung des Atomkrieges. 1988 Mitbegründer der International Foundation for the Survival and Development of Humanity.

Ulrich Schultz-Venrath, Jg. 1952, Dr. med., Arzt für Nervenheilkunde und Psychotherapeut. Oberarzt an der Neurologischen Abteilung des Gemeinschaftskrankenhauses Herdecke der Universität Witten/Herdecke. In psychoanalytischer Ausbildung bei der psychoanalytischen Arbeitsgemeinschaft Köln/Düsseldorf (DPV). Veröffentlichungen zur Geschichte der Psychoanalyse und Psychosomatik, zur Psychosomatik neurologischer Erkrankungen und zur Medizin im Nationalsozialismus.

Harald Theml, Jg. 1940, Prof. Dr. med., Chefarzt für Innere Medizin mit Spezialbereich Hämatologie und Int. Onkologie an den St. Vincentius-Krankenhäusern Karlsruhe. Fachspezifische Publikationen sowie zu Grenzfragen der Medizin im psychosozialen wie ökologischen Bereich.

Elke Weinel, Dr. med., Psychoanalytikerin (DPV), Ärztin für Neurologie und Psychiatrie, Oberärztin an der Abteilung für Psychotherapie und Psychosomatik der Johann Wolfgang Goethe-Universität Frankfurt am Main. Veröffentlichungen zur Psychotherapie von HIV-Infizierten und AIDS-Patienten.

Jürg Willi, Prof. Dr. med., Ordinarius für Poliklinische Psychiatrie, Psychotherapie und Psychosomatische Krankheiten, Direktor der Psychiatrischen Poliklinik, Universitätsspital Zürich. Bis zum Sommer 1989 Extraordinarius für Psychosoziale Medizin und Leiter der Abteilung für Psychosoziale Medizin der Psychiatrischen Poliklinik. Herausgeber, gemeinsam mit Prof. E. Heim, Bern, des Lehrbuches »Psychosoziale Medizin«, Heidelberg 1986. Weitere Forschungsschwerpunkte: Paartherapie, Familientherapie.

Michael Wirsching, Jg. 1947, Prof. Dr. med., Psychoanalytiker. Leiter der Abteilung Psychotherapie und Psychosomatik an der Universität Freiburg. Bis 1981 Oberarzt der Abteilung Familientherapie der Universität Heidelberg, bis 1989 Psychosomatische Klinik der Universität Gießen. 1. Vorsitzender der Deutschen Arbeitsgemeinschaft für Familientherapie (DAF). Arbeiten zur Familientherapie, Klinischen Psychosomatik und Psychoonkologie. Bücher u. a.: »Krankheit und Familie« (Stuttgart 1982), »Krebs im Kontext« (Stuttgart, 1988), »Krebs – Bewältigung und Verlauf« (Berlin-Heidelberg 1990).

Geist und Psyche
Begründet von Nina Kindler 1964

Psychoanalyse

Raymond Battegay
Psychoanalytische
Neurosenlehre
Band 42279

Hellmuth Benesch
Verlust der Tiefe
Eine psychische
Dimension im Umbruch
Band 10469

Anna Freud
Das Ich und die
Abwehrmechanismen
Band 42001

André Haynal
Die Technik-Debatte
in der Psychoanalyse
Freud, Ferenczi, Balint
Band 42311

Werner W. Kemper
Der Traum und
seine Be-Deutung
Band 42184

Thomas Köhler
Abwege der
Psychoanalyse-Kritik
Band 42318

Stavros Mentzos
Neurotische
Konfliktverarbeitung
Band 42239

Hysterie
Band 42212

Angstneurose
Band 42266

Humberto Nagera (Hg.)
Psychoanalytische
Grundbegriffe
Band 42288

Horst Petri
Angst und Frieden
Band 42294

Harald Pühl /
Wolfgang Schmidbauer (Hg.)
Supervision und Psychoanalyse
Selbstreflexion der
helfenden Berufe
Band 10599

Jürgen vom Scheidt
Der unbekannte Freud
Band 42292

Harold Stern
Die Couch
Band 42308

Fischer Taschenbuch Verlag

Psychologie

Eine Auswahl

Alexandra Adler
**Individual-
psychologie
Anleitung zur
Praxis**
Band 10131

Robert F. Antoch
**Von der
Kommunikation zur
Kooperation**
Studien zur indivi-
dual-psychologischen
Theorie und Praxis
Band 4618

Charles Brenner
**Grundzüge der
Psychoanalyse**
Band 6309

**Praxis der
Psychoanalyse**
Psychischer Konflikt
und Behandlungs-
technik
Band 6740

Hilde Bruch
Eßstörungen
Zur Psychologie und
Therapie von Überge-
wicht und Magersucht
Band 6796

**Das verhungerte
Selbst**
Gespräche mit
Magersüchtigen
Band 10167

Sándor Ferenczi
**Schriften zur
Psychoanalyse**
Auswahl
in zwei Bänden
Herausgegeben von
Michael Balint
 I. Band: Bd. 7316
II. Band: Bd. 7317

Bernhard Handlbauer
**Die Adler-
Freud-Kontroverse**
Band 7425

Jolande Jacobi
**Die Psychologie
von C. G. Jung**
Eine Einführung
in das Gesamtwerk
Band 6365

Russell Jacoby
**Die Verdrängung
der Psychoanalyse**
oder Der Triumph
des Konformismus
Band 10518

C. G. Jung
**Bewußtes und
Unbewußtes**
Beiträge zur
Psychologie
Band 6058

**Über Grundlagen
der Analytischen
Psychologie**
Die Tavistock
Lectures 1935
Band 6302

Fischer Taschenbuch Verlag

fi 1191 / 2 a

Psychologie

Eine Auswahl

 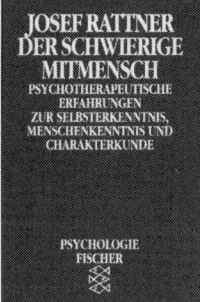 

C. G. Jung
**Über die Psychologie
des Unbewußten**
Band 6299

Welt der Psyche
Band 10398

Arthur Koestler
**Die Armut
der Psychologie**
Zwischen Couch und
Skinner-Box und
andere Schriften
Band 4616

Hans-Martin
Lohmann (Hg.)
**Das Unbehagen in
der Psychoanalyse**
Eine Streitschrift
Band 6782

Gerald H. J. Pearson
**Handbuch der
Kinder-Psychoanalyse**
Einführung in die
Psychoanalyse von
Kindern und
Jugendlichen
Band 7324

Josef Rattner

**Psychologie und
Psychopathologie
des Liebeslebens**
Band 6737

**Psychotherapie
als Menschlichkeit**
Band 6253

**Der schwierige
Mitmensch**
Psychotherapeutische
Erfahrungen zur
Selbsterkenntnis,
Menschenkenntnis
und Charakterkunde
Band 6186

Reimut Reiche
Geschlechterspannung
Eine psychoanalytische
Untersuchung
Band 10329

Rainer Schmidt (Hg.)
**Die Individual-
psychologie
Alfred Adlers**
Band 6799

Erwin Wexberg
**Zur Entwicklung der
Individualpsychologie**
und andere Schriften
Herausgegeben von
Gerd Lehmkuhl
Band 4619

Horst Wilhelm
**Informations-
handbuch Psychologie**
Band 4533

Fischer Taschenbuch Verlag

fi 1191 / 1 b

Für eine andere Medizin

**Siegfried
Rudolf Dunde (Hg.)**

**Aids – Was eine
Krankheit verändert**
Sexualität und Moral
Band 4224

Positiv weiterleben
Seelische Selbsthilfe
bei HIV-Infektion
Band 4284

**Ines Rieder und
Patricia Ruppelt (Hg.)
Frauen sprechen
über Aids**
Band 10033

**Herbert Dalhoff
So krank wie die Erde**
Krebsleiden und
Naturerfahrung
Band 10654

**Heide Tuft
Nur wer kämpft,
hat eine Chance**
Alternativen
der Krebsbehandlung
Band 3528

**Günther Gauß
Heilmeditationen
für Krebskranke**
Band 10746

**Beat Schliep
Von Arzt zu Arzt**
Die Odyssee
eines Kranken
Band 10749

**Wolfgang Hölzle
Krankheit als
Neubeginn**
Bewußter leben
nach dem Herzinfarkt
Band 3360

**Gerd Haerkötter
Heilkräuter –
gestern und heute**
Mit Illustrationen
Band 4082

**Kenneth R. Pelletier
Die neue Medizin**
Gesundheit durch
Vermeidung von Streß;
Vorbeugen statt
heilen
Band 3874

Fischer Taschenbuch Verlag